千年回眸

—— 中华民族共同体意识下的西藏

周晋 著

西藏人民出版社

2023 年西藏自治区文艺创作扶持项目

图书在版编目（CIP）数据

千年回眸：中华民族共同体意识下的西藏 / 周晋著. 拉萨：西藏人民出版社, 2023. 10. -- ISBN 978-7-223-07480-3

Ⅰ . K297.5

中国国家版本馆 CIP 数据核字第 2024PZ5681 号

千年回眸：中华民族共同体意识下的西藏

作　　者	周晋
责任编辑	多杰卓玛
封面设计	格次　尚盈志
责任印制	拉姆曲珍
出版发行	西藏人民出版社 / 地址：拉萨市林廓北路 20 号，邮编：850000
印　　刷	西藏福利印刷厂
开　　本	787×960　1/16
印　　张	20.75
字　　数	290 千
版　　次	2024 年 10 月第 1 版
印　　次	2024 年 10 月第 1 次印刷
印　　数	01-1,000
书　　号	ISBN 978-7-223-07480-3
定　　价	46.00 元

版权所有　翻印必究

前　言

　　初冬的日光城里，天空早收了氤氲，湛蓝明彻，空旷辽远。金风过处，摇落满地的黄叶萧萧，唯余一树的铁骨铮铮，这一枝枝挺立的树干，恰如历史的脉胳精魂，饱经四季轮回，周历芽叶花果，依然有迹可循，富有生命张力，深植大地，蓄力待发。

　　又是一个万籁俱寂的深夜，不觉著述已历经春夏秋冬。当写完最后一个字，把目光投向无尽的夜空，方才重回书桌以作此序。犹记，因先前单位工作等机缘，偶能陪同有司考察古城，当面对一幅幅壁画时分，只看到满墙的花花绿绿，却看不懂其背后的深意。当时，一种莫名的失落感涌上心头。当我行脚在这片天地、寓身于这座城市、奔竞于这方狭域，却似乎从未真正走近它、触碰它、感悟它。

　　黑格尔曾说过："一个民族有一些关注天空的人，他们才有希望；一个民族只是关心脚下的事情，那是没有未来的。"抬起头，仰望这片天空，这片历史的天空，万里虚空之间，不息风云际会。历史随着时间不断向前更迭演进，每一次追问都在赋予其新的意义。生活在这片天空下的你，可曾有过片刻停留驻足，俯仰这里的天和地，探寻这里的古与今，追慕这里的人和事？

　　回眸之际，昨日重现。作为一个"藏三代"，开始更加了解并爱上了这里的过去，也正是在这样的观照中，更加明白了当下的样子。而走进历史的过程，就像是攀登一座山。初涉，人在山脚，不知山中所有，以目力而观其表；高攀，人在山腰，置身山间云雾，以毅力而破其迷；登峰，人在山巅，纵览全山形貌，以心力而明其势。

在历经"我注六经",点滴积累的学习之后,便有了"六经注我",试图理解的表达冲动。我想,这一开掘、理解和表达的过程,应兼顾人、事、理的探寻,并兼具文、史、哲的情思,三者宛如一枝莲花的花、叶、蓬,既各美其美,又共生其美。而我所要做的,就是采撷其中三两枝,把这美传递到你手中。

历史是一面镜子,既能够照亮过去,也能照亮现在和未来。历史不应该只是遗留于过去、高悬于学术、陈置于高阁,历史是属于全人类的精神家园,我们探寻过去历史的过程,也是寻找当下意义的过程,历史应该亲切无间地走进大众,成为我们的前辈、师长、朋友,春风化雨般地润泽我们的心田。希望通过我微弱的努力,为你打开一扇了解历史的窗、搭起一座通向过去的桥、支起一个采撷知识的梯。

写作间隙,或兀坐静雅的书房,或伫立皎洁的月下,或独步寂寥的街道,置身于这熟悉的城市,竟有种想要闭上眼睛,像《来自星星的你》中的都教授那样,伴随着悠扬的琴音,一切现今的高楼、电线、喧嚣渐次拔除,一个个元代的、明代的、清代的历史场景重在身侧的错觉。

事实上,在写作的过程中,我也不仅以今天的视野,更是以当时的情思入境,具体的历史都发生于某一个境域,时间和空间成为其中的必须条件,需要我们对当时历史背景全面了解的前提下,以同行和旁观者的清醒立场去细细揣摩体味。就像是识人断事,置身事中或事外,自是两样的情状。

仿佛间,我就吹着萨迦班智达远行时迎面的风、听着明代遣官高声宣读诏谕、望着仓央嘉措平静地走出拉萨城,身影渐渐消失在拉萨河畔历史的风尘之中。

"闻弦歌而知雅意,睹远物而知情意。"在爬梳历史的过程中,偶遇那些伟大的人物和动人的事件,无不深深感动着我。我的手、我的笔和我的心也都伴随着西藏多元一体民族融合,以及大一统的伟大历史进程而随之起伏。

历史不只是一段过去,历史离我们也不遥远,它深刻塑造并影响了当今的形态,它从绵延的时间长河中流淌而来,不断为我们今天的历史绵延注入向前推波之力,我们都生活在这一片历史洪流汇起的汪洋大海。没有一条在去掉某一个点后,还能够称之为完整不断的线。在历史的延续中,以及守护伟大的中华民族共同精神家园的携手比肩中,需要你、我、他。

毕竟,我们没办法让历史重来,也没办法再去穿越过去。但,历史可以资政、教化、育人,我们可以念之而感动,也可以因之而珍惜,更可以为之而奋斗!为我们热爱的祖国,为我们热爱的西藏,为我们热爱的生活,为我们值得共同珍惜的过去、现在及其未来!

历史会成为过去,却永远不曾逝去。

目 录

01 / 前言

01 / 引子

06 / 王者不在：吐蕃之后三百余年

15 / 彩虹逝空：朗达玛灭佛

25 / 二王并立：吐蕃王系的两败俱伤

28 / 二虎相争：论恐热的"赞普梦"

33 / 失散之珠：从国王"赞普"到领主"觉阿"

37 / 北方苏毗：吐蕃的军粮兵马基地

47 / 象雄之谜：西藏之西的古老王国

57 / 一路向西：吉德尼玛衮的负重而行

63 / 肇建古格：益西沃的"双城记"

70 / 设场译经：益西沃的人才工程

75 / 拉德父子：东延与骤变

80 / 大变之后：绛曲沃迎请阿底峡

86 / 教派林立：公元11至12世纪时期的西藏

93 / 亲睦大宋：青唐唃厮啰政权

98 / 苯化民间：打开藏地早期文明之门的钥匙

114 / 临危受命：西藏第一位"班智达"的远行

124 / 护国利民：萨迦班智达的嘱托

129 / 龙象之会：八思巴初遇忽必烈

132 / 相向而行：矢志不渝的情谊

139 / 河山一统：忽必烈统合南北

144 / 不负重托：八思巴奉命理藏

153 / 获封帝师：八思巴身后的时局

158 / 环环相扣：忽必烈的挑战

166 / 神在人间：从噶举派视角看元末明初的教俗纷争

174 / 艺术之光：从托林寺、夏鲁寺到白居寺的嬗变

180 / 收复西北：打通入蕃最后一公里

186 / 诏谕吐蕃：不战而屈人之兵

193 / 设岗定责：明初对藏地的改制

198 / 多封众建：稳藏治边的政治智谋

203 / 有序治教：明代的僧官制度

210 / 重开天路：永乐大帝的交通工程

217 / 征纳税赋：从不同于"小中华"朝贡说起

221 / 众鸟争食：帕木竹巴政权的旁落

230 / 借势请兵：俺答汗与固始汗时期的蒙藏关系

238 / 进京觐见：五世达赖晋京

242 / 长河落日：世俗王国的落日余晖

247 / 权力之争：固始汗身后的乱局

252 / 第巴之死：桑结嘉措的权路浮沉

260 / 三方博弈：钦差赫寿的使命

265 / 驱准保藏：康熙皇帝的定锤之音

269 / 汗王末路：和硕特汗廷覆亡

272 / 恩威并济：康熙皇帝的"长城"

277 / 一世忠勇：颇罗鼐

281 / 不肖子孙：珠尔默特那木扎勒

285 / 一代国师：章嘉·若必多吉

290 / 绥远靖边：福康安远征廓尔喀

296 / 窥视西藏：英帝国对西藏的觊觎

301 / 森巴战争：另一场"鸦片战争"

304 / 一体多用：佛教入藏本土化进程中的多重面孔

316 / 同根共命：铸牢中华民族共同体意识的历史意义

324 / 跋

引 子

亿万年前，山摇地动、大地撕裂、江河倒转，当印澳板块与亚欧板块相互碰撞之际，地壳上层坚硬的岩石层开始隆起，喜马拉雅山脉冲破无边的大洋，横跃出青藏高原南巅。这条巨龙一般绵延的山脉，西起克什米尔的南迦·帕尔巴特峰，东至雅鲁藏布江大拐弯处的南迦巴瓦峰，全长2450千米。磅礴的造山运动也形成了无数的雪峰、大江、峡谷，在其中青藏高原的西南段，诞生了珠穆朗玛峰等高峰。

这里，就是我们故事发生的地方。

但，大地升隆的过程并不是一次性完成的。这过程，让我们不由惊叹自然造化的神奇，以及生命孕育和社会变迁的奇妙。一花一世界，一叶一菩提。就像一粒种子蕴含着生命的张力一样，我们生活的这颗星球也有自己的意志，终将在天时、地利、人和时萌发。

在2.8亿年前，青藏高原地区还是一片辽阔的特提斯海，2.4亿年前，昆仑山脉、唐古拉山脉、横断山脉先后挣脱海洋的浸洗；8000万年前，冈底斯山脉、念青唐古拉山脉急剧上升，羌塘草原和高原南部成为陆地；而它成为世界上海拔最高、面积最大、最年轻的高原是在距今300万年前；距今110－70万年前，它的海拔上升至3500米，喜马拉雅等山区出现大面积冰川，这为后来生命的繁生提供了基础；距今15万年前后，接近如今的高度，成为名副其实的"第三极"，也成为黄河、长江、澜沧江、怒江、雅鲁藏布江，以及印度河、恒河等诸多大河的发源地，滋养了全球近一半的人口。

在不断隆升的过程中，青藏高原经历了不同的气候、植被和动物繁生期，生命形态在生发、消亡、再生的轮回之中得以演进。我们无法想象人猿相缉别的情景，但随着越来越多遗址被发掘出来，证明在距今3万年前，古人类便在青藏高原出现。

随着第一阶梯的不断抬升，也牵动了第二阶梯的抬升，南边的喜马拉雅山脉阻挡了印度洋暖湿气流，来自东方的信风又不断带来了细密的土粒，终于堆垒而成了土质良好的黄土高原，奔流而下的黄河像个渐渐成熟的青年，在这里渐渐变得和缓，气候也从湿热变为半湿润，森林和草地的结合态地貌，为人类繁衍提供了多样的选择，炎黄祖先开始在黄河臂弯孕育。青藏高原的东北缘，河西走廊、河湟谷地、川西高原等地更是成为藏、汉、羌、彝等多民族交融的"大熔炉"。

高耸入云的喜马拉雅山脉同时也阻隔了南亚人种进入青藏高原和中国内陆，但面向东部的大河却为青藏高原与广阔中原的交流打开了天然的通道，昌都卡若遗址、贡嘎昌果沟遗址都出现了粟的碳化粒，这与中原农耕文明早期的主要作物属于一类。直到新石器时代中晚期，大麦、小麦从西亚自西向东，相继传入青藏高原和中原地区，并在自然捡选中分别找到了自己适宜生长的区域。

人类早期文明是一种自然进化过程，人类在与自然的持续相处和观察中，不断探索并找到与之相合的相处方式，这一复杂而漫长的演进过程是无法提前设定的。在这样的大前提下，人类早期文明的交流演进过程是超脱性的，早期人类的迁徙过程相当于一场环球旅行，无法以如今惯常的区域概念来作简单定义。而我们所强调的中华民族共同体，是在人类漫长的演进过程中，从现在向过去一段历史时间的追溯过程中，包涵了历史学、地理学、人类学、经济学、政治学等综合意义上的过程塑造。就像一朵花的绽放，源自于一粒种子和大地、阳光、雨露共同的造化。

先有正确的历史观，才能介入复杂的历史群像，不致在纷繁的历史中迷路。所以，让我们以更加宏大的历史视野来聚焦一段特殊的历史时期，也走进一段奇妙的探寻之旅，从奔流而来的历史长河中汲取宝贵的营养，从连接古今的绵长河道中探寻历史的脉络，从沉淀千年的深厚河床中辨识金玉与泥沙。

据考古发掘，位于拉萨市城区北部娘热乡的曲贡遗址，不但发现了大量石器、陶器、骨器和牦牛、绵羊、狗等动物遗骸，还在遗址下层中出土了一枚青铜箭镞，这是人类最早协调金、木、水、火、土等诸元素制作成的加工品。曲贡遗址考古断代是与夏朝相当的4000年前。夏朝以擅冶青铜著称，司马迁在《史记》中写下"禹兴于西羌"。夏朝的太祖大禹发源于西羌这一青藏高原与上古中原文明的交界地带；其后的商朝，亦源出夏禹部落联盟其中一部。中国第一部诗歌总集《诗经》中有诗云："昔有成汤，自彼氐羌，莫敢不来享，莫敢不来王，曰商是常。"说明在公元前16世纪的商汤时，羌人已臣服于商朝；仰韶文化是一个横跨青海至陕西、河南等地的多点文化带，在仰韶文化末期（公元前3000年左右），黄河中游出现了炎、黄两大部落，《国语·晋语》记载："昔少典娶有蟜氏，生黄帝、炎帝。黄帝以姬水成，炎帝以姜水成。成而异德，故黄帝为姬，炎帝为姜。"姬姜合盟，共建周朝。《尚书》把羌人列为参与武王伐纣的"庸、蜀、羌、髳、微、卢、彭、濮人"八大联军之一，姜者羌也，周武王的军师姜子牙就是羌人，后被封为齐王。

此时，西北古民顺河而下，向东方散播的同时，地接西南的苏毗草原也一派生机，两地先民也随着迁徙脚步而走近。人类早期文明的交流还有一个奇妙的规律，就是随地球自转方向，以及大江大河的流向，在同纬度进行东西向的横向交流，这既源于江河为人类提供了自然迁徙的天然路径，也源于同纬度地理气候特征比较接近和易于适应。较之于靠北边的黄河，同样发源于青藏高原唐古拉山脉的长江，以其兼容并包之势，沿青、藏、川、滇交界地奔腾向东，携百川而归海，并各族而入华。历史说明：青藏高原与中原大地地域相连、文明共生、同根同源，而其交流又因地理环境不同，主要分列为北纬26～39度间北方的甘青、中部的川西和南部的云南一带。

不论人类发展到哪个阶段，封闭僵化都必然带来落后。人类文明早期发展需要具备先天生存、生产、生活的载体，以及文明交流的条件，早期阿里至藏北一线，便具备了这两个条件。这里南靠印度大陆、东临祖国内地、北接西域诸国，且距称之为"人类文明摇篮"的两河流域横向不过2000多公里,可以说是被三大早期文明所包围,这片神奇的土地,诞生了早期象雄文明。

在沿边文明发育同时,靠内的文明也在生发。位于拉萨市西郊堆龙德庆区嘎松村遗址发现距今3000～3400年前藏族先民冶铁的铁块。《智者喜宴》记载,公元1世纪,传说中的雅砻悉补野部落已能"烧木为炭,炼矿石而成金银铜铁,钻木为孔做成犁及牛轭,开掘土地,引溪水灌溉,犁地耦耕,垦草原平滩为耕地。"至公元6世纪时,铁器已广泛应用于农业和手工业生产,高原河谷农业文明进入快车道,第一梯队的雅砻河谷和拉萨河谷为代表的半农半牧部落逐步壮大。

丹麦考古学家汤姆森于1836年提出人类早期文明可划分为石器时代、青铜时代与铁器时代三个时代系统。直至现在,以铁为主的合金仍是人类最广泛使用的金属,它仍熔铸着人类文明进程中划时代的意义。铁器文明时代的出现,意味着人类对自然的认识、改造和应用达到了一个新的水平,铁器的出现并广泛应用,促进了农业文明的发展。相较于传统牧业生产,在同样规模的土地上,无论是可以耕种的作物品种、产出的数量、以及轮次上,农业都高于牧业,由于这种高效率的生产方式,也带来了生产资料固定、人口相对集中、手工业依赖高、组织协同化高等农业文明的社会化成果,使得吐蕃政权雄发雅砻与拉萨河谷,在青藏高原留下了浓墨重彩的一页。

公元6世纪,是人类历史上一个可歌可泣的时代,人类文明至此进入新一轮的暴发期,政治、经济、文化的发展与相互交流日益频繁。

阿拉伯半岛的麦加城,穆罕默德向众人宣布:他是真主安拉的使者,大家要奉他为唯一的真主安拉,并在信仰的力量中开始大征服运动,不断改变世界版图和政治文化格局。

东欧拜占庭帝国的君臣,正死死守着君士坦丁堡,以抵抗来自阿拉伯穆斯林对他们军事和文化上的猛烈攻击,守卫着欧洲人和基督教最后的"桥头堡"。

古印度的戒日王建立了一支包括象、车、马、步四大兵种的军队,以军威征服许多小邦国,大量封赐世俗地方势力,开始把印度引入封建制。

东方的大地上,唐帝国已经打下1240多万平方公里的土地,稳居世界第一人口大国。"天可汗"李世民以开放包容的气度稳坐长安城,出现了"九天阊阖开宫殿,万国衣冠拜冕旒"的盛况。

此际,在世界最高处,巍峨青藏高原,年轻的松赞干布建立了真正意义上的吐蕃政权,迎娶文成公主,授命创制藏文,引进佛法种苗……

9世纪时,在7~8世纪奋发有为的唐帝国和吐蕃王国都进入衰落阶段。但,人类文明的历史就是在不断创造、交流和更迭中前进,以政治、经济、军事、思想和文化之伟力,共同编织着人类命运共同体的精神之光。在这束光的内核,是民族兴旺发达的使命驱使,是国家繁荣富强的不懈追求,也是人民对美好生活的无限向往。

那么,曾经沧海桑田的青藏高原,带着生生不息的源流之水,又如何冲开高山峡谷,在历史的长河中奔腾?

"掬水月在手,弄香花满衣。"且让此刻站在岸边的我们,满怀敬意地从历史长河之中掬一捧水,去窥探历史的明月、照见古人的明慧、体悟贤哲的明心!

我们的故事也将从这时开始……

王者不在：吐蕃之后三百余年

清代学者有诗："李杜诗篇万口传，至今已觉不新鲜。江山代有才人出，各领风骚数百年。"但是，对于曾经诞出过吐蕃政权的青藏高原来说，似乎是一个例外。

神秘高远的"地球第三极"，在漫长悠远的人类长河中，只出现过一个一统的王国。但曾与吐蕃并行的东方大唐王朝灭亡后，便先后走马灯般在中原地区兴亡后梁、后唐、后晋、后汉和后周。在唐末、五代及宋初，中原地区之外还存在过前蜀、吴越、北汉等十余个割据政权。可吐蕃灭亡之后的青藏高原，风起云涌，王气黯然，直到元朝在数百年后将其纳入中央政府治理。

有学者研究中国历朝气候变化，得出一个结论，唐与吐蕃初期，地球处于一个温暖周期，其后转入一个小冰河期，使土地承载和农业生产下降。虽然这也不无道理，但对于传统农牧生产来讲，尚未进入一个极端临界点。高原主要农作物青稞，其籽粒播种后在 0～1℃ 的温度下即可萌发。青稞在整个生长期中，较能忍受寒冷，在年平均气温 3℃ 以上，一般都能良好地生长。如此说来，气候变化说未免牵强。

历史深藏起来的秘密，仍须从历史中去求解。

一方水土养一方人。在人类发展史上，不论身处于何处，任何一个民族的形成、繁衍和发展，都有一定的安身立命之地，自然环境都将影响其生存，无论是沙漠绿洲、河谷农业、草原畜牧，或是狩猎采摘方式，不同境域形成了相应的生产生活方式，也产生了与之相适应的社会人文形态。当人类文明发展到一定程度，开始进入到社聚群居的时代，文化、宗教、政治等便产生，也将从更高的维度改变人类的生存和发展方式。

要探究吐蕃以后的社会现象，还需要从吐蕃时期溯源考察。"吐蕃"一词的由来，众说不一。按传统的苯教观点，从第一代到第二十六代赞普皆以苯教治国，"蕃"是从"苯"音变而来；有说"蕃"指农业、农区，"卓"指牧民、牧区；有人认为，唐时按照突厥语中"吐蕃特"的发言称之为"吐蕃"；等等。"蕃"字现代汉字义基本定义为"繁盛"。早期蕃部主要繁衍生息于雅砻河谷和拉萨河谷。这一带，北靠藏北草原，东邻工布林区，西依后藏谷地，牛羊遍布山间牧野，河谷拓开莽莽群山，沿岸水系交错，多有平陆湿地，适宜农牧生产。

在某种意义上，人类早期文明就是河谷文明和冲积扇文明。阳光的温度难以穿透半米以下的土壤层，促使半米以下的土壤产生化学肥化反应，在人类早期改造自然能力几乎为零的时代，是这些地方带来了先天的符合农业生产和人口聚居的水源、湿度、植被、沿岸交通及不断积淀开化的原始耕种土壤。

古老的吐蕃大地上，曾经孕育出了数十个部落小邦，靠山吃山、靠水吃水，各居其地，多点分布。

从《贤者喜宴》《敦煌本吐蕃历史文书》等藏文资料所列的小邦来看，已知主要的小邦有：

象雄——今阿里地区，都城为穹窿银城。
藏——在娘若切卡地方，今年楚河流域。
罗昂——在娘若香波地方，今日喀则市江孜一带。
努域——在日喀则市仁布县和山南市浪卡子县一带。
彭域——额波查那，今林周县、达孜区、当雄县和城关区部分。
吉——吉若江恩，今拉萨河流域下游曲水县一带。
贡——工域哲那，今林芝市八宜和米林一带。
娘——娘域那松，今林芝市工布江达一带。
塔域——在塔布地方，今山南市加查县一带。

亚松——在松地方，即苏毗，在今唐古拉山南北一带。等等。

从以上有记载的小邦国来看，其分布范围极广，几乎遍及西藏高原各地。除了藏北草原、阿里高原，其余小邦国都分布于雅鲁藏布江和拉萨河、年楚河、尼洋河一带，这与考古发掘相互对应，也与今日藏地几无差别。如今，我们提及藏地旅游，常以点多、线长、面广来形容，这使得先天地理条件对人类定居点的选择占据了绝对的主导地位。就像一幅由这山河大地导引的历史长卷，在这幅慢慢拉开的卷轴画中，一段段历史时期中，一个个历史人物、一件件历史大事渐次出现，有的悄无声息、有的淡入淡出、有的浓墨重彩，并自此落笔之处，将影响晕染开来，交织于不同人事，沉落于茫茫史迹。历史便是这样呈现于时间与空间之中的人与事，可以让我们在时间的交错之后，还能立于古来之空间，凭栏远眺，追慕前尘，发追远之深意，抒怀古之幽情。

《敦煌本吐蕃历史文书》等记载，这些小邦各有领地、小王、臣属，他们不再像散牧于野的早期原始人类，而是共同塑造了早期的公共政治生活。据《贤者喜宴》记载，"这些小邦喜欢征战残杀，不分善恶是非。四边之王时常侵害，以至兵员日减，饮食不济，饥渴难忍，陷入极度痛苦之中"。这时所说的"四边之王"，指汉地、印度、大食、格萨尔，这也说明青藏高原并不是荒绝之地，而是早就参与开放的世界体系之中。

随着时间的推移，以及复杂的兼并，最终有三个比较大的联盟开始在雪域高原雄据一方，分别是：象雄、苏毗和吐蕃。这很容易使人联想起耳熟能详的三国鼎立。汉末"三国"是基于魏、蜀、吴三分天下和政治分野、军事斗争之上的割据政权，但藏地此时三个政权形式更像基于类同地域、生产方式、生活形态和文化圈层之上的部落联盟，这种早期依存形态更多是一种自然聚合，它们分别代表了高原三种生产生活形态。

这当中，象雄地处文明交流兴起较为频繁的中亚、西域和黄河上游岔路口，孕育了藏地最早的宗教形态——雍仲苯教，在很长时间居于高原文明的第一梯队，也是早期统驭面积最大的一个地方政权。后世不同史书对其统驭区域的描述不尽相同，也许不同地方说的都对，他们只是盲人摸象地看到了不同时期象雄的疆域，这恰恰也从一个侧面说明了当时这些部落联盟是相对松散，无明确认定标准，并且变化较大的。而且，其实际控制领地和文化影响范围也容易被混淆，在相隔如此辽远之地，文化影响力作用甚巨。象雄文明，其文化影响力涉及范围之广、波及时间之久是显而易见的，以至于象雄文明至今仍特别引人关注。这种基于文化影响力而涵盖的地方，边界感更加模糊，可谓是大象无形。很难想象如此广袤的区域里能够施行精细化管理，王庭委任贵族统领，臣民多循自然状态，而王的夏季巡游便成为一年当中极为重要的政治活动和领地意识的宣扬。也正是因此，末代象雄王李弥夏在东巡之际给了松赞干布趁虚而入的机会。

苏毗部落联盟位于藏北草原，西接象雄，南延羌塘，东北更是与混战不息的发羌、白兰、弥药、吐谷浑等地临近，这是一个地理跨度较大、民族成份多样、交融混合频繁的区域。虽然藏地腹心区域三大部落联盟在自然状态下缓慢演进，但苏毗东北部却是兵戈不绝，鲜卑诸部建立的北魏、北凉、西秦和吐谷浑等国界此消彼长，宛如民族融合炉火鼎沸的大熔炉。苏毗与象雄之地山水相连，其民间宗教信仰也为苯教，据苯教文献记载，当时位于雅砻河谷地区的吐蕃，曾从苏毗引入苯教仪轨。大约在公元6世纪左右，苏毗部落逐渐进入吉曲①流域，成为了兼具北部草原和南部农业的文明形态。至此，苏毗成为雅鲁藏布江北岸的霸主。在广袤无垠、草场绵延、牛肥马壮的苏毗牧区"食肉者"与悉补野王族统领的蕃部"食谷者"之间，夹有位于拉萨河畔的森波杰部，这里是南北农牧分野的交界带。后来，囊日松赞统驭此地，才能够进一步北进，将影响力延至苏毗，真正打开吐蕃深接中原文明的联接口，不断融入中华民族共同体这一大熔炉。

随着时间的推移，居于雅砻河谷的蕃部后来居上。正当蕃部积健为雄，不断蓄势崛起之时，恰逢森波杰领地内部斗争激化，搞起了窝里斗。东西森波杰二王靠统领贵族头人实施统治，森波杰达甲吾昏庸失势，森波杰赤邦松无视前鉴，依旧治下无术，上下离心离德，对待下属傲慢，处理纠纷不公，导致其覆亡的原因也正产生于王贵之间的矛盾冲突。森波杰旧臣叛变之后，并没有选择自立为王，而是投向悉补野王室，这说明雅砻悉补野王室在"王辛同治"的体制下，经济社会发展和实力的增强，治理水平和当世威望都较高，并保有着一定规模的常备军。松赞干布之父囊日松赞看准时机，与娘氏、韦氏、农氏、蔡邦氏等四姓贵族里应外合之下，森波杰下落不明，森波部应声而亡，新进土地从今墨竹工卡延至曲水的吉曲两岸，其腹地"岩波"被改名"澎域"，囊日松赞也获此尊号，寓意政比山高、盔比山坚。至此，囊日松赞建立了一个横跨雅鲁藏布江南北的政权，他也把军政中心迁至墨竹工卡的甲玛岗，兴建了"强巴弥居林"等宫室。松赞干布也诞生于此。囊日松赞获此尊号，与吐蕃早期悉补野王室诸王大为不同，早期诸王的封号多由宗教原因而生，是关起门来自封的；囊日松赞以强势军政功绩获此尊号，是其征服地奉上的。这也说明，赞普治下的吐蕃已然今非昔比，这六牦牛部落已走出雅砻河谷，四蹄奋迈，称霸一方。

在雅砻悉补野王室吞并森波杰之前，囊日松赞与伦果尔兄弟曾手执白色圆玉为信物，同森波杰四大族旧臣盟誓，誓词曰：

> 自今而后：
> 定将森波杰弃于背后，
> 定将悉补野搂于胸前，
> 决不背叛悉补野赞普，
> 决不使其丢脸，
> 绝对保守秘密。
> 决不把外人当自己人，
> 决不三心二意，
> 决定要英勇献身，
> 决定要拼命忘己，
> 决定要听从赞普命令，
> 决不受他人甘言诱骗，
> 若有违者，即为违誓。

如此盟誓。

由于胜利果实得来多靠叛臣协助，新的占领者便依誓分封原有贵族，借以稳固与新拓领地的联盟基础。其中，行动积极，最为忠诚，居功至大的娘氏、韦氏、农氏、蔡邦氏等四族不但获封大量土地，得赐众多奴户，还与悉补野王室会盟，担任悉补野王室论相，成为新开拓政权的中坚力量。据敦煌文献记载："后，南木日伦赞（囊日松赞）执划地界之鞭分勋臣，赏赐娘·曾古者为年·几松之堡寨布瓦及其奴隶一千五百户。赏赐韦·义策者为线氏撒格之土地及墨竹地方奴隶一千五百户。赏赐农·准保者及其长兄农氏奴隶一千五百户。赏赐蔡邦·纳森者为温地方孟氏堡寨、奴隶三百户。"由此看出，囊日松赞是一个善于招降纳叛，襟怀阔荡，知人善任的贤王。眼见得地广阔，却是花落他家，引起了雅砻蕃部旧臣的不满，囊日松赞被毒死于亲贵之手。

囊日松赞暴薨，年仅十三岁的松赞干布在危难中登上赞普宝座。他将面临争斗不断、大局未稳的政治局面。其父接手的吉曲流域，原本就是个纷争之地，澎波部落首领森波·赤邦松被臣属联合雅砻悉补野部落败亡之前，先已巧胜位于墨竹止贡一带的森波·达甲沃。此时的吐蕃到处有反叛者，联盟未稳，一片混乱。松赞干布是个出色的战略家，他以雄杰魄力，迅速处理叛臣并重新收服反叛的邦国；也靠步步为营，一手把各个分散孤立的小邦拢在一起，将吐蕃军政中心西迁至吉曲卧塘之地，使得吐蕃政权开始以新的面貌走出雅砻河谷，靠着稳扎稳打的战略攻伐和部族联盟，使吐蕃成为西藏史上第一个有明确史料记载的政权。

书归正传。朗达玛被弑后，吐蕃从内部崩裂，夺位之战似乎短时间看不到结果；边将们混战不休，惊慌失措的边官干脆归附了唐朝；宫廷的权威不再，联盟的基础瓦解，王公贵族开始打算着自己的未来。

吐蕃政权土崩瓦解！

除了军事力量之外，吐蕃王朝的基业稳定建立在历代赞普如天神一般的威严、雅砻悉补野王室尊贵的血脉、部族联姻和定期会盟的信约之上，它们拧成了一股绳，串起了各地统合，共系起吐蕃强盛。如今，这根坚固的绳子已断裂,吐蕃王室后裔如珠四散。

幸运的是,由于松赞干布等雄主创制文字、引入佛教、制订法典,并打通了原由小邦及部落联盟形成的区域管理边界,使得青藏高原在文化和制度层面得以实现面上统合,这种由文化带来的统合之力不似强力,它是润物无声、启心开化、代代相传、绵远不息的。在此之前,雅砻悉补野王室、象雄、苏毗等高原上几大文明形态之间,由于地理空间跨度较大,生产生活方式不同,豪强各领一方,天下并未归心。

但从另外一个层面来看,由于当时社会尚处于奴隶主军事贵族统领时期,虽然引入了佛教这一信仰体系,但思想层面的统驭和行政层面的统驭分离,且长时间陷于佛教与苯教的纷争之中,一整套严密有序且层层节制的政治结构没有得到有效的建立,统治集团内部联盟贵族分头治理的权力运行结构并没有本质改变,各部落领主的领地范围、统属子民、经济来源、军事基础和家族影响力依旧大致如初。松赞干布父子整合各部落的过程中,多是采取部落联合形式,并没有发生大规模战争,持续的正面冲突多发生于噶氏家族征伐吐谷浑及对大唐边关争夺一带。因此,在远离传统政治中心的吐蕃故地之外,形成了以噶氏家族为核心的新兴军事集团。在吐蕃王国腹心地带,氏族联盟的政权形态下,联姻成为重要的固权手段,一旦原来强有力的政权倒台,自立山头的情况会马上出现,而两大王系遗孤经长期斗争的相互削弱,又使得吐蕃故地强有力的政权难以形成。这一点,将于其后章节详述。

如果说朗达玛被弑是推倒吐蕃覆灭多米诺骨牌的一根手指,而其后每一块立牌的倒下,都反映出内部矛盾的累积。在当时的社会生产力条件下,土地、人众和牲畜成为了最重要的资源,如果说王室掌握着支配权,勿宁说只是拥有着调配权,青藏高原地广人稀的自然环境,决定了地方势力的实际影响力。吐蕃统合各地的政治策略之一,就是认可原有地方势力的权威,并通过大族联姻和定期盟誓予以不断强化,这是一种基于王贵平等的思想和制度安排。由此可见,贵族世系传承自古以来都是藏地极为重要的社会现象,母系一族的影响力显得十分重要,吐蕃诸王的名称也多依母系族名。这种联姻并不仅仅是两族通婚这么简单,虽然女性不便抛头露面，但其族内男子直接参政，以至于发展出"尚伦"，即通俗而称的"舅相"，他们是家族在王室当中与悉补野家族共享王权的代表。

当朗达玛被弑之后，王室内部便在两大贵族利益集团的支持下争斗不息，争斗体现在内廷贵族站队和边关军阀混战两个方面。在"伍约之争"中，贵族势力不但依附于各自站队的两大王室继承人，相互之间也展开了势力范围的争夺，来自象雄故地的没庐氏很快败于拉萨河谷的贝氏，不得不退回了他们的上部象雄故地。这样经年不息的争斗之火，就像一簇簇炽烈的火点，炙烤着本已脆弱的吐蕃，随着一个个领主不断分裂割据，就像干涸的河床一般不断龟裂。

如果说各大贵族之间急于分蛋糕的操作吃相难看，那底层不断掀起的暴动则是社会矛盾的积微成著。连年战争的消耗，养僧制度的供养，名相众多的赋税，不断加重着社会底层的负担。暴动像风滚草般掠过大地，越来越多的豪族趁机拱火，转而引领这些散民，各自任命地方土官，形成了自己的势力。《智者喜宴》记载："民变开始第九年，即火鸡年（877年），许布达孜等四氏商议瓜分陵墓，陵墓多被掘毁。"《红史》记载："于阴火鸡年，诸陵墓尽毁。"从时间来看，混乱持续时间颇长，已然成为争势拉锯。而这种盗掘赞普王陵的恶劣行径，既说明吐蕃后世社会的失序，也说明吐蕃王室权威的消散。王室后裔只能在这样动荡不息的环境中向边远之地立身，逐渐形成了雅砻觉卧和阿里王系，之后又演进出古格、拉达克、亚泽、贡塘等小王系。除了吐蕃腹地王室后裔和新兴贵族不断裂变互不统属的小政权之外，边关的张议潮归义、温末人自立、吐谷浑脱蕃，吐蕃大厦已倾，曾经覆水难收。

没有了吐蕃王室主导的抑苯弘佛，政治的失序使苯教得获喘息之机。随着时光流逝，灭佛影响渐远，藏传佛教也将渐入后弘，并形成藏地本土的风格。后弘期佛教处于新的萌发阶段，百家争鸣，百花齐放，不同教派之间教理、教法和成规不同，各有各见，各说各理，不利于生成一个统一的政权，却又共存于一个大文化圈层。没有了王室的主导和扶持，不论是兴建寺院、行止传法、衣食住行，都需要花钱，逐渐整合起来的噶当、宁玛、噶举、萨迦等教派只好自谋出路，与各地庄园主互为依持，结缘成施主与福田关系，或是形成政教合一方式，分居狭隅、领治一方、各自安好。这种基于生产与教派层面的分治，更加不利于某个军政集团的兴起。

而这期间，中原历经五代十国和刚刚建国便面临北方契丹、辽、金等草原民族袭扰不断的北宋，这些草原民族趁着乱世，垂涎于土肥物美的中原，无暇亦无力顾及遥远的青藏高原，使得青藏高原处于一个难得的分散且相对安定的发展环境。

藏地的各地方势力开始在极少外力干扰的社会环境中发展。农牧社会发展的基本特点就是积累，不论是人丁规模、土地开垦、粮食产出、牲畜繁衍等生产力要素，还是结亲联姻、家族资产、地方势力等社会资源来说，都是需要数季、经年、累世的不断积累。正当历史的长河流至公元 13 世纪，时间的浪潮为几个累世发展的大家族提供更大可能发展机遇之时，蒙古高原的马蹄声突然打断了这种平静，也由此中断了当地贵族再度兴发的机会。

曾经的吐蕃，只一个转身，便消失在历史的转角。

接下来，让我们回到吐蕃转身之处，看看那里究竟发生了什么。

彩虹逝空：朗达玛灭佛

故事要从远古的吐蕃末年说起。

吐蕃政权兴亡于公元618至842年，似乎是一种冥冥中注定的安排，这一政权与大唐同年建立，也几乎与大唐相伴始终。

如果这仅仅是一种巧合，接下来不如说是命运的安排。公元647年，唐太宗李世民驾崩。就在几个月后，吐蕃赞普松赞干布归天。这两位同一时期的天之骄子，皆少年称雄，以武定乱，任贤使能，培兴盛世，英姿盖世，开创了唐蕃盛世，缔造了汉藏之亲，他们亦携手同去。

他们身后的吐蕃，疆域北至苏毗草原，东邻川西高原、南抵喜马拉雅。放眼望去，拉萨河谷，两岸的青稞田绿浪起伏；藏北草原，满地的牛羊群如珠滚动；象雄故地，雍仲苯教流传四方；大昭寺里，觉沃佛前青灯不灭……这时的吐蕃民众，沐浴着一代代赞普疆域开拓、文字创造、藏汉交流、佛法开化等累世功德带来的文明之光。

但是，一片乌云似乎正在古老的拉萨上空堆积，并将酿成一场暴风雨，无情地降临这片大地。

吐蕃后期，由于末代赞普朗达玛对佛教采取禁绝措施，史称"朗达玛灭佛"，曾经兴盛一时的佛教在这时便转入零散、自流且隐匿的新阶段，而这被推倒的第一张多米诺骨牌，引发了一系列持续的社会动荡，使赞普的领地走向诸神的黄昏。

历史总是惊人地相似，朗达玛灭佛恰与遥远东方唐朝武宗主导的会昌灭佛先后而起。唐代后期，由于佛教寺院土地不需要赋税，僧侣也免除徭役，致使佛教寺院经济扩张，甚至比肩世俗地主阶层。唐朝天子姓李，故而附会李聃，以借老子圣名。在道士赵归真的鼓动和宰相李德裕的支持下，会昌五年四月，开始清查寺院及僧侣人数。五月，勒令全国东西二都可以留寺两所，天下各节度使治所留寺一所之外，其他寺庙全部拆毁，僧尼全部还俗。短短半年多时间，为唐王室收缴了良田数千万顷，强迫还俗的僧尼26万人，拆寺4600余所。第二年武宗死，宣宗即位，又随即下令复兴佛教。

粗略算来，东汉明帝于公元60年夜梦金人，遣使取经奉佛，建洛阳白马寺，佛教始入中原。唐武宗会昌灭佛发生于公元845年，其间佛教在中原已传播785年。公元779年，藏地第一座佛、法、僧三宝俱全的桑耶寺落成，这一年，朗达玛20岁，在他继位赞普后的公元838年，吐蕃将掀起一场灭佛运动，而彼时佛教在藏地开始深广流传不过60余年。

虽然两地灭佛原因如出一辙，但因当时藏地佛法传播不久，且与有着雄厚基础的本土宗教——苯教纷争不断，立身未稳的前弘期藏传佛教遭到的打击远远超过了会昌灭佛。

诏令出宫，在建的寺院被停工、寺院的壁画被涂抹、经卷被投掷于水火、出家的僧人被迫还俗，他们或是被迫打猎，以示破戒离佛之志；或被迫拿起鼓来唱跳作舞，因为鼓是苯教的法器之一。就连大昭寺、小昭寺的两尊觉沃佛像，据说原本也要被扔到河里去，但因不便移动而再次被埋起。

由于后世西藏史书多为佛教史家所记，赞普朗达玛便演化为报佛教徒所虐的宿怨转世而来，"朗达玛"意为牛转世的魔王。

公元842年，正当灭佛不断引向深入之际，一位坐关的高僧拉隆·贝吉多杰悄悄置办了弓箭。传说中，他是受了拉萨护法神吉祥天母的示勉。这位在出家前曾经率兵守卫吐蕃东部边境的退伍军人乔装打扮，离开多年修行的山洞，跨上易色疾驰的骏马，悄无声息潜入了逻些。

当日，大昭寺的门前已不像往常一样热闹，西沉的斜阳默默注视着人间的变化。唐蕃会盟碑静静地立在寺前，默默追忆着一个繁盛的时代，正当赞普俯身去看还发着青光的唐蕃会盟碑，心中或许浅浅浮现出重现吐蕃强盛蓝图之时，一羽铁箭嗖地飞来，不待赞普丝毫反应，箭簇已从眉心刺入。

他，似乎快要抓住梦想，却又这么轰然倒下。随着43岁壮年赞普倒下的，将是存世224年的吐蕃政权。在即将永远地告别他重塑一个强盛吐蕃梦想之前，赞普说了句耐人寻味的话："如杀我，或早三年，或应迟三年。"

对于亲眼目睹了佛教在吐蕃从开始兴盛到给当时社会带来较重负担的朗达玛来说，他在任期间的灭佛运动恰好持续了3年多。如果早杀他三年，吐蕃将少一番折腾，避免此后的乱局；如果迟杀他三年，他将还吐蕃一番盛景，或许终能被人理解。

夜色将至，不及多想的拉隆·贝吉多杰飞身跨马，匆匆来到河边，将脸上的伪装洗净，将白色的衣衬翻穿，再度纵身上马。马蹄声瞬即消散于茫茫的夜色当中，飞奔向遥远的北方河湟之地逃命。

当惊愕的人们才反应过来，扑向已经没有鼻息的赞普，他们不敢相信这一切竟是真的。

然而，拉隆·贝吉多杰射出的箭似乎尚未停飞，它带来的血腥和混乱也才刚开始。

灭佛远远不只是赞普一人的孤断决定，佛教并未因朗达玛之死得获喘息之机，反因赞普被信教僧人刺杀，其亲信迁怒于僧人及信众，开展了更大规模的捕杀问责。

故事总带有太多的神秘色彩，但轻拂历史的烟尘，或许另有一番景象。我们亦无需争执于历史的英雄主义表述或是人民主体表述，历史之书恢宏的每一章，就像河海中的水之集合，是由每一个参与历史的平凡之人，以及处于核心前沿之人共同创写，但在芸芸历史纪事当中，多以君王纪年以为总括，譬如"朗达玛灭佛"。但，吐蕃政权后期历任赞普皆崇佛，这不但是王室的精神需求，更加是政治文化建设所需，至朗达玛时期因何潮流急转？由此再作设问，果真是郎达玛执意、主导或推动灭佛吗？历史果然如此吗？

朗达玛的"朗"，在藏语里意为黄牛和牦牛杂交品种的"犏牛"之意，与先王们以苯教天神"赞"以及寓意宝座的"赤"、代表军威的"德"等尊称贯名相比，"朗达玛"的名号是十足的蔑称。

但，他原有本名：赤朗达玛·乌冬赞。他的赞普之位继任于兄长赤祖德赞（热巴坚），即吐蕃第33代赞普松赞干布，吐蕃第38代赞普赤松德赞，吐蕃第41代赞普赤热巴坚"祖孙三法王"之一。赤热巴坚前期，智慧勇武，战功赫赫，曾纵强兵攻掠吐谷浑之地，使其旧主退守青海湖以北。后因霸生骄，与大唐失和，复归于好，结亲通好，并于大昭寺门前和唐蕃边界共立唐蕃会盟碑，在双方官民、天地日月及天神诸佛前盟誓言和，故有"天上日月双辉，地上甥舅两主"之说。

赤祖德赞信崇佛法，设置译场，广译佛典，常于宝座两侧设置僧伽，礼请僧众坐于王座上位，敬称为"头顶二部僧伽"，并规定七户养僧制。三十余岁之际，此王身体染疾，改多相制为独相制，将政教事务授予僧侣，委以制订教律和王法，世俗的官员无权锁拿僧侣，税务官无权过问寺庙收入，僧团和寺院经济已经形成，且可游离于世俗诸法之外。据唐史记载，当时出席唐蕃会盟的官员回忆说，仪式上的僧相独在高台随伴赞普，其他王公大臣们都只能站立台下。诸般做法，都无形中伤害了信奉苯教的旧有大臣集团利益，他们对僧人竖指以蔑、恶眼以怒、诬言以毁。此王知悉之后，又选择了站在僧人一边，并为之撑腰道："我之沙门，不当以罪指相指，恶眼相视。今后有不听者，挖目断指。"

当然，经过之前对噶氏家族过度干政的清理，吐蕃王室对权臣集团仍心存忌惮，特别是噶氏家族后人的愤而降唐，让此际的吐蕃王室宗族深感不安，甚至派国王亲自领兵并战死沙场。但，过快的权力重构也带来了新的矛盾。此时，吐蕃已经形成了赞普、僧相和崇苯旧臣的三角政治关系，这一在几何学上最均衡稳定的结构，却由于在一个时期过于快速的搭建，成为扰动吐蕃政权最不稳定的结构。

白·达那坚等旧臣于是聚集到一起。白·达那坚向众人问道，我们今天行动处处受到这般束缚，是因为什么所致？这一问题犹如把手按在刀柄之上，而答案无疑是指向了佛教和赞普，以及独揽相权的郑喀·白季永丹。

郑喀·白季永丹，又作班第·白季永丹。班第，即《唐书》所载之"钵阐布"，为浮图佛教予国事者之称号，任用僧人执掌王国政权之职。郑喀，为吐蕃家族名。唐蕃会盟碑上属名为勃兰伽，郑喀为其对音，其出身家族为上部伍茹之千户。由此可见，此人所代表的，除了佛门一系，也是赞普宠臣、当朝新贵和地方势力。而白·达那坚则为一般属民出身，自幼头脑灵敏，挤入大臣行列，曾受赤祖德赞时期僧相的警惕，对掌政的僧人势力心怀仇恨，平素便与仇佛贵族势力勾连。

在白·达那坚的挑唆下，闪着寒光的刀已缓缓从鞘匣抽出。

于是，他们先设计放逐王子臧玛，诬告僧相郑喀·白季永丹与王妃若萨·白季昂楚二人有私，使这位信佛的国相受罪谴而被诛杀。随后，在赞普赤热巴坚36岁这年，巡游至墨竹工卡，饱饮过一顿美酒，在宝座醉卧之时，白·达那坚和觉若·拉雷等人强扭赞普脖颈，杀死了睡梦中的赞普。

这场政变，干得如此干脆，却又如此可怖。

他们并没有带弓刀，也没有带大队人马。所以，在过安检时候，没有触发警报。但是，他们带了人世间最恶毒的武器：被欲望之魔灼了的人心。

据《娘氏教法源流》记载，"其后，授权与赞普达玛乌东赞，立为国王，吐蕃臣民中凡仇视佛法者，任命不喜佛法之猴头韦·喜多热为囊伦，任命鹞头那囊·嘉察墀松杰为外相"。不难觉知，此段记载透露出诸多微妙的信息。首先，"授权"二字体现出朗达玛是非正常状态下被扶立之王，而扶立他的背后力量才是真正强势和主持国政的。其次，"任命不喜佛法"之人为相，明确指出扶立国王的这帮实力集团基本立场是反佛崇苯。再次，"任命"二字实难承担，恐怕只是手续而已。历史的真相应该是，白·达那坚仓促奉立朗达玛为王，并自立内务大相，窃领首相之职权。在弑君之后，竟如此快速地安排政权接递，并如此无视新王，自立为相。如此看来，朗达玛的权威又有几何，更何况史书对他政绩记载又是如此苍白，似乎抽象到仅有灭佛并因此而横死街头。

很难想象，这位灭佛的赞普曾经在赤祖德赞大肆弘佛期间，各位王公大臣都以捐建佛寺为荣，身为王弟的朗达玛也不甘人后，他捐建了止拉康寺，并令其妃捐建了雅隆如意树寺和普波切寺。后来，在敦煌藏经洞发现的文献里，还有一篇《赞普祈愿文》记述着："赞普乌依冬丹（朗达玛）陛下也祈愿，脱离短命业障，获得长生，而愿新建佛寺及佛塔，修葺旧寺，且祈愿神人供塔及日月所存天地之间，佛法长住不灭，而为众生福德之本。"遗憾的是，他的祈愿似乎并没得获灵验，终是没有脱离他短命的命运。

《汉藏史集》记载："前两年中，他（朗达玛）按照国王的规矩行事。"《贤者喜宴》也说："政权交予朗达玛王，两年后被魔伤心，佛教遂遭毁灭尽。"因何此前还举家捐寺崇佛，执政两年后忽而计出灭佛？使得在翻译佛经的同时，也致力于规范和丰富藏文等事业发展的译师也全部因无事可做而遣散乡里？并使曾经文治武功、扶摇直上、威猛雄豪的吐蕃政权就此犹如冬日之水日渐干涸，民众福德如油尽灯？

也恰是他刚登位这两年，青藏高原连遭各种天灾。《西藏王统记》载："尔时，常有冰雹，田地荒芜，旱魃饥馑，人畜病疫。"相应的，《新唐书》也有记述："开成四年（839年）……，自是（吐蕃）国中地震，水泉涌，岷山崩；洮水逆流三日，鼠食稼，人饥疫，死者相枕藉。鄯、廓间，夜闻鼓声，人相惊。"但从此前的831年开始，王室却不停地"由李域（于阗）招请善巧工艺匠师，由尼泊尔招请甚多之塑匠石匠等，修建了伍香多福德无比吉祥增善寺佛殿，高九层有大屋顶形如大鹏冲天飞翔，非常的富丽堂皇。对祖先所建的各个寺院，按照盟誓的规定对残损的地方进行了处理。……到这一时期，吐蕃王臣在汉地和吐蕃共建寺庙1008处。"大灾当前，民生为要，而为在此际扶持佛教的盛发，形成了巨额的钱财民力消耗。赞普还曾三次下令，国内所有户室，不论贫富，均将一半财产捐入佛寺的"三均富贵"之法，更加剧了社会发展与社会生产间的矛盾，也为大灾之后必有大乱酝酿了社会环境。

除此之外，还有一个累积多年的矛盾：佛苯之争。

事实上，佛苯之争自从佛教入藏之后，在吐蕃的宫廷中就未停息过。就在朗达玛灭佛之前的五六十年，赤松德赞在位前期，他的舅父、出身那囊家族的玛尚·冲巴杰担任摄政时期，便十分崇苯仇佛，制定法令，禁人学佛。并发令把两尊由汉地和尼泊尔迎请入藏的12岁和8岁释迦牟尼等身像送还两地，8岁等身像觉沃佛被移送至今日喀则市吉隆县境时，因道路不通，而被留置当地14年。12岁等身像觉沃佛被移送至今山南市桑日县境并停置7日，观照此像殊胜，便再次迎请回。等赞普成年时，计杀权臣，活埋墓中，方才出谕令，使上下臣属致力佛事，并从边地迎回觉沃佛像。

即便是后来赤松德赞死后，有关他的超度仪式，佛苯间仍诤辩不断。随后，牟尼赞普继位后遇到的第一件大事就是发生在他侍卫当中因佛苯之争引发的尖锐矛盾。

相传，第一位赞普——聂赤赞普与"十二智慧苯师"有着密切的联系，据《雍布拉康志》《弟吴佛教源流》等藏文史籍记载，聂赤赞普生于西藏波密，因相貌古怪、性格刚烈，被放逐，游历至雅砻河谷时，结识十二名苯教徒，他们把他扛肩上，迎立于宫中，扶上了王座，并把他塑造为"天神之子"，其名即为"肩座之王"。聂赤赞普被十二智慧苯师推上了王位，赞普也随即任命了两位"古辛"辅政。"古"为"身"，"辛"为"辛波"，即救赎者、护佑者之意。"古辛"是吐蕃赞普王室中的苯教上层祭司，执掌主持赞普王室祭神驱鬼、治病消灾、延寿积福的仪轨，兼有私人导师和私人医生职能。此职常由著名的苯教"茨""觉"两氏族，即被称为茨米和觉拉的苯教徒担任。如此一来，使得苯教法师从吐蕃肇始之初就参与并帮助治理国政，以苯教的意识形态、知识体系和化民之道辅助赞普称王施政。并在其后与历任赞普的密切合作当中，帮助他们从人中的王成为人上的神。于是，自聂赤赞普之后的"天赤七王"均修习雍仲苯教，并修成以彩虹之光为道登成就，即苯教断证功德之大圆满虹化。

赞普们有着自己的"古辛"，法师教权与吐蕃王权高度结合、"王辛同治"的默契合作，是从一开始就注入吐蕃王国的基因。当时，苯教的发源地象雄以苯教为文化推动力，所影响范围横跨青藏高原，雅砻河谷不过是其中一隅。当时，雍仲苯教早已流传，象雄王位已传多代，苯师们负吐蕃王于肩舆，像是执行某种登基仪式，应是这些苯教法师早就在雅砻一带辅王治民，他们从一开始就参与并塑造了早期吐蕃政权。

《工布第穆摩崖石刻》铭文载："初，天神六兄弟之子聂墀赞普来主人间。"在苯教的世界观中，天是神圣的来处，也是终极的归处，而能称之为天和天神的，自然也不是什么普通人，这天神六兄弟当是赞普的父辈，他们或许是六牦牛部落的首领，而聂赤赞普与苯教法师的遇见，也不会是一场随机的旷野偶遇。也就是说，在聂赤赞普之前，藏地便活跃着诸多小部落，早期吐蕃王国的成型，以及共主赞普的出现，是基于六牦牛部落基础之上，一个更大部落联盟体的出现，是由部落至王国雏形的进化。作为吐蕃首位赞普，也是第一个被文字记载的赞普，推举他登上王位的不仅是苯教法师，其背后更是当时各部落的历史选择。只不过，苯教法师站在了前台，主持了这一庄严仪式。而这十二位苯教法师，能够在这样的权威场景下出现，说明他们早服务于先前的部落。

其后，赞普诸王冠名亦多借苯教之神名。就像中原先君驾崩之后，由后来之人为其上谥号，皆以其功德来命名一样，赞普的奋斗目标就是以俗世的成就，对照或成为苯教世界观中的无敌上神。

《左传》有言："国之大事，在祀与戎。"这种神权与王权运作模式，使得本来要神圣化国王的苯教徒在政治和宗教生活中，联系的对象从上到下涉及到王族、臣属、贵族、属民的每一个阶层，工作的范围从宫廷到民间涵盖有政治、军事、祭祀、丧葬等每一个领域，既服务于王上，还植根于民众。于是，无形中把自己抬上了一个神圣不可缺的地位，在世俗政治中形成了一个难以估量的政治群体。据苯教典籍《千座心灯》自述，后来已到了"辛始置王者之上"的尊崇程度，"没有辛苯发话，王不敢降旨，大臣不议事；没有辛苯起头歌舞，君臣就不吟歌起舞"。聂赤赞普更是从苯教祖地象雄迎请了南喀·囊巴多坚前来传教，故有"山为拉日姜托，王为聂赤赞普，辛为囊巴多坚"，把吐蕃赞普、苯教法师与当世神山并列，可知其威，可见其盛。

传至第八代止贡赞普时期，大臣乐赞协便进谏道："现在赞普与法师的权势相当，如果一直这样下去，到了赞普子孙之时，权力肯定将被苯教夺去。"止贡赞普抑苯七年,却以被杀告终,尸体被抛于雅鲁藏布江。

于是,有后来赞普借佛教以抑苯。

苯教既先于吐蕃而生,苯教也伴随王室而盛,这种盛发使得苯教深度渗透吐蕃政权体系。况且,在苯教名重一时的时代,为加重家族权力的砝码,当时有不少的贵族世家诞生了苯教法师,苯贵结合,把持朝政,其深广的影响力不可小视,故有其后不息的佛苯之争。从这一角度来看,也可以揣测为什么早年赞普有许多都难掌实权,甚至时有少年天子、死于非命等非正常现象。

在任何社会形态中,君权与相权的矛盾都不断博弈拉扯,而这种融合神俗权力的混合体,随着后世赞普执政经验的丰富,更是越来越希望能够得以消解分离。所以,就像汉朝得以初步稳定之后,便号令上下尊行儒术,以确立君臣有别之礼。中后期的吐蕃赞普们也希望借佛抑苯,故而在崇佛的过程中,一直注重佛与政之分,偏重于仰用佛教的教化作用。

特别是松赞干布一统青藏高原后,吐蕃的政权形态发展了新的变化,所领之地不只是先王所占河谷数个小部落,其治国理政所面临的形势任务也今非昔比,便着力效仿唐朝建立各项制度,建构基于王权的治理体系,其中依据佛教所宣扬的"身三善、语四善、意三善",即"不杀生、不偷盗、不邪淫;不妄语、不恶口、不离间、不绮语;不贪欲、不瞋恚、不邪见"这十善的精神制定了十善大法。具体内容有:争斗者罚款;杀人者偿命;盗窃者退还原物,罚偿8倍;通奸者断其肢体,流放异地;说谎者割其舌;虔敬佛、法、僧三宝;报父母之恩德,孝敬侍养;勿侮尊长,以德报德;勿与贤流贵族争;一切行事随顺长者;学习经典文字,了达其意;信奉业因、果报,戒绝恶行;亲邻互助,勿作侵害;品行端正,心存天良;酒食有节,知耻存礼;如期还债;公平买卖,称量时勿行骗;勿管未经人委托之事;谋划事情时应自持主张,勿听妇人之言;是非难以判断时,请地方神祇护法作证,立誓赌咒。相传,这是松赞干布学习了藏文以后,书写成的第一个法律条文。

这,无疑是英明之王集权自主之征、治理平衡之道、驭下分权之术,却引起了倚权而重的苯教势力极大反对。更何况，赤松德赞时期，还任命佛教僧人为僧相，开创了僧人参政的先河，并把崇佛诸策固定于制。

　　冰冻三尺非一日之寒，滴水穿石非一日之功。要知道，即便第一位赞普纪年不详，至松赞干布年间，也经几十代的数百年历史，这么经久的时间里，苯教固权可想而知，哪儿是说放就能放得下的？亦或许，这其中也不乏那帮意图长久把持国政的权贵，假借着佛苯之争，除掉碍事的赞普。在经久不息的佛苯之争中，怀着护权聚势的原始冲动，他们始终是那股核心力量。夺权的暗流下，呈现在过去和现在我们面前的，或许只是皮相。

　　且不说是不是朗达玛心被魔怔，利益、贪婪、权斗之魔亦游走在当时吐蕃贵族、相府和后宫之中，并将在无息的斗争中扯断串着由昔日吐蕃诸王臣一颗颗串起功业宝珠的贤德之绳。

　　不管怎么样，时间不能倒流，射向赞普的箭矢不会返弓，已经离散的人心不会重合，吐蕃摔碎的镜子不会再圆。赞普的梦想已是昨夜之梦，吐蕃的辉煌亦如虹彩散空。而这其中耐人寻味之余处，且留给读者遐想与思索一二吧！

二王并立：吐蕃王系的两败俱伤

朗达玛撒手人间，并没有已出子嗣，但侧妃蔡邦氏已孕有王裔。

见此情景，大妃那囊氏也佯称有孕在身。

蔡邦氏见势不妙，连夜逃出那囊家族老巢——拉萨河谷地区，直奔自己娘家——山南雅砻河谷。

数月过后，蔡邦氏生下遗腹子，因担心歹人加害，昼夜燃灯守护，因此命名安达·沃松，意为"灯光守护"。此后就任赞普位，尊号为"赤沃松赞"，也称"光护王"。

听闻此讯，那囊氏的孩子也"出生"了。她召集大臣宣布王子出生，并说此子生于蔡邦氏之前。众臣一看，小白牙都长出来了。权力可使沉默顿生喧嚣，也可以让喧嚣归于沉默。此时，赞普已逝，大妃为贵，虽然满怀犹疑，却都不敢出言，人们称这孩子为雍登。

要知道，那囊氏在吐蕃历史上，可是响当当的实力派。当年，松赞干布统一吐蕃后，为了加强王国治理，设"三尚一伦"，御前议事，总理国政。因吐蕃赞普在结盟的基础上，对重大部落军事贵族联姻，便有"尚"和"尚伦"一职，也就是舅臣。作为赞普母舅、一方诸侯的尚伦比大相更为尊贵。那囊氏家族便出身松赞干布时期的三尚伦之一。

据《资治通鉴》记载，大相韦·达纳坚嚎啕大哭，痛骂那囊氏"赞普宗族甚多，而立那囊氏子，国人谁服其令，鬼神谁飨其礼！国必亡矣"。骂完，持刀割面，血流满襟。那囊妃的哥哥一看有人坏事儿，立码派兵攻杀韦·达纳坚，并将其灭门。

"被和谐"的吐蕃众臣就这样纷纷评论，表示或同意、或附议。其后，把安达·雍登推上王座，尊号"赤德云丹"，唐史称为"乞离胡"。

眼前人怕脖子受凉，外人和后人可敢说。《西藏王统记》称其为"买乞人之子"。《资治通鉴》另载："达磨卒，无子，佞相立其妃綝氏史尚延力之子乞离胡为赞普。"《西藏王臣记》也说："传从此辈时起，圣主聂赤赞普之后裔，则不复统御全藏矣。"

虽然在此之后，吐蕃王统依旧在传续，但史学界公认，朗达玛是吐蕃政权最后一任赞普。之后的"吐蕃"，变成了一个地理和族群名词，不再是王庭。这也将是此著前半部分将重点关注的方向：吐蕃之后近四百年间，直至元统一西藏之前，这片神奇的大地都发生了什么？吐蕃的血统正脉流向何方？散乱的政治文化如何延续？王气暗然的吐蕃之后，如何被割裂？四散而落的吐蕃遗珠，又如何串连？

俗话说，天无二日，地无二主。但是，在朗达玛遇刺一年后，吐蕃大地二王并立。安达·沃松为韦氏家族拥立，在雅隆河谷一带约茹地区，建立小王廷；安达·雍登为没庐氏家族拥立，在拉萨河谷一带伍茹地区，建立小王廷。有意思的是，"两兄弟"在位均为23年。

在到底谁是正统方面，双方两派各执一词，争吵很快变成争斗。在不可调和的巨大鸿沟两边，双方陷入长达二十余年的内斗，日渐把朗达玛身后的吐蕃撕裂。《智者喜宴》记载："母后派系的臣民相互对峙，各自拥立二王子为主，云丹占据伍茹，沃松占据约茹，伍、约之间时常发生火并，其影响波及吐蕃整个辖土。"

在不断的争斗中，新问题接着来了，一臣难事二主。

很快，吐蕃大地上出现了《贤者喜宴》所载的局面："大政权、小政权；众多派、寡少派；金枝系、玉叶系；食肉者和食糌粑者等，相互进行争夺战。"

至此，朗达玛暴亡之后，这场"宫斗戏"已经出现两位女一号王妃和男一号新王。但是，吐蕃政权本质上是奴隶主军事贵族联盟，这两位王后和王妃又都是吐蕃早期逐鹿群雄之时，与周边部落联姻的贵族家女。那么，在两对难以单独立事的孤儿寡母身后，没有出镜但又决定着演员选角，甚至出镜顺序、戏份多少、收益分配的大戏导演和制片人又是谁呢？

安达·沃松及朗达玛侧妃蔡邦氏身后是韦氏等族，也就是那个入宫弑君、后自立为相的白氏。

安达·雍登及朗达玛大妃那囊氏身后是那囊、没庐氏等族，也称尚氏家族，源出于阿里地方，世代为吐蕃贵相。史载，赞普赤祖德赞时，有尚婢婢，本姓没庐，名赞心牙，任鄯州（今青海乐都）节度使。

至此，尚有一存疑。如果大妃当初没有身孕，那王子从何而来？而据《资治通鉴》所记："佞相立其妃綝氏兄尚延力之子乞离胡为赞普。"

除此两系之外，王位争斗赛中，还有一自由人，那就是落门川（今甘肃武山附近）讨击使、驻守河陇（河西与陇右，即今甘肃西部地区）吐蕃占领区的大将论恐热。这个人性格威悍能忍，刚豪勇武，诡诈多谋。当他得知朗达玛被杀后，他就自号为国相，并想自立为赞普。论恐热带着所谓"义兵"杀向尚思罗和尚婢婢。兵至渭州，在洮河擒杀了吐蕃相尚思罗，但抗不住有兵有谋的尚婢婢。

于是，此后十余年间，二人间一年一年地相互残杀，大唐也一寸一寸地收复边地。

而被裹挟于争斗之中的二王也于同年离世。《汉藏史集》记载："沃松的陵墓建在'幻化'之背面，名为'吉乌拉丹'，此后再无建陵墓之事。""幻化王"即赤都松赞。沃松死后，归葬于吐蕃荣耀祖地王族墓葬区，但此后再无吐蕃后裔能入葬于此。而历史却没有留下雍登陵墓的任何记载，犹如消失于滚滚历史烟尘之后的吐蕃王国。

二虎相争：论恐热的"赞普梦"

论恐热趁吐蕃大乱，自立为国相，欲自为赞普。这位做着"黄粱美梦"的论恐热是什么来头？

论恐热本姓末，名农力，"末"姓源出苏毗部，与苏毗之王同姓，其镇守河陇之地。"论"为吐蕃官名，为非赞普亲族之外相。"落门川"为古水名，即今甘肃省武山县东部渭河支流南峪河。这里现隶属甘肃省天水市，甘肃东南部、秦岭北坡西段与陇中黄土高原西南边缘的复合地带，自古为兵家必争之地。三国时期，这一带处于蜀魏交锋的前沿，诸葛亮六出祁山、痛失街亭、智收姜维、计杀张郃等，都发生在这一带。

吐蕃在宗教文化吸附印度佛教，在军政制度上效仿唐朝，借鉴了一些唐朝职官设置。朗达玛时期，论恐热任落门川讨击使。从官名不难看出，讨击使属于边疆有事临时派出讨击之职，是低于节度使职位的河陇地方军事长官，但也并非完全临时之职，更像是行政公署的长官，这种临时属性更多因据地未稳、而非因人设官的临时性。

不难看出，此时的论恐热的实际势力并不大，但这仍拴不住他趁火打劫的野心，他鼓动温末等周边部族，打出那囊氏无道的旗号，誓师讨伐雍登政权。王廷征集苏毗、吐谷浑和象雄等部军队，由国相尚思罗统率，北征论恐热，却兵败被俘。

从战略层面来看，站在雍登政权方面，后方未稳，应持守势，静观其变，以逸待劳。但方才获胜，兵源大增的论恐热也作出了异常的战略选择，他没有南下拉萨，先拿下兵力较弱的王廷，却把矛头指向了西边的尚婢婢。这也从一个侧面说明，吐蕃王廷中虚，兵力多在边地。

尚婢婢时任鄯州节度使，出身象雄世家大族——没庐氏。此家族世代男为国相、女为王妃的贵戚家族，尚婢婢好学勤读，尤喜汉家诗书，并不喜欢当官，深受上下钦敬。年过四十，才被硬派去统边，或因此时长庆会盟，唐蕃边地已少战事，这么一位文艺青年，又通汉文化的人才，比较适应当时形势。

面对势头正劲的论恐热，尚婢婢马上修书一封，言称我本来就想读读书，却被赞普远派此地守藩，本来畏恐，不想守据，能让我完整地归乡种田，也就是我朴素的愿望了。虚荣心得到极大满足的论恐热赶紧把这封信传阅部众，并说道："婢婢唯把书卷，安知用兵！待吾得国，当位以宰相，坐之于家，亦无所用也。"就是说，他认为尚婢婢只会读书，不懂用兵！等他当赞普，任其为宰相，就坐在家里，也干不了啥。但坐阵鄯州的尚婢婢并非只会读书，不像迎击从腹地远来奔击的尚思罗，论恐热一头便栽进了尚婢婢给他量身定制的伏击圈。

尚婢婢不是他的宰相，恰恰是他命里的克星。此后，双方便陷入了一场你来我往的持久战，时间竟长达24年。

这场消耗战既说明吐蕃对边将涣散的控制力，也说明本土部落军事联盟制度并不适于边区管理。特别是在松赞干布初步整合吐蕃腹心地带之后，噶尔氏家族长期控制新开拓的边区，早已实际驾空了吐蕃王室。松赞干布之后的吐蕃政权延续不足200年，噶尔氏当权时间超过了四分之一。后来，出身象雄大族的赞普芒松芒赞王妃赤玛伦先后辅政两代赞普，赞普亲自巡防边关，甚至亲征云南之地，乃至抑制苯教势力、增设僧相一职平权等诸多措施都是在消解这一政治后遗症。

唐宣宗大中二年（848年）之时，杀红了眼的论恐热已经争战了6年，但从河陇地区多次攻击尚婢婢的大本营鄯州，都空手而归。想以战养战的论恐热干不过尚婢婢，便又想去大唐去捞一点好处。

从贞观十二年（638年）松州（今四川松潘）之战始，至元和十四年（819年）盐州（今宁夏盐池）之战的181年间，唐蕃之间曾经大战近200次。后于盐州城打了六次围城大战，并在最后一次盐州之战之后，打不动的双方开始准备唐蕃最后一次会盟——"长庆会盟"。公元821年，唐穆宗时期，唐蕃会盟于长安西郊，并分别在长安和逻些建碑，双方重申"合同为一家"的舅甥亲谊，决心此后"社稷叶同如一"，各守本境，互不侵扰，烟尘不扬，乡土俱安。

还是在这里，梦想当上赞普，再扬烟尘，侵扰乡土的论恐热大军违背盟约，结果却被唐军和沙陀人夹击，被摁在城下摩擦、摩擦再摩擦。

大败而后的论恐热，转头又去掐尚婢婢。

就在这两头狼相互撕扯之时，河西大族张议潮率归义军收复瓜州（今甘肃酒泉）、沙州（今甘肃敦煌）等地，已被吐蕃占据多年的河陇地区开始松动。

如此危急之时，论恐热和尚婢婢还在忙着调兵遣将搞窝里斗。

公元848年冬，凤翔节度使崔珙率军围攻清水（今甘肃天水辖县），论恐热却派干将莽罗急藏率兵二万，与尚婢婢部将拓拔怀光在河州（今甘肃临夏）以南开阔的谷地开仗。客场作战的莽罗急藏兵败投降，另一边的唐军顺利收复了清水。

次年，河西张议潮在收复瓜州、沙州后，开始剑指西州（今新疆高昌）。而当年二月，汲取河州之战急兵冒进大败经验的论恐热，亲自率军再向河州而去。尚婢婢也很给面子，亲帅大军在河源军（今青海西宁东南）等着他。

从之前的表现不难看出，论恐热是个莽夫，尚婢婢以谋制胜。吃了多回亏的论恐热，这次决心悠着点儿来。没料想，早已经占尽了主场优势，靠山面水布好阵的尚婢婢，却没能管住手底下这些轻敌的兵将，他们不等将令便直冲论恐热的大营。

明知道必败的尚婢婢在河这边儿无奈地望着对岸不断倒下的部众，数着人头等败军余众跑回来后，一把火烧了架在两军之间的桥，断了追兵之道，泱泱回了鄯州。

双方在多年你一刀、我一刀的剐肉战之后，终于把对方都削成了一般大小，谁也看不上谁，谁又吃不掉谁。

陇右之地的守城官兵和大唐遗民玩不动了。公元849二月，吐蕃秦州（今甘肃秦安）、原州（今宁夏固原）、安乐（今宁夏中宁）三州及石门（今宁夏固原西北）等七关守将纷纷求着大唐接受他们真心的归降。

宣宗命太仆卿陆耽为宣慰使，诏泾原（今甘肃泾川）、灵武、凤翔、邠宁（今陕西彬州）、振武（今内蒙和林格尔以北）皆出兵应接。至八月，三州七关重归唐朝。

这三州之地，曾是唐蕃间反复相争之地，也是重要的战略联防节点，终在被吐蕃强占四十年后复归大唐。

作为有着成熟治理体系的唐朝，立即着手选将派官，诏募屯垦百姓，政府配发种子，免收五年租税，并明确附近温池盐矿收入，全部划拨于此地边防，关镇间道路建置堡栅，迅速恢复了在三州七关的有效统治。

关陇难分。自北魏拓关陇，兴起关陇集团，便据此而北固南伐，拢育将才无数，诞出北周等国，隋唐两国开国皇帝、后妃、将帅亦多出身此集团。

这一年夏天，天气十分炎热，但比天气更火热的是唐宣宗的心。刚收复的三州七关军人百姓上千人来到长安。八月八日这个吉利的好日子，宣宗在四周民众高呼万岁声中，亲自到延喜门接见河陇军民，归复的军民欢呼跳跃，脱去胡服，换汉冠带。

此时已经和尚婢婢缠斗了七年之久的论恐热，居然丝毫没有倦怠，依然满怀激情地部署进攻鄯州。

公元850年，论恐热攻陷牦牛峡。这里是尚婢婢老巢鄯州门户，此时城中的存粮已所剩无己，终于躺平摆烂的尚婢婢把城留给大将拓跋怀光，带着仅存的三千部众远去甘州（今甘肃张掖）草原，最后不知所终。

吐蕃军多战于荒原，擅长阵地战，向来不精攻城之战。拓跋怀光据城而立，以逸待劳，守塔成功。破城不得的论恐热，急火攻心之下纵兵对鄯、廓、瓜、肃、伊、西等州轮着来一番烧杀抢掠，以斩杀平民、残虐妇老、槊刺婴儿泄愤为戏。如此残暴且变态的禽兽行径，让他身边的部将都觉得瞠目结舌。在拓跋怀光的游说下，部将们纷纷带着部属离去。

不服输的论恐热此时放出话来："我要朝见唐朝，借兵五十万，杀光不服人。"于是，他给唐朝修书一封，甘愿作大唐属国，以渭州城（今甘肃陇西东南）为国都，要求册封他为"赞普"。

等了许久，眼看没有回音的他干脆又亲自跑到长安，尚书左丞李景到礼宾院询问贵宾此行有何贵干。这回他低调了点，渭州不做国都了，自己不当赞普了，请求唐朝任命他为河渭节度使。

这时候，大唐节度使倒是封了，只是这帽子可没有给他发，而是给张义潮定制的。当时，在河西势如破竹的张义潮发兵接连收复周边的瓜、伊、西、甘、肃、兰、鄯、河、岷、廓十州，并派他的兄长义泽到长安奉上十一州图籍，河、湟之地尽入于唐。就这一长串漂亮的战绩，加上对大唐妥妥的忠诚，就是份完美的考察报告，张义潮被赐节度使，实在是实至名归呀。

于是，身边没人，手里无粮，眼瞅着大唐每天只是好吃好喝的安排着，也不安排任前考察的这位官迷重回落门川老窝，聚集旧部，继续躁动。

或是坏事做多了，老天都不想留他。当他驻扎在洛门川时，河、渭二州遭灾，老百姓都快跑完了，没饭吃的论恐热只好带着手下去廓州（今青海贵德）。在去廓州的路上，论恐热手下残余的部属也纷纷逃奔宕州（今甘肃宕昌）、叠州（今甘肃迭部），最终跟着论恐热的部属，只剩下三百多人。

都到这份儿上了，不甘寂寞的论恐热还是时常游说周围小部落去干架，搞得内怨外烦。

公元866年，不耐其烦的部属把情报送给鄯州的拓跋怀光，引其率五百轻骑突袭廓州，活捉了论恐热。此时，他残害鄯州民众的报应来了，拓跋怀光将他双腿砍断，任其在血泊里哀嚎而死。然后，把这颗一直想戴上王冠的头颅砍下，送到长安，也自归唐。

至此，河陇之地，"西尽伊吾，东接灵武，得地四千余里，户口百万之家，六郡山河，宛然而旧"。

吐蕃由是大衰，安达·雍登君臣不知所终。

失散之珠：从国王"赞普"到领主"觉阿"

边关的军阀们为夺权打得不可开交，吐蕃腹心河谷之地二王也焦头烂额。

不堪其扰的臣属和平民大规模起义暴动，强盛一时的吐蕃转入其后分崩离析时代。据《西藏王统计》所载："阴土牛年又有反上大叛变，阴火鸡年，毁诸陵墓。"这里说的阴土牛年为己丑年，即唐咸通年的公元868年，先是以韦·可协勒登为首领在朵康①发难，其后尚·吉塞乃赞杀死奴隶主官吏。第二年，起义军首领许布达则攻下了沃松的统治中心结塞堡，捣毁了历代赞普的陵墓，王族后裔不得不四散逃奔。

安达·沃松生子吉·贝柯赞，此系传至三代吉德尼玛衮和扎西孜巴之时，王权被安达·雍登所夺取，被迫向西方远离纷争之地而去。

吉德尼玛衮是吉·贝柯赞正室所生，此后传阿里王系和统驭后藏的亚泽王系；扎西孜巴是吉·贝柯赞侧室所生，此后传拉堆巴及雅隆觉阿系。因其后裔失国，只依小隅称雄，所以不叫赞普，而是叫作觉阿。"觉阿"即是主公之意。

至此，以血统庚续和王座继承来看的吐蕃王室世系才告中断。

在雍仲苯教信仰中，"赞"是一种十分狞厉可怖、凶猛暴戾、神通

---

① 朵康：古称朵思甘，今青海南部、西藏昌都和四川甘孜藏族自治州境内金沙江流域一带的古称。

灵异的神灵，又为群众崇祀对象，具有崇高保护神地位。"普"为男子。"赞普"，便是雄强丈夫之名。《新唐书·吐蕃传》记载："其俗谓雄强曰赞，丈夫曰普，故号君长曰赞普。"可是，自从吉·白柯赞之后，"赞普"二字虽仍记史书、常念人口，并被后世充满着景仰与赞颂，却只是二字，寄存于过往。

被认为血统不正的安达·雍登后裔则分据拉萨吉曲河谷一带，以及从先王手中抢来的雅砻河谷一带，后散布至朵康，即今青海南部、昌都地区和四川甘孜金沙江流域一带，也纷纷有自知之明地去赞普之名，改称觉阿。

此后百余年，如珠散落的王臣后裔自顾不暇，吐蕃故土四分五裂。由于前弘期的佛教由王室主导引入并大力扶持，已经无枝可依的佛教在西藏似乎已被人们遗忘。

藏族与神奇天地无间接触，知晓在野外晚间灭火之后，可用大石块堆于余烬之上，次日掀开一夕温热的石块，一吹便使火种复燃的技能。恰如这一息火种，佛教也在远离吐蕃政教中心的青海和阿里等地得以零星存在。而这星星之火，将在百年后由后弘期的人们重新吹燃。

朗达玛灭佛年间，在拉萨河下游与雅鲁藏布汇合处有一修行地，名为曲阿日山。约·格迥、藏·饶塞、玛·释迦牟尼三人正在此地修行，忽然见一僧人手持弓矢打猎，便上前连发三问：我看错了吗？你是疯了吗？这是在干嘛？光头猎人走上前说：你没看错，我也没疯，今时已不同往日，你们虽还没受罚，也快大难临头了。于是，惊恐的三人，不敢片刻停留，赶紧收拾包裹，并拉来一头大骡，装上满满的经卷，一路向北逃奔，经阿里北道，落脚于河湟。后又有噶沃·乔扎巴和绒敦·僧格坚赞逃往康地。

曾被王室大力弘扬的佛法，仅在此二处留存藏地佛教一骡经书和数个孤僧。

六十年后，今天的西藏拉萨林周县东与墨竹工卡县止贡寺北，有一秀绒河，有一苯教徒，名为木萨辛巴。他有一乖巧聪明的儿子，叫木萨彭，在游玩之时，偶入朗萨庙，看见寺内残破的墙壁上隐约存有壁画。凑近前，透过剥落的墙皮相连来看，似是僧人讲经说法的场景。好奇的孩子便四处去问，这是谁？是什么人？在做什么呀？恰时正有一老奶奶，便给他说，这是出家人之相。孩子又问，出家这回事，现在还有吗？老奶奶仰头看着远方在万里虚空当中无依飘荡的白云，似乎看到了少女时的自己和当时的生活，便给孩子讲了一个很久很久以前的故事。正当孩子听的满脸疑惑之时，老奶奶忽然眼前一亮，说道："还听说从曲阿日山和耶巴寺等处逃往朵康之出家沙门颇多，佛法在康区应该还在。"听到这儿，童子竟不顾身家性命，一路跑去康区，叩见拉隆·白季多吉，剃度而称喇钦·贡巴饶塞。

此时，佛教在藏汉相交的朵康之地已渐弘扬，而吐蕃故土，仍寂然无音。

此后，安达·沃松王裔之后将赴阿里，再兴佛法，传于卫藏。终在吐蕃灭亡之后的第二个百年间，佛法的火种于阿里和朵康两路传入"卫藏"，也就是前后藏地区，形成了不同与前弘期独具特点的藏传佛教。相较于早年吐蕃王室迎立佛教称前弘期，法脉久断的西藏将迎来藏传佛教后弘期。

那么，后弘期藏传佛教相比与前弘期，主要有哪些特点呢？

其一，广袤的西藏大地主要分为河谷农业流域和草原牧业经济两大地带，生活在河谷地带的藏族先民早已学会了在经年累月的河谷冲积地上种植青稞等农作物，而辽阔壮美的草原，自然是牛羊的天堂。在漫长的时光里，一粒青稞、一头牦牛，喂养了不屈的藏族人民。在那个靠天吃饭的时代，农牧经济最大的特点就是自然性、社会性和区域性。于是，各个地方在漫长的发展之后，逐渐出现了一些累世而兴的庄园主，其中不乏吐蕃时期形成的世家大族，他们利用吐蕃后的政治真空而自立。在吐蕃分裂后，政治上不统一，这些依财势而起的各地庄园主们，分别建立起不同区域的势力范围，并且与持有不同教派法别的寺院互为依托。

其二，吐蕃时期，随着王国统领疆域在南征北战下不断扩大，对政治教化和治理体系的要求也越来越高。源生于自然和先民本色认知范畴的苯教，虽然广泛应用于祭祀和婚丧等宫野之间，但和其他脱胎于自然的原始宗教一样，缺乏一套逻辑自洽的世间法治体系。赞普的军队可以远征荒原，却无法对每个人耳提面命；古老的苯教可以慰籍人心，却无法对每一个地方施治。于是，在王室的主导下，南亚的佛学大师们穿越喜马拉雅，来到赞普的面前，向他们讲述佛法，为辽远的雪域高原带来佛陀的教化。所以，前弘期藏传佛教主要由王室主导，主要服从服务于王室的统治需求。而在曾经叱咤风云的赞普渐行渐远的时代，再次走向万千百姓身边的后弘期藏传佛教，没有王室的各种严格限制，却获得了更多自由发展的空间，这是自然捡选才能具有的活力。佛陀的教法像高原天空上自由飘扬的云朵一样，悠扬地飘向了卫藏各处，各大寺院也普遍拥有自己的土地、属民和资产，这是政教合一制度得以施行的重要基础和前提。

其三，早期印度佛教，主要以尊行佛陀教法为主，在漫长的历史发展过程中，受后世局势及经院哲学影响，佛学渐渐向大乘方向转变，强调"自利、利他,利益一切众生"，提倡以"六度"为主的修行"菩萨道"。但，不论是前期小乘或是后期大乘，佛教都是十分讲究师礼尊崇的。由于后弘期藏传佛教与各地方势力建立了普遍紧密的联系，使得佛教从公元7世纪中叶传入吐蕃，到吐蕃王朝末代赞普朗达玛禁佛为止，200年间在吐蕃传播的前弘期，以强调佛陀教法为主变为对本派祖师崇拜的方向。由于缺乏一个统一有效的政治组织，各地庄园主和高僧们也都只能在周边力所能及的范围内施加影响，藏传佛教进一步本土化，也更加容易小众区域化，这也是当时噶举派为什么出现如此众多流派的社会缘由，更是当时不同教派间因教法或利益纷争不断的缘由之一。

此际，一度在吐蕃中后期被压下去的雍仲苯教，依凭其深厚的群众基础，也开始逐渐自发地复兴。这恰如佛陀涅槃后，原始的印度教顿时开始复兴一样。

如今我们常说，三年一个代沟。在经过大约33个代沟之后，吐蕃灭亡一个世纪后的西藏，开始进入到一个社会逐步稳定、但政治治理分散，佛教渐始复兴、但各派分庭林立的局面。

这一局面，又从何而来？

北方苏毗：吐蕃的军粮兵马基地

公元586年，隋文帝杨坚已立国6年。

这一年，国都大兴城（今陕西西安）来了一队贡使，为首的竟然是一女子。只见她浓密如瀑的乌发披于双肩，其间串配有黄金、珊瑚、玛瑙等珠宝，身着粗麻长衫，外套一皮坎肩，脚蹬皮靴，腰系皮带，其上佩挂镶着绿松石的火镰。长长的睫毛之下，扑闪着一对乌溜溜的大眼睛，像是镶嵌在两腮略带高原红的脸庞之上。

此女子来历不简单，是从高原走下的苏毗女国使者，她受女王所托，带来了珍贵的天珠、麝香、朱砂、羔羊皮等贡礼，要求与大隋朝通好。

对于隋朝来说，这真是稀客。

有朋自远方来，不亦乐乎。于是，朝中升座接待使团，问贵国宝地居哪儿？

女使娓娓道来，我国远在高原之上，东接多弥国，西距鹘莽硖。

这是哪儿？多弥国，是中国古代隋唐时期西北地区的部族或小国。居地"滨犁牛河"，即在今青海金沙江上游通天河一带，为西羌民族一系；而鹘莽硖，即今青海与西藏交界处唐古拉山口。吐蕃于硖北口置驿站，文成公主曾遣人迎唐使于此。此国约在西藏北部至青海西南部之间，相当于藏北索曲河流域东部至索县、巴青以北一带。

此女国属民约三万户。为什么说是女国？原来苏毗跟多弥国一样，也是西羌一系所建，其国为母系社会，有女王和小女王同理国政，小女王便是女国相的意思，但是像其他的奴隶制社会一样，以推举制选贤任

37

能的苏毗女国，小女王自然是王位第一顺位继承人。女王每五天听政一次，由小女王来协助管理。她们也会选出贤德的女官分驻各地，治理着她们的国家。

除了西天取经的唐僧之外，又有谁还能不喜欢女国呢？大隋朝一听就答应了。便接着主动递出玫瑰问："能为你们做点什么呀？"

"我国地阔草美，牦牛肥美、骏马膘壮、羊肉细嫩；森林间鹿、獐穿棱，可取鹿茸、麝香；北部多盐湖、盐池、盐泉，可取水晒盐；且河底可取黄金、山中可取朱砂、地下可取瑜玉。目前，已与西域高昌、波斯、天竺等地通商，往来贩运牦牛、骏马、黄金、黄铜、朱砂、麝香、盐粮等物资，但我国民以肉食为主，亦向来喜爱以茶为食，希望能通商道，固系两国之好"。女使既汇报清楚了国情，又毫不含糊地点明了来意，果然具备草原的洒脱质朴。

"女王呢？还有什么要求？"侍臣迫不及待地追问。

"我国女王犹其喜欢贵国的纹锦，这是波斯等西北诸国所没有的。"果然，女人都爱美呀。于是，料想这两国战略友好协议签属之后，回去的马车定驮了不少各式的纹锦。

隋史记载，苏毗也有赭面之俗，无论男女均以红彩涂面，甚至"一日之中，或数度改之"。唐代现实主义诗人、"诗魔"白居易一直关注唐蕃之争与吐蕃世相，曾在《时世妆儆戎也》诗中为我们留下一抹剪影：

时世妆，时世妆，出自城中传四方。
时世流行无远近，腮不施朱面无粉。
乌膏注唇唇似泥，双眉画作八字低。
妍媸黑白失本态，妆成尽似含悲啼。
圆鬟无鬓堆髻样，斜红不晕赭面状。
昔闻被发伊川中，辛有见之知有戎。
元和妆梳君记取，髻堆面赭非华风。

但，这妆容到底什么样呢？直到2020年6月，已经出土陶器碎片并发现多处盗洞的当雄墓地被抢救性发掘，专家们才破解"赭面"妆之谜。在清理出的5座公元7至9世纪的封土墓中，出土器物约为300件，主要包括金银器、陶器、珍贵饰件等，比较珍贵的是90余颗黑白石制围棋子，我国的围棋起源于春秋时期，在唐朝时期开始盛行，当雄墓地发现围棋棋子，这直接说明吐蕃文化和中原唐朝文化曾有过密切的交流。更为惊喜的是，当人们清理并拼接还原出土的陶器物品时，其上渐显一幅人物的画像，她的脸颊被涂红，如同涂抹均匀的腮红一样，在千百年后再为悦己者容。直至今天，阿里妇人还会在山野乱石中采集一种叫普尔姆的植物，加水熬成浓汁，涂于面部两颊，作为日常护肤用品，在当地人的概念里，这种天然草本植物的护肤品，夏天能防晒，冬天能防寒。

想都不用想，在这样一国，她们的老公就成了法定的"耙耳朵"了。女王之夫，号曰"金聚"，不知政事。"金聚"，意为"家人"，男子无权参政，只打仗或耕牧。这是妥妥的"男子无才便是德"。有力气干活儿就行。《隋书》有载，此国"女子贵者，则多有侍男；男子不得有侍女。虽贱庶之女，尽为国长……生子皆从母姓"。这可不是说笑，后来的《唐会要》也记载："女子贵者，多有侍男，男子贵不得有侍女。虽贱庶之女，犹有数夫焉，生子皆从母姓。"意思是，贵族女子，可以多选一些男人"为妾"，当然也可以有女侍，可男子就算贵族或为官，也不能有侍女。除此之外，普通的女子，也都一妻多夫，生孩子跟母亲姓氏。由此说来，至今后藏日喀则南木林、拉孜一带仍普遍存在的"一妻多夫"习俗是由来已久的，只是今人多以方便集聚生产生活资料、避免分家分产等今人思维来作解释。

玩笑归玩笑，在苏毗国中，女王也不会让男人闲着，也会选男官，只是做执行，不能做决策。史载："凡号令，女官自内传，男官受而行。"

《隋书·西域传》之"女国"一条记载，"其国代以女为王，王姓苏毗，字末羯"，"复有小女王，共知国政"。这苏毗像汉地农业区一样，多以同族聚集的国名、县名、村名等地名为共姓，当时遣使通隋的苏毗国女王姓苏毗，字末羯。此女有文字记录的主政时间为20年，苏毗王宫依山台地修建，故"王居九层"，九为单数最大，以九指最高处，类如古格王城，王城在最高处，臣属居半山腰，民众匍居平地。今藏北仍遗存有苏毗国古羌王宫，皆是台地层楼，石墙修建，与四川西北部古羌邛笼建筑文化形为一体。

这"羯"字从"羊"意，与"羌"字一样，这纵贯羌塘和川西的苏毗原系西羌一支所建。

羌，是一个古老的民族，发源于中国西北部，字意为牧羊之人，因其迁徙范围相当广远，使得该族系与西北、西南、北方等中华民族多个民族互有交融，并渐化于其间。传说，大禹也出于西羌，西羌的早期一系羯族便活动于此。从秦朝时，发源于他们东南部的秦国在早期疯狂扩张的时候，就经常性到他们的地盘征人掠马，逼得西羌在逐步向东迁徙的同时，也有一支向南进入青海，并分别向西藏北部、甘肃南部和四川西部散去。所以，藏北苏毗国古羌王宫和四川西北部这两个本来八竿子打不到一起的两地，会有邛笼建筑文化这样一体同风之处。这样的累石为雕楼的技艺，不仅存在于建筑形态，累石文化也广泛应用于祭祀、祈福、丧葬等风俗之中。

事实上，苏毗的地理范围在历史的浮沉变迁当中还不限于此，阿里亦有女国，四川嘉绒亦有女国。只是，此国并非现代意义上的一国，而是一族、一部、一谷之意了，或是苏毗只是其中部落联盟之一。这几处也皆有同风同俗之处，仅拿阿里古格和羌塘草原来看，都出土有金面具，且其上涂有红彩，说明有同样的葬俗，也说明他们有密切的社会面经济文化往来，甚至在某一历史时期曾消失过所谓的国界。同样，在象雄之后的记载，以及古格时继承的象雄故土当中，也包括今天克什米尔、那曲和河湟等地。《大唐西域记》卷四·十五国一节有记载："此国境北大雪山中，有苏伐剌拿瞿呾罗国（唐言金氏），出上黄金，故以名焉。东西长，南北狭，即东女国也。世以女为王，因以女称国。夫亦为王，不知政事。丈夫唯征伐、田种而已。土宜宿麦，多畜羊马。气候寒烈，人性躁暴。东接吐蕃国，北接于阗国，西接三波诃国。从秣底补罗国东南行四百余里，至瞿毗霜那国（中印度境）。"道宣法师《释迦方志》记载；"此国（婆罗吸摩补罗国）北大雪山有苏伐剌擎瞿呾罗国（言金氏也），出上黄金，东西地长，即东女国，非印度摄，又即名大羊同国。东接土蕃，西接三波诃，北接于阗。其国世以女为王，夫亦为王，不知国政，男夫征伐种田而已。"这里标注的地域分明又是阿里西北部。他们又在盲人摸象了，只记下了自己路过和看到的一部分，真实的范围并不像今天的地理疆域一样，可以在地球上测定一个明确的经纬坐标。

公元前4世纪，苏毗作为青藏高原诸部落中的一员登上西藏历史舞台。那时，佛教尚未入青藏，各部信仰有异同，女儿国崇拜阿修罗和树神。前者为古印度战神。由此，也说明此国当时常有部落冲突，过着狩猎和采集的生产生活。为自己寻求军事战略同盟，应当也是她们使隋的原因之一吧。除了外患，苏毗不乏内忧。《隋书》记载，苏毗"人有万家"，可见隋朝时期苏毗已是有户逾万的大国，兼之地域广阔，更是雄长一方。在悉补野达日年塞赞普时代，苏毗完成了对拉萨河流域及其邻近地区的统领，成为当时雪域高地重要的部落小邦政权之一。公元6世纪前后，在苏毗首领的带领下，强势崛起于高原中部，吞并领有周边广大的部落属地，建立起疆域广大、松散的部落联盟王国，与象雄、吐蕃争霸称雄，鼎足而立。

从公元7世纪初至9世纪初的200年间，苏毗在动荡中完成了与青藏高原其他民族的大融合，作为国族不复存在，整合于勃兴的吐蕃。当苏毗被吐蕃吞并之后，多供军马粮草，并设为孙波茹，共辖十一个东岱（千户）。这亦与北宋欧阳修所著《新唐书》记载一致："苏毗，本西羌族，为吐蕃所并，号孙波。在诸部中最大。"

当时的苏毗东北连中原，西北通西域，西南分别与吐蕃和象雄沟通，是当时重要的商贸文化走廊。藏地至今多见的犏牛这一牦牛与黄牛相杂交畜种，初便经苏毗此地产生，并逐渐走向高原各地。由于犏牛毛短，体质不耐寒冷，富有爱心的牧民在冬季还会为它们穿搭上牦牛毛编织的小马夹。西汉司马相如为蜀郡成都人，对西南风物有所了解，他曾在《上林赋》中记录汉帝国西南异兽，曰："其兽则猰㺉獏貘，沉牛麈麋，赤首圆题，穷奇象犀。"李善注引张揖曰："旄，旄牛也，其状如牛而四节毛。"《说文·㲋部》："旄，幢也。从㲋，从毛，毛亦声。""幢"是旗幡的饰物，可见古来便将牦牛尾用作旗幡饰物。《慧琳音义》卷三〇"幢幟"注引《考声》谓"幢，亦幡也"。《说文·犛部》"犛，犛牛尾也"段注："以犛为幢曰旄，因之呼为旄。"另外，《集韵·锺韵》谓"犎，羌中牛名"。《说文·牛部》桂馥《义证》："旄牛非犎牛也……旄牛大，犎牛小。犎牛黑色。旄牛黑白二色，此其别也。""犎"与"黎""黧"音近，后者来母脂韵，本训黑。由此可见，司马相如将表牦牛的"旄"与表犏牛的"犎"并列，后世之人在记述中也明确区分了高原牦牛与犏牛之别。

除此之外，这一地域积淀了在当时社会比较先进的生产技能，他们采矿、冶炼、铸造、打磨细石器、制作牛皮船……并且，外向的民风，商贸的传统，让他们迁徙的步伐和族群，以及影响力也散至川西、康区、藏北等地。如今，青海玉树囊谦县毛庄乡孜龙村仍以女儿国后裔自居。而在青海海南藏族自治州贵南县拉乙亥乡茫拉河与沙沟河之间黄河沿岸阶地上，1980年开始发现了拉乙亥遗址，出土有大量制作精细的石器、骨针、饰品等，都是女儿国穿越时空，留给我们的遥远记忆。

苏毗并入吐蕃，不但良马、犏牛、器物多入蕃地，其人口流向和影响力也渐向云南南诏和雅鲁藏布江北岸等地转移。在敦煌文献里，雅鲁藏布江北岸有两个王，大女王叫森波杰·达甲吾，居于年噶尔旧堡（今堆龙德庆区楚布沟）；小女王叫森波杰·赤邦松，居于都瓦宇那堡（今林周县澎波农场），"森波杰"就是森波王的意思。当时，达甲吾颟顸昏庸，骄纵暴戾，大臣念·几松上言劝谏，反为达甲吾所逐。然后，念·几松乃暗中策划，杀死达甲吾，投奔赤邦松。

赤邦松大喜，重赐念·几松。不料，念·几松之妻恣意妄为，残酷虐待奴户，激起民怨，而赤邦松也不是什么明君。在这种条件下，一些看不过去的大臣暗中联系驻扎于青瓦达孜宫的吐蕃达日年塞赞普，图谋颠覆。

冲出雅砻河谷，称霸拉萨河谷，可不是一般守成之王能干的事。达日年塞没能干成的事，在他儿子囊日松赞继位后，便与众旧臣起誓结盟，里应外合，吞并该地，王子"芒波杰孙波逃遁突厥"。森波部归属于吐蕃。

从此，吐蕃牢牢地控制了拉萨河谷和藏北羌塘地域，这意味着雅砻悉补野部落开始走出累世而居的雅砻河谷,不但从统驭地域上拓开了地理空间,而且从人口比重、牧业比重、经济结构等方面为悉补野王族建构一个真正意义上的吐蕃王朝打下了坚实的基础。这,无异于破茧成蝶的一次蜕变。《赞普传记》载歌而赞:"往昔彭域地域辽阔,如今更是一望无际,伍茹、青瓦有如粮仓,如今四周皆牧场","往昔雅砻河水短而浅,如今自外向内深而远,往昔雅砻谷地小而窄,如今自南向北而延伸"。

据《敦煌古藏文历史文书》载:囊日松赞时代,吐蕃控制的地域,南到雅隆、达波,东到达布、娘波,西到藏地、朱孤,北到苏毗。显然,此时苏毗本部已归于吐蕃治下。当时,青藏高原只有北境吐谷浑、白兰等边地未入吐蕃囊中。

不久,囊日松赞死于内部斗争,苏毗与达波、娘波等纷纷叛起,各自独立。这说明,苏毗臣民故旧早期在做政治交易,并不甘心情愿受吐蕃王室的统治。一个更加稳固的吐蕃政权,势将超越同盟和联姻关系,向更具权威性和制度化的政治体系嬗变,松赞干布便在这样的世情之下应世而出。

公元七世纪,囊日松赞之子松赞干布时,又重新收服苏毗、达波、娘波诸部。此时,吐蕃的疆域,已由初期的以雅隆悉补野部为中心的"三茹",扩大为"五茹",增加的"五茹"之一就是"孙波茹",表明此地再次为吐蕃所收服,这次的收服将强化军政约束。"茹"即"翼",类如军政合一的大军区,其余四茹分别为:"卫茹"居中翼,相当于今拉萨及林芝工布江达方向部分区域;"约茹"居左翼,相当于今山南及林芝朗县方向部分区域;"叶茹"为右翼,相当于今日喀则昂仁等雅鲁藏布江以北及黑河地区西南部区域;"如拉茹",相当于今日喀则江孜等雅鲁藏布江以南的地方。后来,松赞干布征服象雄后,又设象雄茹,共计为六茹。

苏毗被征服后,不但与蕃部世相通姻,也改苯教为佛教信仰,吐蕃完成青藏高原一统,也把苏毗纳为本族成员,整个苏毗连同羊同、党项、吐谷浑一起称作内四族。敦煌藏文文书将吐蕃与苏毗连名,简称"蕃孙"。所以,为稳固苏毗,松赞干布也常居留于澎波一带,后逝世于此,这里也是噶氏家族的发迹之地。也正是因此，连接着藏北与河谷之地，多条河流汇流入拉萨河，地势开阔平坦，水系纵横交错的澎波农场一直是当时吐蕃的粮仓，至今也是西藏重要的优质青稞主产区和农牧混作区。

《新唐书·苏毗传》记载，苏毗在吐蕃诸部中"最大"，其时人口已有3万户。吐蕃便在苏毗原属地建立了孙波茹，成为吐蕃"五茹"之一。当时的孙波茹辖地广阔，包括今西藏东北部、青海东南果洛、玉树部分边地等地区。由此可见，由川西、入康藏，此地早已贯通唐蕃古道，自古是民族交融大通道。苏毗军队成为吐蕃武力扩张的得力工具，在河陇、西域一带屡次征战，苏毗也成为吐蕃的后方大基地。吐蕃也由此走出封闭的河谷地带，打开了向外征伐的通道，只是他们不像苏毗和古格，早已处于文明的十字路口，早就善以通商的方式交流。

吐蕃新占据的苏毗亦农亦牧，多产牛马矿石，地势开阔通坦，直通河湟之地。河湟河谷是黄河与湟河流域肥沃的三角形地带，其最东部的贵德县离当时的大唐国都长安仅900公里。收服此地，如虎添翼的吐蕃便有了最大的新征部落，得以走出河谷农区，有了稳定的军马基地，有了新纳的征兵基地，更是可以直奔河湟之地，联合西北羌、党项、突厥等部，对大唐之境形成威胁，才有后来的长安之乱。也正因由"安史之乱"，吐蕃联合西北各族趁火打劫，强占了多处唐朝关镇和百姓。此地也自此200年烽烟不息，由于征战所纳军需粮马多出苏毗，苏毗成了吐蕃军事化的重要依凭。可以说，苏毗并入吐蕃联盟，从本质上改变了吐蕃原有的经济结构和社会结构，使吐蕃从悉补野王室转型为一个奴隶主军事强权。也是因为收服此地，使吐蕃完成了对象雄的半合围之势，才有实力，并没顾虑，近距离直取最后的一块肥肉——象雄。

但是，吐蕃王室索取无度，让苏毗王苦不堪言。事实上，吐蕃吞并苏毗后，并未废其王室，这与其对待白兰、多弥等小国不同。今甘孜者，实乃古多弥国都，得名源出"朵甘思"，多弥早湮灭历史。《新唐书》载："天宝中，王没陵赞欲举国内附，为吐蕃所杀。子悉诺罗率首领奔陇右，节度使哥舒翰护送阙下，玄宗厚礼之。"由此可见，唐天宝年间，苏毗王没陵赞与唐朝暗通约好，其王仍与吐蕃赞普同称为"赞"。唐天宝末的公元 8 世纪中叶，难忍吐蕃王室役使的苏毗人暗投唐室，被吐蕃发现之后，致使族人 3000 余人被戮，其王子投唐，安置于京都。对此，负责接应护送的节度使哥舒翰留有《奏苏毗王子悉诺罗降伏状》，并描述道："苏毗一国，最近河北'吐浑部落'数倍居人。盖是吐蕃举国强授，军粮兵马半出其中。"这一记述，不仅道出了苏毗的地望、人丁、物产，更是道明了吐蕃对苏毗的"强授"之苦。

《通鉴》载苏毗内附的具体时间为天宝 14 年（755 年）："以苏毗王子悉诺罗为怀义王，赐姓名李忠信。"未能叛归唐室的苏毗王魂落草原，王族被灭，王子东奔，唐室妥善安置王室遗族，但他们再也回不去故乡，苏毗作为吐蕃联盟政权的存在形式彻底湮灭。所以，至唐末以后，苏毗很少见于历史记载，表明余留苏毗逐渐藏化。尽管如此，苏毗作为青藏高原上一个曾经的大族旺群，为今日青藏高原的民族融合及人种、文化、技艺等广泛而持久的交流成型都做出了历史的贡献。

在玉树金沙江至阿坝大金川草肥马壮的地带，夹于北方吐谷浑与南方苏毗之间，多羌族散部，大小十余国。其中，多弥在四川甘孜州，白兰在阿坝马尔康、附于吐谷浑，北魏年间，吐谷浑为抗拒北方西秦，常退保白兰地，以此为避难所。值得注意的是，位于藏东、川西的这一地带与河西走廊，都是青藏高原和中原民族交融的大通道。

有意思的是，女国又有鸟卜之俗：在人祭仪式后，"入山祝之，有一鸟如雌雄，来集掌上，破其腹而祝之，有粟则年丰，沙石则有灾，谓之鸟卜"。《隋书·女国传》记女国苏毗："岁初以人祭，或用猕猴。"也就是说，苏毗还尊崇猕猴，并以猕猴为图腾，以猴为灵物，与人同作用，并用以献祭。而草原少猕猴，当为民族记存。西北党项人亦为羌人一系，也以猕猴为祖先，并常刻石为图腾。而川西羌族卜师"释比"至今也以猴皮帽为敬神、还愿、镇妖驱邪时专门戴的一种法帽。与羌人密切相关的羊也被他们纳入民族共同记忆，羊皮鼓也是羌族释比作法时必备的法器，在"羊皮鼓的由来"中，传说山羊将羌人的经书误食后，正是在一只金丝猴的指认下，巫师才找到那只闯下大祸的山羊；还是在金丝猴的指导下，巫师将山羊皮蒙为单面抓执式羊皮鼓，当释比祖师爷敲打羊皮鼓时，据说心中就会自动浮现诵经经文，最终避免了古老唱经的消失。从这则传说可以看出，羌人将"猴"视为其羌族巫术文化危难时的拯救者。

如此以来，再想一想西藏关于以猕猴与罗刹女为祖先的传说。为什么会是猕猴，而不是其他物种？

历史上，关于古代羌人"猴祖"信仰的最早记载见于唐初编成的《北史》，其云："党项羌者，三苗之后也。其种有宕昌、白狼，皆自称猕猴种。东接临洮、西平，西拒叶护，南北数千里，处山谷间。每姓别为部落。"现代学界对"党项""宕昌""白狼"与"苏毗"的地望略有分歧，但对其皆为西羌种类的认知却是公认的。而蒙古人灭西夏后，一部分党项人又南迁到了川西。今天藏族的细分支里，有一个族群自称为"木雅藏人"，据说就和这支南迁的党项人有密切关系。

黄河奔流万里，哺育了中华民族的儿女；也像一条经脉，联系着中华民族的儿女。苏毗作为一个政权虽然消逝了，但它独有的文化却融入了吐蕃文化之中，也最终汇入中华文明博大精深的母体。

象雄之谜：西藏之西的古老王国

中国西南边陲、西藏自治区西部、青藏高原北部有一片神奇的土地，这里北接新疆维吾尔自治区，东临那曲羌塘高原、东南依后藏日喀则，西南和西部与尼泊尔、印度、克什米尔为界。辖域面积34.5万平方公里的土地上，喜马拉雅山脉、冈底斯山脉、喀喇昆仑山脉在此隆起，扎日南木措、班公湖、拉昂措等净湖散落其间。

这里，便是西藏以西——阿里。古为藏族地区早期的小邦之一，汉地史籍称为"羊同"。在约公元4～5世纪建立了象雄王国，鼎盛时将地域划分为内中外三部，内象雄大体为今阿里地区所辖范围。

"阿里"一词是藏语音译，为"属地""领地""领土"等意。直到9世纪初，这里仍称"象雄"。后来，吐蕃吞并此地，吐蕃王朝覆灭之后，赞普后裔辗转来到这里，使这里成为自己的属地，建古格王国，分阿里三围，才有"阿里"称谓。

看似高远旷渺、人迹罕至、遗世而立的阿里并不封闭。历史上，它北连西域，南接天竺，东牵中原，西通中亚，地处商贸交通和文明交流的十字路口。特别是吐蕃吞并吐谷浑之前，曾经控制河湟地区及西域南延的慕容吐谷浑，与象雄之间并通过象雄与周边文明交往密切。

如果依今天行政地图来看阿里，它离拉萨和祖国内地都实在很远。但是，在远古的象雄，它曾是那个片区的中心。《隋书》裴矩传称当时西域丝路交通："发自敦煌，至于西海，凡为三道，各有襟带。……其三道诸国，亦各自有路，南北交通。其东女国、南婆罗门等，并随所往，诸处得达。故伊吾、高昌、鄯善，并西域之门户。总凑敦煌，是其咽喉之地。"这里所说的丝路三道之中通东女国、南婆罗门的道路，便通联象雄。象雄向南穿越喜马拉雅山脉，有一条可到印度次大陆的"盐粮古道"；向西穿过帕米尔高原，和传统丝绸之路交汇，让波斯人认识到了西藏麝香的高品质，《世界境域志》记载："巴达赫尚（阿富汗一省），是一个很令人喜爱的国家和商人常去之地。其地有银、金、石榴石、青金石诸矿。其麝香是从吐蕃输入的。"而原产于阿富汗的青金石、伊朗高原的藏红花，也由此输入西藏，为僧俗各界喜爱；向北的克里雅古道可以穿越昆仑山，直接联通新疆。

简而言之，古时青藏高原的玉石之路、食盐之路、茶叶之路、丝绸之路、麝香之路、白银之路、苯教传播之路等，均与象雄交集。以宝石为例，《册府元龟》记载，吐蕃"其俗重汉缯，而贵瑟瑟，男女用为首饰"。"爵位则以宝珠、大瑟瑟、小瑟瑟、大银、小银、大碯石、小碯石、大铜、小铜等为告身，以别高下"。明沉德符《野获编·外国·乌思藏》记载："其官章饰，最尚瑟瑟；瑟瑟者，绿珠也。"这里所说的"瑟瑟"便是碧色宝石，"告身"为授官的凭信。《汉藏史集》记载："热巴巾在位期间，从突厥地方运来了十八头骡子驮载的玉石，奉献给国王。在吐蕃，没有比这一批真正的突厥玉石更好的玉石。"可见，这些玉石来自突厥地区，其运送路线也经过象雄。

2005年，一辆重卡陷在了阿里地区唯一存留下的一座苯教寺院——古如江寺的门口。看似平整的路面，被压出一个大洞。人们把车挪开之后，在汽车压陷的洞下，意外发现了一座古代墓葬。

在这座竖穴土坑石室大墓里，掏出了丝绸、青铜釜、黄金面具、铁矛、木奁等文物，不知道这些东西到底是什么来路的僧人们把它们装进了一个大木箱，后被辗转送到了北京社科院考古所。

这些东西里，有一件黄金面具，它由金片压制而成，正面用红、黑、白三色颜料装饰人物面部。根据其中人骨碳十四数据，判定年代为公元2世纪的物品。

唐人杜佑写的《通典》对大羊同有这样的描述："其首豪死，抉去其脑，实以珠玉，剖其五脏，易以黄金，假造金鼻银齿。"正常人都是血肉之身，天生自不会生金长银，其文中所写的"金鼻银齿"，应是黄金面具。而"大羊同"，便是此地古称。

除了黄金面具，古如江墓葬里还发现了丝绸。这是西藏地区首次在墓葬中发现丝绸制品。这块织锦长44厘米，宽25厘米。织锦上的动物鸟兽纹非常繁琐，其中的青龙、白虎、朱雀、玄武、羊、麒麟等祥瑞动物，可以看出典型的汉地纹饰风格，纹饰间还夹杂有"王侯"和"宜"的汉字。

有趣的是，汉地织锦虽然在西藏地区是属于首次发现，但风格类似的织锦，却在新疆吐鲁番阿斯塔纳墓地、新疆尉犁县营盘墓地等与阿里山水相连的北方地区多次出土，这两个墓地年代属于公元3～4世纪。经对古如江墓主人骨骼进行加速器质谱计C14测年，其断代结果亦是3世纪至4世纪上半叶。

从织造技术的角度上说，这些织锦都属于"平纹经锦"的纹理结构。这种纹理结构是一种用经线构成花纹的织造技法，属于典型的中原从商周以来的纺织技术。而中亚和西亚纺织品，是用"纬线构成花纹"的织造技术，两者之间有明显不同。也就是说，新疆和西藏两个地方发现的织锦，属于同根同源，来自中原地区。这说明，早在汉晋时期的象雄就已经和中原发生了密切的文化和物资交流。

此外，古如江墓葬还出土了更令人震惊的东西，就是煮茶的器皿和茶叶残块。

以前一直认为，西藏饮茶的历史大概也就是从吐蕃时期开始的。唐李肇在《唐国史补》曾记载："常鲁公使西蕃，烹茶帐中，赞普问曰：'此为何物？'鲁公曰：'涤烦疗渴，所谓茶也。'赞普曰：'我此亦有。'遂命出之。以指曰：'此寿州者，此舒州者，此顾渚者，此蕲门者，此昌明者，此滏湖者。'"

但在古如江墓葬里的一个青铜器的底部，考古人员发现了一层厚厚的食物残迹。当时有人认为，这层也许是食物残渣或其他东西呢？

经检测，样品里不但检出了茶叶里含有的茶氨酸和咖啡因，还检测到一种茶叶特有的植钙体，可以确定这就是当时的茶叶。

事实上，在这个被称为"生命之禁区"的地方，并没有禁锢住人类的生存、交流和创造。早在更早的公元元年之前，便有人类活动，并且文明互通。

对于象雄而言，相比起物资的交流，文明交流更胜一筹。在昆仑山脉与喜马拉雅山脉之间，绵延千里的冈底斯山横亘其中，此山脉主峰位于今阿里普兰县境内，据苯教文献描述："它占据了世界的三分之一，呈现八瓣莲花形的形状，九迭雍仲山耸峙在它的中央，山脚下有四条河流向四个方向流淌，东边的从狮形岩口流出、北边的从马形岩口流出、西边的从孔雀形的岩口流出、南边的从象形岩口流出。"这就是狮泉河、马泉河、孔雀河、象泉河的发源之地——冈仁波齐。这里，便是象雄苯教、乃至后来藏传佛教、印度教、古耆那教共认的至圣神山。远在印度佛教传入西藏之前千年，古象雄佛法"雍仲苯教"早已在此山下孕育成熟，并在雪域高原广泛传播。

意为"坚固"，象征光明，还有轮回不绝之意，藏语称为"雍仲"的雍仲苯教"卍"字符，或许就是古老的象雄先民们对冈仁波齐及由其发源四河之地的抽象表达。

联通西亚、南亚和北方西域的古象雄国，还早早创制出了自己的文字：象雄文。

通常认为，藏文是吞米桑布扎根据古天竺的梵文创制的，在漫长的藏传佛教浸洗之下，后世又不断绝对化这一看法。而苯教文献的说法则是：藏文按照象雄文创制的。象雄文来源于雍仲苯教祖师辛饶弥沃创造的文字——达瑟丰索文。后人从古克什米尔语和古旁遮普语中找到了许多与象雄文字母和现代藏文字母相似或近似的字，现代藏文的四个元音符号在古克什米尔语中都有，只是第四个符号比较直一些。而且，象雄文的元音和辅音的数量和现代藏文完全一样，吞米桑布扎所创六个藏文字母在象雄文中都可以找到原型。象雄文中与古旁遮普语、古克什米尔语和古梵语等印欧语系都有这些相同的字母，与古象雄国当时所统领的地域范围匹配，也说明同象雄文化发生过联系的"达瑟"曾经是古代印欧民族南迁的必经之路和印欧文化的传播地带。历史上，象雄作为一个王国，存在至吐蕃中后期，象雄文化影响深远，苯教也为古藏族全民信奉，象雄文自然地渗透至全藏。在这样的情况之下，藏文的创制过程中，吞米桑布扎即使跋山涉水去异域求学，也应当不会把身边的象雄文扔在一边，他应当是对象雄文和梵文都经过了一番比对筛选。

　　文字的发生、演变和创制是一个历史过程，它不但是字母的创制，更有词汇、语法、句式等不断的衍生与演化。而且，它的来源从时间线及来源面上，都不会是绝对单一的。当然，人类文明历史进程中，也会有某一时期、某一政权或具体到某一些、某一个人，在其规范等工作中发挥了特殊的作用，而被后人所知。比如，关于汉字起源的仓颉造字之说。松赞干布在统一吐蕃之后，因其外向发展，深接外来文明，国事当中每遇书函往来，难以书面进行往来回复，便提出创制文字的课题。同时，随着王权的一统，需要统一的文字，来塑造统一政治形态。在藏文这一表音符号出现之前，语言的来源难以追溯和定论，也不是笔者重点探讨的领域，但其与象雄文明体系之一的象雄文应是有所关联。

　　象雄虽在后来被吐蕃兼并，并被其后裔据立古格王国，但无论是曾经文化发育的先后、传播影响面的范围，还是早期统领面积来看，二者都无法比肩。最初的"蕃"，只限于山南雅砻部落，而"象雄"却远非只限于今天的阿里。《苯教源流》记载："象雄与上部克什米尔相连，北接于阗雪山及松巴黄牛部之静雪地区，南抵天竺和尼波罗。"

　　按照《唐通典》里对象雄的记载，这个被记作"大羊同"的国家"东接吐蕃，西接小羊同，北直于阗，东西千里，胜兵八九万"。

　　学者格桑丹贝坚赞在《世界地理概说》中考证，如果要给象雄画一个大致的轮廓：其最西端是大小勃律（吉尔吉特），即今克什米尔。从勃律向东南方向沿着喜马拉雅山脉延伸，包括今印度和尼泊尔的一小部分领土。北邻葱岭、和田，包括羌塘。但东面的边界就不太清楚。

　　不难想象，在被吐蕃兼并之前，象雄曾是这个扶摇直上的悉补野王室曾经仰慕、学习和暗里较劲的地方。

　　吐蕃发迹之地是前藏雅砻，后藏地方早先受象雄统驭，直到囊日松赞时并入版图，而且还是出身于象雄地区，做过后藏小邦大相的琼保·邦色苏孜砍了藏蕃小王的脑袋来投奔的。后来，松赞干布吞并象雄，任此人为象雄地方长官，后又升为吐蕃大相，活跃于吐蕃军政事务中。

走过今天的"此生必驾318"这一条黄金旅游线的朋友们都知道，从拉萨向西300公里，就到了后藏中心日喀则市。出日喀则向西北，沿着绵延的喜马拉雅山脉，再行600多公里，一路便可至阿里。

此时，长成壮年牦牛的吐蕃，已经和老成的牦牛象雄快要犄角挨犄角了。就在双方憋着劲，快要顶上的时候，即位之初的松赞干布打量了一下四方，置身四方动乱局面，还是不能两线作战。况且，象雄发展弥久，屯兵七八万，断不可小觑。于是，为了稳定住象雄势力，他使出了惯用的一招——和亲。经过一般操作，他自己娶了象雄公主为妃，又把自己的妹妹萨玛噶嫁给象雄王李迷夏。

据说，松赞干部的妹妹在象雄过得并不开心，在王妃生下子嗣之后，也没能留住国王的心。其中缘由，无关爱情，料是李迷夏已洞察松赞干布的心思。囊日松赞年间，象雄家臣琼保·邦色苏孜便叛投吐蕃，奉象雄下部后藏地于悉补野王室。后来，松赞干布又与李迷夏互结为亲家，巩固基于政治现实之上的同盟体。《旧唐书·吐蕃传》记载："弄赞（松赞干布）遂与羊同连，发兵以击吐谷浑。吐谷浑不能支，遁于青海之上，以避其锋。其国人畜并为吐蕃所掠。"也就是说，在吐蕃吞并北方吐谷浑的征伐中，象雄还是需要安定和同盟的对象。狡兔死，走狗烹；飞鸟尽，良弓藏。完成吐谷浑这块拼图之后，松赞干布便又惦记着象雄，这路人皆知的野心，李迷夏很难不察觉。知道这一情况后，松赞干布便派近臣前去慰问，萨玛噶曾与他唱过一首歌。这是千里传音的节奏。

歌中唱道："这个地方叫琼窿银堡，四周的人都说，它的外观是悬崖峭壁，但从里面看是黄金珍宝。我在悬崖上的居所不美妙吗？从外观上看，苍白又崎岖！"

"琼窿银堡"，就是象雄王都宫城之名。"琼"是大鹏鸟的意思，"窿"是"地方"，合起来就是"鹏鸟之地""银色城堡"。这是一个经典又浪漫的名字，大鹏鸟也是象雄的图腾。在大鹏鸟的国度，有一片峻峭山谷，金碧辉煌殿堂好，灰白色土闪银光，宫堡雄据崖顶，梯道缠挂其间……

虽然琼窿银堡具体位置有待考古考证，但应在如今札达县曲龙地方和噶尔县卡尔东遗址，曲龙与琼窿藏语对音一致。据《万部论》记载：大觉者辛饶弥沃骑着大鹏鸟到世间去传法，第一个降在象雄地方，故有苯教之早象雄之说，那时象雄国王也称为象雄苯教王。在曲龙地方，有一山形如大鹏展翅，山体有悬崖、灰白土、闪银光等特征与萨玛噶唱诗一致。距其不远有卡尔东遗址，"卡尔"为城堡之意，"卡尔东"为城堡前之意，似可印证其后有城堡。这一区域周边散布古如江寺、象雄墓葬和后来古格时期的东嘎与皮央遗址，发掘出土房址、陶器、石器、铁器、木器、铜器、皮革、织物、植物等大量遗存。高原的神奇之处，就如同这些地方，无数的后人循着前人的身心依处，栖居在祖先目光落定的地方；山崖上筑起神圣的洞穴和宫堡，山谷里吹过古老的神话和传说；无数的壁画、塔址、擦擦等遗物，亦在无数个月升日落中与时间静默相对……

山崖上的居所是如此美妙，可赞普妹妹生活并不美妙。在诉说完这段政治联姻的无奈之后，她接着唱道："北边的牧区上方啊，有一头公野牦牛。要想杀死野牦牛，要从山谷里发出呼喊，派澎域的董氏、东氏去干；从谷口打暗号，召唤吉地的夏氏与布氏来做；从中间射箭过来，交给雅尔姆的洛氏与额氏。从深谷发呼喊，从谷口打暗号，然后从中间，射杀野牦牛。"

等来臣记下歌词，萨玛噶又托他给赞普带回十三颗绿松石和牦牛尾。绿松石有护集灵气之用，多为藏地女性饰物；牦牛尾则是雄性之寓，在战斗中可寓为勇猛，公牦牛尾系于宝幢之上，更是象征着无畏和胜利。

这哪里是在唱歌，摆明是赤裸裸的战斗动员和情报传递嘛。

公元638年，吐蕃打垮北方吐谷浑，乘胜折向东南，攻打唐朝松州。松州都督韩威率军迎战，被吐蕃击败。随后，唐太宗派侯君集、执失思力等人督军五万出击，大败吐蕃。松赞干布通过松州之战知道了唐朝强盛，转而遣使谢罪，罢兵休战，并请求赐婚。公元641年，为了安抚吐蕃，唐太宗派文成公主和亲吐蕃。之后双方保持了良好的关系，使节往来频繁，文化交流增多。至此，吐蕃已无后顾之忧。

由于象雄控地广大，象雄王每年夏季都要从阿里前往羌塘草原巡视，那时就会离开王城，带一小队亲兵侍卫。644年，松赞干布便按照妹妹送回的讯息，借助里应外合，擒获了象雄王。据敦煌藏文史料《吐蕃赞普传记》记载："此王（松赞干布）之时，发兵攻打羊同（象雄）之王，掌其国政后，羊同王李迷夏失国，将羊同全境收为属民。"此后，传承已久的象雄国李氏王衔被废，敦煌吐蕃大事系年不再提及李氏。

在那个时代，擒获其首领，等于灭其国。象雄王的铁印从此不再悬佩他的腰间，那铁钮上"宇宙之王"四个印字，不再签印在象雄的大地之上。

象雄古国，就这么覆亡了。

当然，松赞干部后来灭象雄，自然不是因为一首歌、或是因为妹妹的幸福。但是，据敦煌的吐蕃历史资料记载，松赞干布灭象雄之战，确实也依靠他的妹妹为内应。当然，不仅只有她，在这场阴谋中，先前叛降吐蕃的象雄下部后藏地方家臣琼波·邦色苏孜提供了后勤等支应，象雄国王被擒后，他任象雄执政官，后又到宫廷中任吐蕃大相，成为这场阴谋直接获益人。琼波·邦色苏孜也并未得善终，后被冠以老迈之名罢相，责令回乡"曝日闲居"晒太阳去，他向松赞干布上奏道："往昔，先王赞普南日伦赞在位之时，小臣亲自将藏蕃收归大王辖下。然，先王并未亲自巡视，亦未亲临其地，今王子赞普登基，请亲往巡视，亲临其地。小臣将于寒舍之中，举行盛大酒宴迎请大王启驾，大王可否赏光？"松赞干布一口答应，却未去赴这场"鸿门宴"，而是派噶尔家族的另一位大臣——禄东赞踩点。琼保·邦色苏孜知事已败露，乃自刎毕命。

虽然胜负已定，却是胜之不武。双方本有盟约在先，又有双向通婚之亲，不陈兵于沙场，却偷擒于边地。《苯教源流弘扬明灯》由帕·丹杰桑波著于1345年。他把杰尔绑·囊谢勒波著于8世纪《象雄耳传大圆满之苯教未灭之因》的内容一字不漏地复制过来，以表明自己的看法。具体记载如下：第二象雄如何灭苯的情况，象雄耳传（指苯教未灭之因），象雄国王李迷夏时期，象雄有十二万户，加上森巴九万余户；而吐蕃只有九千余户，面对面交战，吐蕃王朝难以征服象雄。所以吐蕃王赤松德赞（应为松赞干布）先收买象雄国王的次妃,以密谋暗杀象雄国王李弥嘉。

但是,擒获国王,只是说明了政治形式上的把控,古老的象雄并没这么容易臣服。史书记载,擒获李迷夏后,拘于玛旁雍措,七年之后杀之。由此来看,吐蕃擒获李迷夏之后,只是以谋而定,掌握了主动权,但如何驾驭治理象雄故地,还是经历了一个漫长过程。象雄作为附国被纳入吐蕃,仍由其家臣琼波氏执政事。多年后,才派卫地家臣前往督任,渐收税赋,编户齐民。直至678年,以叛乱之名罪谴象雄故臣。即使是琼波·邦色苏孜心生叛意,被发现后,自刎而死,其子割下首级,提见松赞干布,请求勿毁琼波氏族政事,松赞干布也是遂其所请。后来,在赤德松赞兴佛证盟诏敕中,仍有琼波氏族成员出任官员,亦为吐蕃约茹及茹拉地方的茹长。以松赞干布雄才,肯如此顺势而为,可见象雄君臣在当地的深厚根基。反过来看,先是铤而走险的称雄豪赌,再是舍身保全其家族地位,在那个历史风云变幻,富贵朝花夕拾的时代,也足见琼保·邦色苏孜的胆识、智谋和决断。此人虽落败,却亦为人杰。敦煌文献记载他称:"能耳听三方记帐、四桩案件并审,同时还能弈棋得胜。像他一样灵敏、聪慧和有谋略,一人之身集众人之长者,实不可复得也。"

由此看来,经过上千年的传承,象雄臣民对王室的忠实度已然极高,又有雍仲苯教多年来形成的向心力,直接捕杀国王,将不利于统治。象雄,由于其独特的地理位置、久远的王系传承、厚积的雍仲苯教,与孕育蕃部的早期河谷文明有着迥异的特质,虽得其国土,却同而未化,百年后赤松德赞颁废苯令,也不得不对这里网开一面,特许象雄保留苯教传统仪典。《象雄耳传大圆满之本教未灭之因》记载了赤松德赞以前,苯教在青藏高原兴盛时期的概况,杀象雄王、灭苯之史,以及李弥嘉的上师囊谢勒波,如何说服赤松德赞,象雄苯教没彻底被灭之史。

融合、创新、发展,始终是人类历史发展和文明进步的基本动力。政权会呈现某种特定的形态,也会因某种强力或阴谋更迭,但文化是种无所不在的洪荒之力,它总是寄予各种形态的宿主之中,融进了历史长河,抽刀断水水更流。

王国可以被抹去，文化却不会消失。这个神秘的古国对吐蕃在语言文字、医学、星象、宗教等多个方面的影响是全面而深远的。在漫长的历史中，象雄可谓是西藏早期文明的源头，而雍仲苯教则是古老信仰的源头，虽然藏传佛教在吐蕃之后居于主流地位，但是苯教的一些宗教仪式、教义和神祇仍然保持着原始的面貌流传至今，今天随处可见的煨桑、转山、挂经幡、跳锅庄、玛尼石堆，以及藏传佛教里诸多护法神，其影响或多或少来源于象雄。

象雄，作为一个部落和政权虽已消失在历史的长河中，但象雄文化却随着时间的推移，渗透和糅合到丰富多彩的藏族文化中，成为广大藏族人民的宝贵的精神财富，也成为了中华民族悠久灿烂文明花篮之中的一朵。

孕育了古老象雄文化的阿里之地，处于多文明交接带，与孕育吐蕃文明的腹地河谷相比，气质是如此的特别。在众雪山环抱之间，冈仁波齐巍然屹立，如金刚钻一般镶嵌在古老的大地之间；翡翠般的河流四散而出，连接着不同文明之光；松石般的湖泊散落其间，装点着象雄文明之域。阿里的气质，就像源于其间的宣舞一样，温柔中透着雄迈，古朴中透着悠扬，由慢渐快，婉转悠扬，声传千古。

这片松赞干布为子孙打下的江山，也将在二百余年后，成为他们庇护之所。

一路向西：吉德尼玛衮的负重而行

10世纪，一小队人马悄然出现在古象雄的冈底斯山谷。为首的人脸上透出的沧桑似乎与他的年龄并不相符，但目光中透出的英气和嘴角抿着的倔强，都显示着他的高贵。

他，就是末代赞普的曾孙，在雅砻河谷继任赞普的安达·沃松之孙吉德尼玛衮。

安达·沃松与安达·雍登分别于雅砻河谷和拉萨河谷称名赞普，事实上，在这场赞普之争中，沃松无奈输于雍登。或因沃松被认为是王室正脉，而雍登则是血统不正的伪君，后世对沃松抱有同情和敬意，并未对沃松的窘境过多记述。但必竟当年沃松的母亲是带着孕身孤身逃回雅砻，而被视来路不正的雍登身后却有实力派军臣拥立，从后来的走势来看，沃松一系连雅砻河谷也难以立足，只好再西迁至后藏边地赖以存身。

遗憾的是，退居后藏的沃松之子贝柯赞因对地方贵族安置不当，并在当地大兴土木，大肆营建曼隆八殿，被杀于后藏娘若香波[①]。

贝柯赞二子赤扎西孜巴贝便与吉德尼玛衮分别立业，前者一系逃至娘堆杰卡尔孜[②]，其三子，即巴德、沃德、基德"下部三德"所统领的小王国，衍出雅隆觉阿王系。

吉德尼玛衮则走向了更西的边地。

---

① 娘若香波：古地名、宫堡名，为吐蕃时期后藏小邦之一。
② 娘堆杰卡尔孜：地名，今日喀则江孜。

或许真的是天降大任于斯人也，必先苦其心志，劳其筋骨，饿其体肤，空乏其身，行拂乱其所为，所以动心忍性，曾益其所不能。虽是王的后人，却自幼在动荡的岁月里流离，至亲的父亲又死于叛臣刀下。吉德尼玛衮身上流淌的赞普血统也使他无法在此立足，在对手和叛臣嗜血的眼里，他早晚是一个潜藏的祸根。

吉德尼玛衮如一只刚破壳的小鸟，蜷缩在日渐末路的沃松王系枝头，巢穴随时可覆，他该何去何从。

山穷水尽疑无路，柳暗花明又一村。一个新的转机即将来到吉德尼玛衮面前。

早在赤松德赞时期，有一王妃赤洁莫赞，受赤松德赞大力弘法的影响，出家为尼并取法名绛曲杰赞。此妃出身象雄时代就存在的上部贵族之一的没庐氏，吐蕃王朝时期更是世代出将入相的知名大贵族之一。因与吐蕃王室通婚，所以有外戚重臣的"尚"字称号。早年间，没庐氏还出过一位堪比武则天的贤后——没庐·赤玛伦。她先以王太后身份主政，又以太王太后身份摄政8年，灭权臣、扶幼主、立法度，不愿意穷兵黩武与大唐互耗下去的她，借机遣使朝贺，又主导了益州（今四川成都）及安西四镇开茶马互市，迎金城公主，定唐蕃之好，不愧为"吐蕃武则天"。

906年，吉德尼玛衮28岁时，接到了象雄没庐氏家族送来的信函。无法在后藏立足的他便带着仍愿追随的臣属一行，再向西方更偏僻处的上部象雄故地走去。

让人费解的是，本来支持雍登王系的没庐氏居然在若干年后，向沃松系后裔递出了橄榄枝。

或许是因为多年的动乱，没庐氏背后的雍登王系在卫地无法立足，却在转战当中不知所踪；当时支持雍登系的尚婢婢也已遁踪河湟，无枝可依的后族遗人才又重返象雄故地。他们需要找到吐蕃王室悉补野家族真正的后人，来延续他们两大家族间多年的传统和高贵血统，并利用吐蕃残存的影响力，巩固这个最后的立足之地。

然而，来到象雄之后，吉德尼玛衮受到的并不都是当地热烈的欢迎，也有对他保持高度警惕的地方首领，纳速王就是其中一位。当年轻的王子抵达纳速王的热拉喀玛城堡之时，向他伸出的不是双臂待拥，而是武装卫队排开阵的欢迎。这位饱经沧桑的王子什么没有见过？一击便杀了纳速王，一战成名象雄诸部。

此时，他刚为形势所迫，无奈走出物产丰美的河谷，来到这个空寂荒凉之地。从此之后的4年间，他都是在不断的斗争冲突、谈判说服和争取支持当中度过的。直到911年，没庐·桑噶尔将普兰城堡——古卡尼松堡献出，就像他的先祖赤松德赞一样，与没庐氏联姻，娶了没庐·桑噶尔的女儿没庐·莎科尔迥。自此，他才停止了居无定所的漂泊，最终完成了对上部地区的开拓。

他是不幸的，也是幸运的。当他失去父亲、失去王位、失去安定的生活时，后藏和阿里上部依然接纳了他。从此，远离雅砻河谷的上部普兰便是他的家。在这里，他于公元977年重新称号为王，将上部阿里各地收归治下，总称为"阿里"。

这里平均海拔4500米以上，地处河谷高地，众多江河上源，被称为"世界屋脊之屋脊"，所以被称为"上部"。如果以具体的地域划分来看，当时的上部阿里，从今日喀则市定日县西南的卡达村，向北至协噶尔，再至昂仁县的桑桑，直到藏北当惹雍措，经由这些地方南北划一条线，以西之地皆归其所有。

吉德尼玛衮来到这里建立政权，他和后裔又被称为"阿达"，在藏语里意为"领主"，无法再称为赞普的他们，在这里做了领主，而"阿里"藏语译来，则是"领地"。

阿里一名也由此而来。

这里，将是他们新的领地。他们也将在这里重新开始，并孕育一场新的政治文化变革。

从人文地理的角度，西藏古来被划分为上部阿里、中部卫藏和下部朵康三个部分。同样，也把阿里分为三个部分，称之谓"阿里三围"，据说这一说法也来自于吉德尼玛衮。据《西藏王统记》记载，"吉·巴柯赞之大妃之子基德尼玛贡（吉德尼玛衮）据阿里为王，并统辖布让（普兰）等地。彼有三子：长子白季贡，据孟域。次子扎西贡，据布让。幼子德尊贡，据象雄。此三子号称上部三贡。"

虽说早期历史缺乏真实详尽的文字资料，后世对所谓三围的记载也多少有所出入，但大体来讲，三围自西北向东南分布，分别以列城、札达、普兰为中心，分治管理，首尾呼应。三围当中，除以列城为中心的拉达克后被外族强占之外，其他两地与今日之阿里范围一致。由此可见，吉德尼玛衮保持着高度的危机意识，初到阿里，分封三子，便是为了快速建立稳定有效的治理体系。同时，也是为了以一化三，狡兔三窟地多点布局，尽快在各地建立权威，实现对地方有效控制，尽快在实践中磨炼拣选继承人。而且，西部阿里地广人稀，分区而治，各领一方，便于实施有效统驭。

在划阿里三围、分封三子之时，他应当对当年朗达玛暴亡之后，二王争相上位，混战不息，终至王统离乱的过去而心中生畏。他本是其中一王之孙，惨痛的教训并不遥远。而此时的他，虽然踏上的是吐蕃故土，也得到了当地势力认同。但，他所有的政治资本，只不过是一个赞普后裔的名号。政治是现实、多变而又残酷的。这一名号看似尊崇，尤如山顶之云，虽然看似高洁，却随时可能被风吹散。他，必须做出相应的安排。

相传，吉德尼玛衮前往阿里的路上，曾经无粮果腹，属从捡来鸟蛋，并捕来了河鱼，递到王子手中，落魄的王子用布擦拭了上面的灰尘，便送入了口中。无论说这场行程是被放逐、被驱赶、或是在逃难，都已经不再重要。但可以肯定的是，在当时的形势下，来到阿里之时，吉德尼玛衮并没有带来军队、财富和封赏。但是，当地实力派还是接纳并奉予他"领主"之名，这除了赞普后裔的血统和名号，与他的品德、才学、修为亦不无关系。同样是在前去阿里的途中，他不断被骚扰和袭击，王子跳下马来，走到队伍当中，他不希望每当遇到危险之时，总是同行的人挡在他的前面。一起走上未知的路途，朝着同一个方向，就要有同一份担当。王子得到了人们的爱戴。试想，谁又会接受一个他们不喜欢的人，并愿意在这样的情况下，依然甘于成为他的臣属。

好在，当时的阿里，有着象雄古国久远的治理传统，又置身卫藏王系斗争焦点之外，有着较为安定并自成体系的政治治理环境。这里，似乎上演了一出难得的古希腊式政治大戏，民众期待贤王，贤王施以善政。这也说明，古老的象雄王国与吐蕃的关系，已经从并立到臣服，接受了吐蕃的统领，其影响直至吐蕃之后。这种看似无形的影响力，恰恰是在吐蕃覆亡之后，各地依然在对故政先王怀念之中保持现状的因素之一。既便如此，作为一名先王遗孙，权力顺利交接之后，吉德尼玛衮仍然小心谨慎地与当地人保持着良好的关系。同时，从动荡走出来的他又在古格和普兰等地指导人们建立宗堡要塞，把周边属民相对集中，形成体系化拱卫防线，籍此抵挡未知的风险。

阿里与他早年生活的卫藏地区不同，这里多是高寒不毛之地，只有南部狭隅适宜耕种。穿越苍茫的大地，吉德尼玛衮把目光投向了阿里南部，冈底斯山和西喜马拉雅山之间，喜马拉雅山脉南侧的峡谷地带——普兰，"普兰"古象雄语意为"被雪山所包围的区域"，藏语意为"一根毛成独毛"，倒也传神地表达了这里是大荒之中一处绿洲之意。闻名的冈仁波齐峰和玛旁雍错、拉昂措都在普兰县辖区。这里，是今天阿里地区普兰县，中国、印度、尼泊尔三国交界处。在这里，既有难得的耕种条件，也远离卫藏之地，更有在紧急情况下，向南而去的通道。也许，动乱的恶梦从未真正远离他记忆的脑海。所以，他在这里动员属民维护扩建尼松堡，作为军事防御的要塞。史载："尼玛衮抵阿里，于普兰建尼松宫堡。即位执政。"

一切都在向着好的方向发展，这个要塞并没有发生战事。因为新主居住于此，城下便开始聚集越来越多的百姓，他们会在这里交易刚杀的肥羊和新酿的青稞美酒，时常会有南亚的人们带来温暖河谷里盛产的果粮。时至今日，这里仍是国家二类口岸。

这里，没有成为想象中的军镇之堡，却成为阿里王系第一个王城。

早在吐蕃时期，始建雍布拉康，民间传说："宫殿莫早于雍布拉康、国王莫早于聂赤赞普、地方莫早于雅砻。"第九代赞普布代贡杰于山南琼结河畔的青瓦达孜山崖上兴建青瓦达孜宫，此后的五代赞普也分别在此建宫，宫各有名，形成群落，并称青瓦六王宫。雅砻部族以琼结地区为中心，当时的历代赞普就居住在这里的堡寨里，可以说这里曾是吐蕃早期的一处故都。至今，西藏许多地方留有"宗堡"，比如桑珠孜、江孜等地。布达拉宫也是雄居玛布日山。这些建在宗山上的宗堡，依地势而起，易守而难攻，形成了西藏独具特色的政治文化景观。当然，吉德尼玛衮建的并不是宗堡，他建的是仿效吐蕃时的王城，"宗堡"这一提法是在他身后几百年的帕竹王朝才有，帕木竹巴首领大司徒·绛曲坚赞设卫藏"十三宗"，并给每个宗都派去了宗本，建立了流官体制的公务员制度。

既然回不去故乡，这里便是他的家。吉德尼玛衮也逐渐适应了这里的生活，在这里娶妻生子，平静地走过余生。他在动荡的乱局中，远逃至阿里；也在动荡的岁月里，成就了阿里。他的继任者们也将效法他的作为，在各自的领地继续构筑城堡，教民众生产，渐立于阿里。

这里，将由他开始，延续阿里王系。

肇建古格：益西沃的"双城记"

吉德尼玛衮亡后，他的儿子扎西德衮继承了父亲的普兰之地，像他的父亲一样，勤勉地治理阿里。在他身后，也把自己的封地分作两份，普兰留给了长子柯热，古格留给了次子松艾。

据《阿里王统计》记载："君上扎西衮娶王后桑噶玛，生二子：柯热、松艾。松艾一名赤德松祖赞。兄柯热治普兰，弟松艾治古格。"

此时，阿里王系已传至第三代，普兰的城堡不断加以修护，它就矗立在拔地而起的小山头，被城下百姓的民房帐篷所簇拥，先王训练出了兵士，手持长矛日夜守护，一个新的行政中心已经扎根于此。在传统社会的继承法则里，这样的地方势必传与长子。弟弟松艾带着自己的臣属向西北方向古格走去，去创写属于自己的辉煌故事。

因为常年雨水冲刷，灰白色的土坡上被冲刷出一道道沟壑，谷底的河水并不像拉萨河谷那样开阔，因而显得峡谷更为幽深，当夕阳洒在纵叠的谷壁，投射出金色的光影，拉长了队伍的影子。

穿过山谷、爬上台地、路经大湖，松艾一行来到一处高300多米的黄土高坡面前，这里地势险峻，气势恢弘壮观。在它的四周，散布着东嘎、达巴、皮央、香孜等父辈们勤勉拓建的城镇村落。

一行便在这里停住了脚步！

松艾兴奋地一通小跑，很快就冲上了山顶，俯瞰着开阔的河谷。无尽的蓝天穹窿之下，远处一道道的山梁如大海之波涛翻涌，这平静的大地似乎开始了深沉的低鸣，松艾也仿佛看到了先辈们阵列的军士在列阵向前，听到了排列整齐的战马在奔跑中阵阵喘息……

那是一个他未曾经遇的时代，也是一段他未曾看到的荣光，在别人的口耳相传中只是故事，在他不安的心里却是梦想。梦想是一粒蕴藏生命力的种子，如今终落古格这片非凡的土地。这里，将成为辽远的阿里大地上，继普兰之后的第二个政治文化中心。

他带领臣属和周围的属民，开始在这高高的坡顶搭建起宫室，随着一个屹立山巅的宫堡逐渐成形，松艾为自己取名赤德松祖赞。这，是一个效仿吐蕃时期，他的先辈们的名字。无论是对一个凡人、一个帝王，或是一个政权、一个王朝，更名都意味着新的期许，通过一样的方式，松艾昭示着自己的梦想。但，这并不是松艾仅有的一次更名，他还将于其后一次更名，赋予自己新的使命担当。

站在高高的宫堡之前，沿着绵延不绝的山脉，他看到的不再只是脚下的河谷，而是遥远的东部卫藏，那里才是他根之所系。转过头去，是喜马拉雅南麓的佛陀故乡。

渐渐地，松艾已经把古格治理得井井有条，除了山顶的宫堡不断扩大之外，山腰也出现了大大小小的建筑，山脚也聚集起越来越多的民众居住，这里已经不比先建起的普兰要差。这里和普兰遥相呼应，形成了相互拱卫之势，也成为了阿里地区最大的两个政治中心、军事据点和属民聚落。

建筑是凝固的艺术，建筑也是无声的音乐，它同时也是文化的符号。宫堡形式的建筑，是西藏一个极为典型的建筑语言表达。从有史记载的穹窿银城开始，到吐蕃肇兴的雍布拉康，玛布日山顶的布达拉宫，等等，这些石头垒砌的建筑，都雄踞于一片开阔地中央的山头，默默俯瞰着宫堡山下的芸芸众生，既有着权力统御的象征，也兼具天然的防御功能。与传统的农牧社会相比较，以宫堡为中心的城镇，代表着一种全新的生产生活方式，它能容纳更多的手工艺人、形成稳定的交换市场、孕育新型的组织模型，代表着更为先进的生产力。从这一意义上，宫堡之下一个个稳定有序的定居点的出现，也是西藏社会从部落制转向城邦制的代表。

在藏文化中，宇宙分天界、人间、地下三部分，山是联通上下的天地交汇之处，也是凡神两界相通的过渡之处。这样自然直观的宇宙观早至原始苯教时期，传说中的吐蕃早期赞美"天赤七王"去世后会通过"穆绳"升天，飞升"天梯"便是通天之山，肉身"虹化"之所在山之顶。如今，人们仍常在山崖之脚的裸石之上见白灰描画之梯，便是类似祈愿之意。同样，藏地村民会在村落近旁的山顶建造"拉孜"，这是一种祭祀神台，来祭拜神灵。"孜"为山顶之意，据此倚山垒石之宫堡，便被称为青瓦达孜等，并因由宫堡名衍至地名，如江孜、拉孜、达孜等。这些宫堡类建筑与山势完美融合，有着实体与精神之美的双重寓意，不仅成为一处处坚固的居所，也成为藏地独特的人文符号。

宫堡建筑，除了权力象征、军事防御、城镇中心等实用价值之外，还具有神圣的意义，它是接近天界、吸引神灵、特别是畏尔玛神的场所。《藏汉大辞典》将"畏尔玛"释为"战神"。《格萨尔王》传中，格萨尔王每次出征也都会祭祀畏尔玛战神。在苯教的传说中，此神与人类一样源于卵生。虚空中，金、银、璁玉、珊瑚和珍珠五宝化生一卵，它靠自身能量孵化，卵壳化为护身铠甲，卵膜化为防身兵器，卵清化生无畏护剂，卵黄生成黑暗城堡，这城堡从太阳劫来光，由卵精生成畏尔玛神。反之，亦把神的躯体比作城堡。《诞生记花苑》中描述格萨尔父亲松伦诞生时，松伦为穆氏所生，是大梵天提婆达多的化身，他天生就像一座监禁宿敌的城堡、一座吸引畏尔玛神的神堡、一块充任具誓神灵"依处"的魂石。照此说法，我们也可以把身体比作心灵的依处，居室喻作身体的依处。一屋不扫，何以扫天下？

但是，在松艾的心里，这还远远不够。宫堡限制了他的脚步，却束缚不了他的梦想。"大鹏一日同风起，扶摇直上九万里"，在这被称为大鹏栖居之地，他的心早已骑上了扶摇而上的大鹏之背。

此时的卫藏地区，安达·雍登王系在不断的世袭分封之下，旧有的领地不断被拆分。只有简单的势力范围分配，没有统一的治理模式、整体的政治文化，其结果必然导致领地的散碎和利益的冲突、危机的潜伏。

松艾不想阿里也出现这样的局面，他们好不容易在动荡中得以立足，经不起分化折腾，也抗不住风险了。身上流着赞普血脉的松艾是睿智的，他的睿智在于同时代的王子还在为分地盘而发愁的时候，他却在思考王国建构层面政治制度设计和政治文化塑造。

无数个深夜，当他一遍遍地翻阅文书，沉浸于列祖先王功绩时，无端的愁绪便涌上心间。这愁绪，来源于治政阿里的复杂性和对照先辈的失落感、兄弟失和的忧患感。父亲的遗嘱激励着他，先王的功业激励着他，同时也启迪了他的智慧。

公元986年，在古格朗钦藏布流域的嘎白惹地方，松艾邀请到了他的兄长、父亲和叔侄，一起前来的还有普兰、古格地方所有的重要臣属。他们围聚在一起，松艾在会上作出了重要的决定，他将把古格治理职责交与兄长，请王兄顾守臣民，而他则受戒出家。由此，松艾取法名为益西沃，并被后人尊称拉喇嘛·益西沃。

有理由相信，这次更名并不是随意之举，这次集会也并非仓促举行，不是松艾个人单纯的决定，而是他与兄长达成的默契。在会上还颁布了在阿里弘法的诏令，以奉行和弘扬佛法为国策，并将即将施行的教法与佛法此二法明确的要求、系统的规定、实施的方法都制成文书，通传到阿里各地。

上部阿里虽然远离卫藏故土，但其王廷治理有方、政令通达、上行下效之风，由此亦可见一斑。

这一年，距离九世纪朗达玛灭佛事件，相去140余年。从公元842年朗达玛被弑之后，经历了雅砻的沃松、后藏地方的贝柯赞，以及阿里王系的吉德尼玛衮、扎西德衮，至松艾时，已传五代。

此次集会，也被作为上路弘法的标志性事件和开端。

距此之前八年，已有鲁梅·楚臣喜饶等"卫藏十人"前往朵康受教，并回到卫藏地区重新传法，剃度僧人，收徒立说，首先修复重建了吐蕃时期的主寺桑耶寺。其后，依占据拉萨和雅砻河谷的安达·雍登后人查那·耶协坚赞父子作为施主，继而在卫藏各处恢复或新建寺院，标志着下路弘法已入卫藏。查那·耶协坚赞为雍登王六世孙。吐蕃王朝崩溃后，其先祖退居山南桑耶称王。朗达玛灭佛八十年后，他兼做桑耶寺寺主，资助鲁梅等十人往朵康受戒，使佛教余烬从卫藏地区复燃，是下路弘法、中兴佛教的开头人。据《西藏通史——松石宝串》记载，鲁梅一人就主持新建了拉穆恰德乌寺、拔朗寺、晋寺、拔让寺、春堆寺，而他的四柱弟子则继创建了杰鲁寺等近二十座新寺，鲁梅之外的其他人及其弟子所创建的寺院总数则更为庞大。因吐蕃时期佛寺本不多，再受到朗达玛灭佛影响，加之吐蕃灭亡后动荡不息，谁都无暇顾及寺院的兴建。经此一兴，无论是从数量，还是规模来看，建寺一时间竟很快超越了吐蕃时期。

由此两地前后弘法的兴起，意味着在西藏大地上，影响深远的藏传佛教后弘期正式开启。

与之相应，吐蕃时期盛极一时的弘法活动被称之为前弘期。自从朗达玛灭佛，至后弘期再启发，在此之间漫长的百余年间，可谓一段"黑暗时期"。随着曾经雄霸一时的强盛吐蕃轰然倒下，其身后被砸碎的，不仅有吐蕃的疆土，还有曾经一统的政教传统、稳定有序的治理体系、民众信仰和文化认同。但，不论是吐蕃赞普后裔，还是生活在草原、山谷、边区的无数吐蕃民众，他们对吐蕃时期政教有序的记忆犹存，在内心最深处对美好生活的向往不灭。随着后弘期的开启，一个充满希望的新时期来临，一段衰落、混乱、失序的不堪记忆即将成为过去。而这藏在民众心底的希望之光，将是西藏政教秩序重建之路最宏厚的基础；而这生生不息的文化赓续之火，将点燃并照亮新一段西藏历史的前进之路。

从这个宏观意义上来讲，后弘期对于西藏的意义，远不只一次佛教的再兴，它是政治治理的重塑、是民族心理的黏合、是集体文化的培育，通过这种特有的文化凝聚力，打破了之前不同王系的对立，消融了各大贵族领主的隔阂，阿里、卫藏和各边地重新又在新的政治文化层面得以整合，相互之间的交往交流也再度频繁起来。长久以来，基于其特殊的地理空间和人文传统，象雄故地与吐蕃腹地似乎气质相异，如果说之前的统合更多是地理和政治上的大一统，经由后弘期的春风化雨，以及两地间的深切交流，这片神奇的象雄故地才从气质上真正地融入了卫藏。

就像奔流不息的雅鲁藏布江源出阿里，一路东流，纵贯全藏。自吐蕃王室倾覆，散碎已久的雪域高原，将籍由藏传佛教后弘而再次焕发新的生机，藏地的宗教、艺术、人文等形态也将由此而重塑。

纵行藏地，其属域之广袤，其人文之殊异，都使人印象深刻，且各地皆有豪强贵族，如无一文化之脉通连，靠强力实难维持其治。

此时的卫藏地区似又回到吐蕃一统之前的小邦时期，王室后人和当地势力不断积累着土地、资产和属民，各据其地，各治其民。不同于在卫藏地区生根开花的下路弘法，阿里王系三代已在阿里重建了政治秩序，他们的变革和治理举措可以拥有更为高效的决策、更为统一的行动、更为有力的措施，特别是王室可以在其中发挥更加有力的主导和统筹作用。

尤其难能可贵的是，益西沃在亲自主导弘法事业的同时，也在思考制度层面政治秩序的构建。公元995年夏，一场阿里诸王臣的盛会又在普兰的维浦垛地方举行，共同回顾吐蕃先王时期的光辉业绩，总结先王执政的经验教训，结合当下实际，广泛征集建议，并议定王位继承制度。且在共同商议的基础上，又出台了一系列理政之策，被称为"新颁诏令集"。

"新颁诏令集"最重要的就是规定了王位继承的制度，据《阿里王统记》所录："立君之法云何？若王子众，则储君外余皆出家为僧。若赞普出家为僧，须持守戒律；若治事之赞普绝嗣，则于出家之宗子中择立新君。"所谓下等医者医病，头痛医头、脚痛医脚，上等医者寓医于防，防患于未然。通过这一民主集中制的议事决议，不但从制度上明确了王位继承和顺位办法，也将从组织上对储君提前安排，并从思想上打消其余人员杂念，将可能会出现的继承风险提前消化。

在明确王位继承管理办法的同时，诏令还对僧人的职责进行了明确，"僧人者须多闻虔敬，精研医理，善治铠甲，若无其人，须另寻致之。若边外蛮民犯境，则无论僧俗皆应卫正护国。骑、射、跑、跳、治器、游水、读、写、算，凡此九艺，当导民勤练；此外，一切武艺，皆须修习"。这哪儿只是对一名僧人的要求，这是在打造一支僧俗一体，能文能武的高素质社会治理者队伍。特别值得注意的是，规定中明确，如因特殊情况，僧人不能担任社会责任的同时，可以另寻找合适的人代为执行，那僧人自然也少不了监管之责。再结合从吉德尼玛衮时期开始，每建一寺，都设置"喇措"，并仔细规定僧人名额的措施，而且名额多为二三十人，这明显是汲取并规避了吐蕃后期因僧人阶层过度扩张所导致社会矛盾的教训。

由此看来，上路弘法从一开始，就是在王室的主导下，将治理体制变革、文化动能激发、世俗事务管理与王室政治诉求紧紧捆绑在一起的。这一点，从弘法诏旨刚开始颁布，松艾便出家，移政于兄长，便可以看出。所以，也使得后弘期上路弘法的推进比较系统、成效最为明显、影响力也最大。

除了决策的内容，再看决策的形式，上部阿里王廷熟谙顶层设计、制度设立和会议决行之法，决策和颁行的效率都很高，展现了积极有为的新气象。重集体决策的议事制度、重先议后决的施政模式、重建章立制的治理体系，在当时的藏地是少见而开明的，不失为政治治理的高明之举，也说明其权力结构的多重性。其中的多重性，既有其兄长二人分执的政教之权，也应包涵其家族与当地大族之间。益西沃兄弟所处的舞台虽然有限，但他们却在有限的舞台之上，合力演绎了励精图治的好戏。

下路弘法一开始，由数位自觉的佛教弟子四处奔走，旺族扶持，兴建寺院。而上路弘法的进程中，寺院由王室主导建设，王室成员有组织地出家，并有组织地输出留学生，兴建专门译场，更加注重译经。

在益西沃亲自主导下，确立弘佛国策的次年，阿里也开始了佛寺的新建。这一年，益西沃在普兰召开会议，决定在迦如的卡尔达仿照昌珠寺兴建一座寺院。寺中不但供奉同昌珠寺一样的弥勒、文殊和观音等主供佛，还塑造了松赞干布像，以及汉地文成公主、尼泊尔赤尊公主、吐蕃大相禄东赞、吞弥桑布扎等立像。在中原皇统传承中，往往是在宫城内建殿堂以祀奉列祖先王。卡尔达新寺的造像中，既直接表示了寺院与王室的密切关系，也传达着益西沃纪念先王、追慕先王、效仿先王的美好政治理想。从这个角度来看，由阿里王廷主导的上路弘法，不仅仅是一次佛教的复兴，而是一个宏远的政治、文化和王政传袭革新之举。

设场译经：益西沃的人才工程

此一时期，由于弘佛国策方立，出家僧人还不算多，再受制于人力物力财力所限，修建的寺院规模都并不算大，有一些只能算是修行的道场。此际，益西沃也注重以早期小乘佛教的循德导善来教化和治理臣民，许多地方都是仿效佛陀早期依山傍林，划地设苑而为道场，并未刻意大兴土木。

时间推移，随着出家修行之人越来越多，两个问题摆在了益西沃面前：一是场所问题；二是教材问题。特别是第二个问题尤为突出，由于没有足够且有权威的经卷，刚一开始的弘法也因教法、教理、成规不明，导致了一定的思修混乱，甚至有借密法以为淫乱。

为了培养更多真正有学识修为的高僧大德，也为了有一个翻译和精研佛经的固定场所，在益西沃亲自主导下，于公元996年开始兴建托林寺。这将是上路弘法期间最重要的一座寺院，它既是一座寺院、也是一个学院，还是一个佛教典籍翻译中心。

托林寺于公元1028年又经过一次规模较大的扩建，至今屹立在札达县城西北的象泉河畔。此寺承担了藏族文化史上一次伟大的转折，使得中断了数百年的信仰与传统得以复活，并使其发扬光大，对后世藏传佛教以及藏族文化的发展都产生了巨大的影响。而且，托林寺融合了印度、尼泊尔以及西藏本地的建筑风格和美术风格，是研究西藏建筑、雕塑、绘画等艺术源流及传袭方面重要的宝库。

益西沃兴建托林寺的同时，其兄柯热也不甘落后，在普兰兴建科迦寺,而接任贝吉衮继任拉达克地区的卓衮和却衮也在拉达克兴建聂玛寺,益西沃分别出席了奠基仪式。这三寺分别都在当年所划"阿里三围",说明三寺是在一个项目可行性研究报告中分别提出的,是一个系统工程中的子项目,并不是单纯的宗教活动场所,也是阿里王系政治文化改革布局中的一环。在任何一个时代,有标志性意义的大基建,都需要政权高层的统筹,这一现象充分说明,阿里王系立足已稳。

  一个个寺院在苍茫的阿里大地如雨后春笋般地冒了出来,就像一个个被从瓶子里放出的萤火虫,它们将点亮已经失落多年的精神长夜,也将影响此后又百余年藏地的社会发展。

  在建寺的同时,僧团也渐壮大。就在托林寺奠基其后一年,益西沃又带着他的两位王子提婆罗阁和那嘎罗阁,与来自阿里三围的两百名聪慧青年一同出家,次子当时尚不满十岁。佛陀释迦牟尼在世时,也曾教引其子罗睺罗出家。当然,益西沃并不只是对释迦牟尼携子出家的简单模仿,他在表达一种新的姿态,也在建立一个新的组织,这支来自阿里各地的年轻僧团,也将成为一支重要的政治力量,绝对忠诚于他和他身后的王子。这一特殊的意味,贯穿了整个藏传佛教后弘期。

  现实也说明,益西沃出家而不出世,在将治理职责交与兄长的同时,益西沃并没有放弃王权,他只是以国王身份出家,却仍然主导并影响着古格的政教事务,益西沃把政治治理的模式进行了细分,建立了一个决策与执行分立的内外廷,内廷与外廷都是由同一个家族来分掌,这开启了政教合一的治理模式,血统和法统都将得以有序传承,王权神授的神圣感陡然而生,世俗政权的权威也如日中天。这一模式,也深刻影响了其后世几百年间先后兴起的萨迦政权、帕木竹巴政权和甘丹颇章政权。随着佛、法、僧三宝在古格重回复燃,阿里王系励志复兴吐蕃遗教的效果渐显,在当地政治地位也日渐稳固并影响渐远。

  一个时期诞生的艺术,往往是一个时代的记录,以一种超乎现实的方式,忠实记录着时代的密码。透过存世宫寺的壁画,古格的艺术创作者和时代记录者为我们留下了他们的记忆,在苍凉厚朴的古格,他们怀着崇敬之心,一笔笔刻画着他们心中的佛国、菩萨、天女,也满足每一位祈愿出资的人，忠实地描绘出供养人的形象。让人难忘的是，在他们笔下庄严圆满佛国当中，古格的国王、王妃、王子竞列其中。当时的佛教已入大乘，在画师和古格臣民的心目当中，为他们带来德政的古格王族或许就是现世应化之佛吧。不管怎么说，王室弘佛兴国、固权稳政、教化抚民的目标已经达成了。

佛光的普照之下，这支赞普后裔建立了古格王国，他们在高耸的山上筑起王宫、围起堡垒、砌起城墙，由王国主持兴建众多寺院，子民们在山间开掘洞穴，在山下搭起帐篷，接续着吐蕃时期的生活和信仰。古格王城与今阿里地区札达县城西北象泉河畔的托林寺，一在山巅，一在水畔，一刚一柔，刚柔并济，传达着统驭和教化的两种声音，共同催生了一个新型治理模式。

但是，传入当时吐蕃本就不多的佛教典籍已经由于朗达玛灭佛及战乱、失序等原因，所余无多，且不完整。虽然弘教事业在朵康、卫藏和阿里已经得到诸王和民众的普遍受纳，但大家基本都是站在同一个起点，藏地尚无佛学水平和修行极高的大师。

出家人益西沃并非单纯为了圆满自我的修行，他要的是一套政治、文化和社会秩序的引进和重建。吐蕃先王们的作为，就是他最好的示范。从托林寺中塑造的文成公主、赤尊公主、禄东赞、吞弥桑布扎等像来看，益西沃渴望文化的交流，他开始物色并培养译师，并效仿祖先松赞干布，选派13名青年，送至克什米尔和印度留学，但却只活着回来了两位，其中一位就是仁钦桑波。这位年长他一岁的译师果然聪慧异常，在游学期间已经可以从容地翻译典籍。

翻译讲究"信""达""雅"，其中三字分别对应着内容真实可信、本意究竟通达、文笔流畅典雅三个核心要求。而翻译佛学典籍，除了要具备这三个条件、精通梵藏双语之外，还需要了悟其中真性教法。特别是当时佛教已入大乘密法时期，诸多典籍玄妙高深，常人根本难以了悟。

恰好，仁钦桑波在益西沃于公元986年宣布弘佛之前一年学成回到了古格，作为一名颇有造诣的佛学大师，以及一名通晓梵藏双语的大译师，也已经开始广收门徒，渐渐形成了一个新兴佛教团，在当地具备了一定的影响力。益西沃和其后的普兰主政者、柯热之子拉德注意到了这一点，他们不但为其修建讲经院，还奉尊号、发放布施，建立供施关系，组织人力、物力、财力，支持他的译经、讲经和传法活动，逐渐开启了世俗政权与宗教教团的密切合作关系。值得注意的是，这种合作关系，并不单纯是一种自发的形成，从一开始就是在王廷的主导、授意、容许之下培育并促成的。换言之，这是益西沃有意而为之，并乐见其成的终极效果，在其与王兄共政的基础之上，一个新兴的僧侣阶层成形了。

仁钦桑波不但亲自翻译并牵头组织译经活动，还担负起了选拔培养更多译师人才的责任。于是，仁钦桑波在广泛参与阿里各大寺奠基、开光等日常事务的同时，作为一位先师佛学家，其核心工作就是培养提携年青译师，并继续选派学僧去印度留学。他也需要带着阿里的黄金，带队前去北印等地，捡选佛学典籍，聘请能工巧匠，以便支应不断修建寺宇所需要的石匠、雕工和画师。

这，无形中促进了阿里与周边文明的深层次交流。从遗留至今托林寺、古格王宫遗迹的壁画来看，融合了不同地方的艺术风格，自成一体，历久弥新。遥想当年，新落成的托林寺在烈日下熠熠生辉。来自印度、尼泊尔、克什米尔的能工巧匠与当地的画师一起描绘着菩萨的庄严，来自阿里、前藏、后藏的弟子们排列仁钦桑波身侧，一个个全神贯注的年轻译师们都没有停下手中的笔，只有在向仁钦桑波请教祛疑之时，才会起身轻步走向他们尊敬的老师座前。

经过不断的修建，托林寺日趋成形。其中萨迦殿的方殿象征须弥山，外圈的四方殿分别象征东胜神洲、南瞻部洲、西牛贺洲和北俱卢洲。而四角的四个佛塔，分别象征四大天王。整个建筑格局，是抽象的佛教世界观与具象的建筑实体的结合。其周围现存各种大小佛塔83座、塔墙2道，大部分集中在寺院西北侧的平地上。佛塔内有大量模制的小泥像和小泥塔，泥像中有佛、菩萨、度母、天王等。塔林分为两组，每组塔群中各有3条长塔，每条长塔由数十座或上百座形制相同的小塔串连而成。

在这里，仁钦桑波带领他的译师团队，出色地完成了佛学典籍的捡选、整理和翻译工作。据统计，仅由仁钦桑波译出的经书在《甘珠尔》中就有 17 部，在释经部中有 33 部，在密教怛特罗部中有 108 部。

早年中原地区，贞观十九年 645 年正月，玄奘回到长安，并前去洛阳朝见了唐太宗之后。唐太宗要他根据游历所见，编撰西域传，并翻译典籍，玄奘召集各地名僧二十多人，在长安弘福寺组织了规模完备的译场，翻译佛经 70 余部，共 1300 多卷。这场规模宏大的译经工作，在介绍接传不同文明成果的同时，必将在当时历史社会环境中，调适和促进本民族文化形态，不断塑造民族文化新的表达。同时，极大地丰富民族语言、文字、词汇。随着佛教中国化的展开，虽然今天的人难以感受到佛经翻译对我们语言的影响，因为那时翻译出现的新词已成为我们现代语的一部分，但经语言学家初步分析，汉语中约有 35000 个单词是在译经中创制的。这一过程，也不仅仅是词汇的简单搬运和直译，它也扩充了汉语的词源语库、丰富了汉语的构词方式、促进了汉语的口语化，许多词句在使用过程中逐渐失去了佛教含义，而具有了普遍的社会意义。

客观而言，体系化的译经工作，也极大促进了藏语文的发展。与象形文字不同，象形文字的一个单体字都有自己的创制、演变和记录功能。藏文作为一种拼音文字，是一种内容记录的工具，内容丰富直接影响着词汇丰富，在其日常使用的自我演进之外，译经提供了系统化的变革载体。译经的过程，也是藏文的不断规范、凝炼、提升过程，是词汇的丰富过程，是表达的梳理过程。同样的过程，也可应用至其他文字演进过程。

文字是一个民族文明的载体和标志，甚至其本身演进过程就是一条线索，这种演进不是由某一时期、某一个人独立完成的，在松赞干布和吞弥桑布扎之后，一代代的藏族同胞在对文明的求索过程中，不断完善和丰富着它。

可以想象，益西沃和仁钦桑波主导的文化交流和译经工作，对于后弘期和此后藏民族文化影响的意义也是不可估量的。

拉德父子：东延与骤变

　　益西沃与他的兄长配合默契，他在古格担任教主，兄长在普兰出任政官。当然，重大决策依然是由益西沃来主持，他仍然是阿里地区最高的统治者。

　　一个稳定的权力架构逐步实现良好运行，古格和普兰成为阿里地区两个重要的政教中心，从古格至普兰，400公里的距离是拉喇嘛益西沃和王兄柯热共同建构的权力天平。兄弟同心，其利断金，兄弟二人也把握着王系权力的完美平衡，广袤的阿里高原演绎着日渐繁荣的"双城记"。

　　在益西沃兄弟及其祖孙的持续努力下，这支外来的王系终于在阿里扎下了根。他们通过与当地世家大族联姻，获取并依托当地实力派支持，解决了上层血缘共通的问题；通过三路分封，以及双城联防，卫星城的拱卫，解决了地缘共建的问题；又通过弘扬佛教，解决了法缘共信的问题，统一了属民的思想和信仰体系。进而，打破了由一支外来小队所不具备的客场劣势，把原来掌权的世俗政官挤出了政治核心，成为笼罩在神性光芒下的阿里新贵阶层。

　　正是因为他们开创的事业，作为世界屋脊之上的屋脊，阿里对于青藏高原的意义远非只是天地所赐的高度，更是因其在象雄时期和后弘期上路弘法的贡献，先后两次成为以文明之光照耀高原的高地灯塔。而这文明之源，也如同向东奔流的雅鲁藏布江，顺着江水奔腾，流至卫藏各地。

　　但，兄长柯热却在996年前后离世，他的儿子拉德接任了他的职位。所以，那一年召开的维浦垛会议对古格继承法进行明确规定和系统安排，而会议也在王兄所在普兰，不是在他肇建的古格召开。益西沃深知，继承问题是王族家事，也是事关全局的国事，面对方才立住身脚的阿里王系，他必须妥善安排王兄善后诸事。

益西沃的王兄柯热执政期间，不止是隐于弟弟的光芒之后，尽职尽责做好阿里地区管理事务，还把古格王朝强大的影响力延伸到了后藏地区。据《普兰王统计》记载："柯热还将后藏和绒所属之地纳入治下，在古尔莫集市颁发大法典，在各个地方颁布小的乡约。"这简短的三句话反映了柯热虽然低调，但却务实和细致的工作。他虽不像弟弟益西沃那样始终处于政治宗教生活的中心，主持活动、兴建寺院、迎请班智达……但是，他却利用古格逐渐强盛的政治治理力、文化影响力和军事威慑力，不断向外开拓，控制后藏地区，不断实现着突破阿里，向外开拓的政治报负，这是他们兄弟二人的宏图大愿。同时，征收赋税、制定法规、管理司法，勤勉打理国政中大大小小的日常事务，尽职尽责地履行好一个执政官的职责。

在柯热亡故之后，他的儿子拉德继承了他的职位，也继续完成着柯热未竟的事业。《太阳王统记》记述评价他一生都"敬信三宝，爱护属民，继承父业，领治阿里，古格普兰，内外兼统，向东延展，守护国家"。其中在"领治阿里，古格普兰"的同时，又提出"内外兼统，向东延展"的成就。这进一步说明，此时的古格普兰已经在政权结构上达成了高度统一，益西沃致力于上层架构，柯热父子内外治理有方。在结语中"守护国家"四字已经把阿里、后藏纳入了统一的表述语境，而后藏本来也是安达·沃松系在雅砻河谷继位后纳入统治的传统领地，此时也被纳入了古格政治治理体系。所以，在古格之后，先后有萨迦、帕木竹巴也施行政教合一制度，这并不是他们的创造，而是从古格继承来的政治遗产。

在致力于东延的同时，拉德并没有像他的父亲一样，安心做一个内敛的世俗国王，他效仿叔叔，也决意出家，并于36岁盛年之时，在班智达阁那塔惹与大译师仁钦桑波跟前出了家，取法名"达磨波巴"，藏文名为"却吉沃色"，皆为"法光"之意，效仿益西沃的法名"智光"。由此看来，拉德在接任父亲的角色，在做好世俗政务的同时，也致力于兴建寺院、迎请班智达等工作，并与大译师仁钦桑波建立密切联系，他也开始将影响力延伸到教务领域。

拉德还把自己辖区内布让一带的协尔等三个地方封赐给仁钦桑波译师作为供养庄园，这无疑是开启了给寺院封赐庄园，使寺院经济和僧侣产业合法化的先河。

想要成就如此多的功业，并不能只靠雄心和梦想，没有雄厚的财力是不可想象的。拉德完美解决了这一财政国库难题。《太阳王统记》记载，在普兰附近，有一个叫赤德的地方。有一天黄昏，拉德骑马横渡孔雀河，当上岸抵达城堡之时，看见所骑的马因疲累而流汗，当他怜惜地抚摸着爱驹时，在黄昏温暖阳光的照射下，发现马背和马鞍有闪光之物，便明白了孔雀河中有金砂。于是，便安排能看到地下宝藏的人专门负责淘金之事，使得他能够有充足的财力兴建寺院、聘请工匠、迎请班智达。阿里采金之事大盛，后来蔡巴噶举扩建大昭寺和八廓街，修建金顶所需黄金也多出阿里之地。

1023年，益西沃圆寂。他的晚年是在托林寺度过的。作为一名实现了古格中兴的教王，他仍像年轻时一样修行，即使是柱着拐杖，只能缓慢地走路，也坚持每天在托林寺转经。益西沃的一生，都践履着内圣外王、知行合一、思修并举的德行，从青年的砥砺奋进，到中年的沉稳精进，至老年的不懈增进，以自己非凡的作为，成就了无上的功业。除却外在的作为，从内在修为来看，其坚毅勇进、胸怀宏图、革新务实的人格之光，也如天边星辰，光耀后世千古。

在于15世纪下半叶扩建的托林寺杜康大殿西壁南侧壁画（僧俗众礼佛集会场）图中，描绘了11世纪的普兰——古格王国时期，仁钦桑波与阿底峡大师向古格王室与僧俗众说法布道的场景。国王与王妃盘腿而坐，双手合十，表情怡然而恭谨，面向右侧的阿底峡与仁钦桑波。王妃后面跟着一列着长袍的王室女性。下方的横列所描绘的则是古格贵族、外邦僧人与大众。人物表情生动，服饰装束各异，展现了后弘期初时佛教在古格王国的繁盛景象。他们身披源于吐蕃时期一种具三角形大翻领的长袍，以此追慕先王、不忘源出、铭心励志。其中，益西沃更是以追慕先人的志向、开放包容的胸怀、高屋建瓴的智慧，在一片政治和宗教文化断层的苍凉之地，以及吐蕃之后战乱纷争不断的荒乱之地，为藏地新的政治、民生、文化传承立柱支梁，以孤勇的一己之力，奋力传承文明火矩。

静卧于河谷间的托林寺，与矗立山巅的城堡一样，已然亦是权力的中心。它虽不能以坚硬外壳抵挡刀枪的侵袭，却能以闪光的文化调伏着众生的心智。时至今时，曾经坚固的古格王城已经被无情的战乱摧毁，而美丽的托林寺还依然偎伏在孔雀河的身边。

在益西沃贤德的榜样之下，年迈的拉德也开始专注于修行和教务，他把世俗的王位权力交给了儿子沃德。一切似乎都在平衡过渡，但北方的天空正发生着变化，犹如一片裹携着雷雨的乌云，渐渐向着古格王朝方向飘来，一场挑战正悄然从北方侵来。

这片乌云的制造者，便是北方的喀喇汗王朝。

古格的北方于阗绿洲，也曾是一个佛教国家。佛教进入于阗也早于中原，并通过于阗传入东土大唐。公元643年，西天取经的唐僧——玄奘，翻越葱岭天险，历尽履险之难，就经疏勒国到达佛国于阗。据他所著的《大唐西域记》记载，当时的于阗"佛塔林立，僧众云集，境内有一百多座寺院，有五千多僧徒，大多研习大乘……"

遥想当年的于阗古国与阿里王朝，地界相连，佛语相通，南北之间遥相呼应，佛徒之间往来交通。但，于阗玉河之上粼粼泛起的佛光，在两千年后将会映入一弯新月，在勃兴的喀喇汗王朝影响下，千年佛国终究改宗伊斯兰教。

喀喇汗王朝又称"黑汗"，操突厥语，是中国古代西北地区回纥人和葛逻禄人等族群在今中国新疆、中亚建立的封建政权。王朝建立之初并非伊斯兰国家，与突厥汗国、回鹘汗国等游牧汗国类似，他们最初是萨满教教徒与拜火教教徒，也有一些摩尼教徒与佛教徒。第一位改宗伊斯兰教的大汗是第三任大汗萨图克·博格拉汗。他受西部邻国萨曼王朝穆斯林的影响，早年就归信了伊斯兰教，后又在萨曼王朝穆斯林的援助下，以武力从信仰萨满教的叔父手中夺取了政权。夺位之后，萨图克自称苏丹·萨图克·博格拉汗，宣布伊斯兰教为国教，在国内推行伊斯兰教。萨图克去世后，其子穆萨（巴依塔什）继位，称阿尔斯兰汗，驻喀什噶尔。在苏菲派教士的帮助下，穆萨实现了王朝的伊斯兰化。公元960年，穆萨宣布伊斯兰教为国教，20万帐突厥人入教。从此正式开始了第一个突厥语民族伊斯兰王朝的历史。此后，喀喇汗以圣战为名，开始对东方的于阗王国发起了长达40年的喀喇汗——于阗之战，终在1004年灭于阗。

于阗位于今天的新疆和田，与阿里南北相邻，当时佛教徒众多。在喀喇汗王朝的圣战下，许多佛教徒逃至古格避难，沃德也发兵帮助了于阗，并取得了一些小胜。然而，当沃德放下北方防务，致力向西部开拓之时，却遭到了最终获胜的喀喇汗疯狂的报复。黑汗的骑兵部队南下奔袭古格，迫使年迈的拉德重新披挂上阵，率军向北方防线，并死于北方战场。黑汗的军队在突破北方防线之后，向古格方向纵深挺进，他们战败俘获了沃德，并攻入了古格，抢掠一番之后，不耐高原反应，带着沃德北撤。

拉德父子　东延与骤变

大变之后：绛曲沃迎请阿底峡

喀喇汗王朝的前身是回鹘，在唐德宗贞元四年（788年），回纥首领奏请唐朝允许改"回纥"为"回鹘"，以使本族名称具有"回旋轻捷如鹘（一种鹰隼类鸟）"的含义。这不但从读音上更接近本民族读音，也表明我国北方部族对汉文化取字定义的深刻了解。

这只鹰隼飞临了大鹏鸟之地，在与大鹏鸟的搏斗当中获胜，抓走并囚禁了他们的王子沃德。

拉德共有三子，长子沃德，次子扎西沃、即绛曲沃，幼子永松德、即悉瓦沃。在喀喇汗军队撤离之后，沃德的弟弟绛曲沃和悉瓦沃迅速带领臣属稳定乱局。他们一边开始恢复秩序，一边筹集黄金，想将沃德赎回。

被俘的沃德曾被救助逃脱囚笼，但终因毒发而死在逃亡的路上。

听到兄长死讯的绛曲沃，决定重振古格的佛法。为此，他决定用这些开掘和收集到的黄金去南方迎请一位大班智达来藏地。

今时有句至理名言，大意是：大学之大，不在于虚有宏大的建筑，而在于有大师充盈其间。当年，益西沃应当也是这么想的，在他推动下，由王室出资迎请了一大批班智达来到古格。他的继任者们也不遗余力地延续着他的教示，其中最为著名的就是由其侄孙绛曲沃主持迎请的阿底峡尊者。

吐蕃灭亡40年后，一个婴孩在东印度萨霍尔国，即今天的孟加拉国地域出生。他将在年近花甲之时，来到古格王朝，深入雪域高原，把由益西沃等人重新推开的藏传佛教后弘期引向深入。

他，便是曾在那烂陀寺和超戒寺深修显密二宗的阿底峡尊者。

早年，上部阿里大寺建成之后，一心期望恢复佛法的古格国王益西沃，曾命人南下至超戒寺迎请阿底峡尊者，但未能成行。其后世继任的国王绛曲沃并不灰心，再度派遣纳措译师带纯金七百两入超戒寺留学，并待时机，再度迎请。这次，他深知迎请之难，便嘱咐纳措译师，不可躁进，边求学、边寻机，以期成行。

阿底峡的难请是情理之中的。此时的阿底峡，是11世纪前半期印度最著名的佛学大师之一，时任摩揭陀超岩寺的上座。这一座寺院是印度波罗王朝时期最著名的佛教中心，其国王达摩波罗在位期间，先后征服周边几个小国，成为地区霸主之后，便在摩揭陀城北、恒河东岸著名的那烂陀寺附近兴建此寺。寺中一座菩提大佛殿，四周围绕108座小佛殿，分属密教内外两道，常住学经僧百余人，学成可授名班智达。唐玄奘西行印度时期，那烂陀寺盛名一时，此时的超岩寺已夺那烂陀风头，俨然成为印度佛教界最高学府。

由此看来，阿底峡的迎请必定不易，以其超岩寺的上座身份，他能不能出山也并不是他一人的事。

传说中益西沃为了筹措阿底峡入藏的财资而被异族俘虏，为了保住迎请阿底峡的黄金而放弃赎回自己，异族要求他们筹集到与益西沃身体同等重量的黄金，但人们费尽千辛万苦地筹措，还是差一个头颅重量的黄金。此时，益西沃带话说，我已中毒无治，并不值得费金，不如以此金财迎请班智达，还能使阿里大地广开智法。这个以身殉法，恐怕是融合了沃德被俘、兄弟筹金、其后逃亡、中毒身亡的故事碎片拼贴而成，但却表达了古格人迎请阿底峡的心之赤诚。

犹如三顾茅庐，阿底峡都不出。最终，迎请阿底峡的任务由出身于后藏今吉隆地方的纳措·楚臣杰瓦承担，此人曾于印度留学，并曾师从于阿底峡。1037年，纳措·楚臣杰瓦带着古格王室准备的黄金和满满的诚意，出发前往印度，经过三年努力，历经重重困难，才说服阿底峡一同返藏，并于1042年抵达古格。

1042年，为雪域求法者诚挚之情所动，阿底峡尊者终于进入了阿里，见到了绛曲沃和仁钦桑波。当时的古格，虽然建寺已多、僧团亦众，但仍然处于教法散乱的时期，迫切需要大佛学家指导规范。但时年八旬的仁钦桑波也曾于印度留学，获班智达位，并与绛曲沃等先后诸王交情深厚，在阿里地方已是颇有建树和威望，初时对阿底峡颇有轻视，待两位班智达辩经之后，这位大译师心服口服，甘心辅助阿底峡尊者，把主持译经、权威解答和规范教法的重担交给了阿底峡。

"佛法有经、律、论'三藏'，以你对经藏的通悉，已不需要我的到来，但宝地尚缺律藏，以规范正法弘传。"阿底峡一语道破当时阿里盛极一时的弘法之要务。

阿底峡凭自己深厚的佛学根基，很快便洞悉了当时的偏差所在，虽然他所在的超岩寺是以大乘密宗为主、显学居次，阿底峡本人也是以密教僧著名，特别是以"无上瑜伽"的般若·母续系统的学僧而有名，但是也继承方便·父续的系统。此时的古格显然处于显密并修，且应依次第、有规范、不妄修的状况。于是，他专门撰写了《菩提道炬论》，从理论上树立起了佛教的修习次序，要求学法者必须循序渐进。同时，他特别强调修持戒律，以规范引导密教修持，一边为王臣民众讲经说法，一边翻译失传已久的佛典。因地制宜，对症下药，这位原本以密宗称名的大师因此在藏留下了诸多显宗的著作。

而且，阿底峡出自中观随应破派，此派依据随应破的方法阐述空的思想，是指出对方主张中有过失，而破斥其主张的论法。所有根据语言的立论都是不完整的，必定含有某种不完备，随应破派就攻击这个不完备的地方。同时，所有在行动的，都在不断改变状态，但是语言并无法将正在动的东西原封不动地表现，因此以语言来表现，矛盾冲突就会产生。以这样的方法，来指责对方的主张中有过失，最后对方不管怎样立论都不能，要以如此的方法来表示，于所有的存在并无可把握的实体，亦即是"空"的，这是随应破派的方法。在译经的基础上，着力迎请阿底峡，是一项指定型的"人才引进"，说明后弘期一开始就面临着苯教复兴以及诸多法门纷繁复杂的局面。在这样不破不立的阶段，有序地推进后弘的过程，必先是立威的过程、说服的过程、祛昧的过程、除旧的过程、排异的过程，其对于辩法析理的要求，自然应当是首当其冲的。

值得注意的是，阿底峡与吐蕃时期引进的寂护、莲花生同属中观派传承体系，这也意味着古格王系希望从法统效仿、继承和追续吐蕃的遗志。不得不说，古格早期的几位国王都颇具理想主义色彩，故其在大乱之后能作出如此成就，也在历史中增添了不少鲜活之色。

3年间，阿底峡尊者以诲人不倦、自利利他、福泽众生之行，圆满回答了临行前叩请度母的三个问题：入藏对佛教是否有利？能否满足藏王的心愿？于己是否有障碍？

3年后，阿底峡又受仲敦巴所请，先后到芒域和卫藏地区传法。相传，他十分喜欢绕转大昭寺，并在年迈无法出门之际，写下许多道歌，以响应问法者。在历经13年的藏地生活之后，阿底峡在拉萨圆寂，把一生修学的显密精要都留给了西藏。他的弟子在拉萨河畔他曾经说法的聂当地方，建寺起塔，以此纪念。其灵骨舍利在仲敦巴所建的热振寺中一直被保存下来。

在那个各执己见、教法混杂的时代，由阿里入藏弘法的阿底峡，是朗达玛灭法之后，第一位尝试把教法重新系统化和规范化的人物。尊者生存的时代，印度佛教的主要宗派中观、瑜伽都很发达，密宗也早已兴起。阿底峡上承显密诸师的传统，开启吐蕃地区噶当派端绪。在藏十余年的时间，也为此后藏传佛教新一轮的广为流布奠立了深厚的基础。只是，经过百余年的沉寂、复兴、各自为政、自相理解之后，虽在一定程度上进行了清理整顿，但也不再像前弘期有统一的教法，而因教义、修法、成规等不同，先后兴起噶当、萨迦、噶举、格鲁等教派和多个小众教派。

绛曲沃晚年，把教主之位传与弟弟悉瓦沃，并把国王之位传与侄儿泽德。此二位先后花了5年的时间，翻修并扩建因喀喇汗入侵被损毁的托林寺，特别是新建了宏伟的色康大殿，并调集200余工匠，绘制了大量精美的壁画。

经过益西沃、绛曲沃和希瓦沃继而不断的努力，古格成为藏传佛教后弘期最闪耀的地方。三人的法名分别为佛教化的智慧光、菩提光和静寂光之意，他们三人也的确以不懈的努力，使藏传佛教在后弘期光放藏地。1076年，一次后弘期最盛大的法会"火龙年大法会"在古格召开，来自卫、藏、康三区所有的高僧大德都汇聚到古格，其代表性包括了整个藏地。

吐蕃王朝之后，经过他们子孙艰苦卓绝的努力，通过曾经寂灭已久的藏传佛教之光，重新又把离散的藏地凝聚在了一起。所以，阿里王系被赞为"上部如帽的政权"。

而转向更为宏观的历史视野来看，阿底峡入藏弘法之行，其意义不仅是对西藏，对于世界佛教界来说，都是播续了佛教根苗。

印度次大陆犹如一个陀螺，虽两面处于印度洋的庇护，却也动荡旋转不息。按理说，北有难以逾越的喜马拉雅山脉，其余三方皆面向宽阔的印度洋，印度次大陆应该具备天然的地理安全屏障。但是，造物主似乎更喜欢开放式的结局，在它西北方兴都库什山脉留下了一个开口——开伯尔山口，正向西方。山口的西方，是文明盛发且动荡不息的西亚诸邦国；山口的周边，是山荒路险且毫无生机的帕米尔高原；山口的南侧，是历史悠久且地势开阔的印度大农村。两侧不足百米的山梁各有一条小河发源，其下方平静流淌的河床构成开伯尔峡谷，从最早占据印度的雅利安人，到后来的波斯人、希腊人、蒙古人和阿富汗人，陆续走过这条全长仅53公里幽深静谧的山谷，轮番据此而称王，把印度反复揉捏。7世纪，伊斯兰教在西亚兴起，8世纪便开始侵扰印度，11世纪至12世纪，信奉伊斯兰的突厥人无力东进中原势力范围，便转而进入了开伯尔山口，他们几乎是踏着佛教徒的尸体一路挺进印度。早在630年，玄奘法师孤身入印度那烂陀寺之时，印度的佛教已是硕果仅存数个大寺，轻抚已被埋入黄沙半截的阿育王石柱，怜惜佛法的玄奘曾经难忍痛哭流涕。而伊斯兰突厥将用他们极端的信仰和残暴的弯刀给印度佛教最致命的一击，他们由西北向东南，毁寺屠僧，烧经灭法，并在13世纪初毁了最后的佛教研学中心，也是阿底峡曾经任上座的超岩寺。1203年超岩寺被一把大火焚毁殆尽，也被认为是佛教在印度绝匿的标志。

印度佛教之光自此在它诞生并兴盛一时的故乡熄灭了。后来，印度教、婆罗门教等本土宗教在印度盛发，许多佛教圣迹被他们占据并转以祭祀、坟场等用。直至生于斯里兰卡科伦坡一个贵族家庭的东·大卫·赫瓦韦特拉纳于1891年发起成立大菩提协会，并历尽艰辛，从当地婆罗门教徒手中收回佛陀曾悟道、成佛、初转法轮之处的菩提伽耶，方才推动印度佛教复兴。

  而通过阿底峡及其前后期多位印度班智达来到藏地从事佛法弘译等活动，重启了印度僧人前来藏地的大门。除了盛名的阿底峡尊者之外，在超岩寺被毁前百年内，不断有印僧来藏地避难，使印度佛学、特别是后期大乘密宗经论几乎完整地存留于西藏。

教派林立：公元11至12世纪时期的西藏

经过古格三王的接续努力，古格不但在一个纷乱的吐蕃后时代，在以阿里为主要领地的青藏高原西部建立了一个稳定的王国政权，还因由其成果颇丰的上路弘法开端之举，在全藏政治文化领域形成了一定的影响。

在三法王弘发兴佛的同时，三代世俗国王也不断向东、向西、向北守卫并开拓着古格的领地，他们分别名拉德、沃德、泽德，"德"字意为"军"，这三个名字的意思分别为天军、光军、顶军，像他们吐蕃时期的先王一样，他们不但以弘佛为毕生的追求，也把"德"字作为自己的名字，把军功作为效法祖先的重点项，沃德甚至战死在北防的战场上。在复古的浓浓氛围下，古格俨然一个小吐蕃。

世事如潮，有涨有落。泽德死于非命，13岁的旺德在当地贵族的支持下，发动政变，登上王位，此后的政策开始对佛教采取比较淡漠的态度，长期被压抑的当地贵族也开始进入权力核心。

很难评判这是好或是坏，伴随着几位发奋大有为国王的归天，古格持续数代的寺院建设告一段落。与之相应，古格转向了政治力量的二元化，当地世家势力再度发挥影响力。由于金矿的开采，古格有了早期国有经济，大量的黄金不再只是用于寺院建设、迎请高僧、供养佛子，它流向世俗应用，亦未必是件坏事。

不但寺院的修建停止，旺德还迁都到皮央——东嘎城堡。除了内部原因，彼时与阿里地区上路弘法始终联系密切，且遥相呼应的外部世界已发生巨大变化。在古格王国北部，最早皈依伊斯兰教的突厥人喀喇汗王朝向信奉佛教的于阗国发动了历时数十年的战争，于1006年击灭于阗的李氏王朝，千年佛教古国于阗最后灭亡，伊斯兰教传入于阗、叶尔羌等地；在古格的西部，当穆斯林军队于公元1000年征服阿富汗之后，这里便被称为印度库什，意为"印度教教徒的火葬柴堆"；在古格南部，另外一个伊斯兰教的突厥伽色尼王朝，控制了从阿拉伯海到喜马拉雅南麓的北印度地区，该王朝最著名的君主马哈茂德（998-1030年），率军攻掠印度达十七次之多。这应该也是旺德之后淡漠佛教，甚至向北迁都，远避突厥伽色尼王朝弯刀的一个外部原因。

令人遗憾的是，藏地早年的历史多由佛教史家所著，在后来多由信奉格鲁派的史家所著，这种以教法史、家族史的史书，在记述时间、人物、事件等过程中掺入了过多宗教和家族主观视角，由托林寺改宗格鲁派后第一任堪布古格·阿旺扎巴所著的《阿里王统计》干脆不再记述泽德之后500年的历史，古格王宫白殿壁画历代国王的坐像，25尊国王绘像下，只有6尊记有藏文题名，他们分别是：沃松、贝柯赞、吉德尼玛衮、扎西德衮、沃德和泽德，无一例外，他们都是弘佛之王。这使得历史的聚光灯有选择的开关，在述史之灯灭掉的地方，又隐藏了多少历史秘密。

而此时的卫藏等地，虽较少王室的主导推广，却也在一些得道高僧的推动下，使藏传佛教依不同法门而渐立，特别是仲敦巴力邀阿底峡赴卫藏传法，更加加快了卫藏腹心地带的后弘进程。

那么，被古格王室重金相请的阿底峡为什么仅在阿里3年便来到卫藏地区呢？这缘由一个人的坚持，而若要了知此事，亦要从阿底峡到阿里之前说起。

古格王国的使者携重金前往印度迎请阿底峡时，怕被尊者拒之门外，先以学生身份入超岩寺，阿底峡彼时是超岩寺上座，自然是不能轻易离岗远去；何况西藏地处远陌之地，未知能否顺利传授教法。后在使者诚心感化下，阿底峡终于应允启程。当他前去向师父宝生寂辞行时，始以

3年为限。

阿底峡来到阿里时，今堆龙德庆地方有一名为仲敦巴·杰瓦迥乃的僧人，天资聪慧，勤奋好学，他早年追随康区师傅学法时，连磨糌粑也把书籍放在磨旁，边干活，边学习。以如此书山有路勤为径，学海无涯苦作舟的精神，不可能不关注古格的前沿理论动向，更何况当时的阿里已成后弘输出地，当他得知阿底峡来到古格的消息后，更加是兴奋的连觉都睡不着了，便动身前往阿里拜阿底峡为师。

1045年春，阿里高原乍暖还寒，年轻的仲敦巴带着欣喜的心情见到了他心中的上师。他们尚未知晓，二人这一见面，就像打开了量子纠缠的神秘之门，阿里业已宏盛的佛学思想将会像奔流不息的雅鲁藏布江一般，从西部高原向卫藏之地流淌，阿底峡将大大延长他原本入藏3年的行程安排，年轻的仲敦巴也将成为肇启噶当派的一代宗师。

很快，3年已至，尊者将返，仲敦巴便以盛赞拉萨、桑耶等地的道场殊胜，僧侣众多，且渴求正法之心，犹如枯苗待甘霖。并说僧众听说尊者胜法，都希望他到那里去弘法，因此转移他返乡的念头。

在那个王室衰落，之前的引领者大都堕落的时代，人们多希望有人能点拨他们的心灯，启迪他们的智慧，教导他们的民众呀。于是，阿底峡在仲敦巴的陪同下走向卫藏。他们二位的这一决定和行动，在阿里地区的上路弘法成效已经显著的同时，将卫藏地区的弘法引向了新一轮繁盛期。

阿底峡的盛名已宏传藏地。在今萨迦县地方拉堆绛时，当地六大修行者向他请教。他回复说："比这更多的问题菩提光益西沃都问过了，都载在《菩提道炬论》中。"在桑耶寺，他翻阅该寺所收藏的梵文典籍，看到许多在印度已失传的孤本，像无人识别的宝物闲置于架上，便惊喜地抄写了《明显中观论》《华严经》等寄回国。此后，他一面讲经弘法，一面与藏地译师合作，翻译了许多经论，最后回到了聂塘。

因为阿底峡所在超岩寺以密法为盛，而当时的西藏尚需要显密结合之法。在一路的传法过程之中，仲敦巴都伴随上师旁侧，结合当地的实际，给尊者分析时情，力图通过阿底峡尊者的影响力和说法，改变当时卫藏地区重密而轻显的修法。于是,在这样的辨析中,噶当派应时而生,这是后弘期早期在显教方面影响最大的教派,尊阿底峡为祖师,仲敦巴为创始人。1056年,仲敦巴建热振寺,此寺位于今拉萨市林周县唐古乡,寺处藏北高原与拉萨河谷交界处,建寺所依山坡,前向开阔,群柏挺立,甚为殊胜。

阿底峡身后,弟子们将他对仲敦巴等人讲经说法的内容汇编为《噶当书》,分为"祖师问道录"和"弟子问道录"两部分,成为噶当派和后来的格鲁派高僧必读书目。因后期宗喀巴继承和发展其学说,创立了格鲁派,故格鲁派又称为新噶当派。

萨迦派的兴起要溯源至11世纪后期的官却杰波,他是吐蕃时昆氏家族后人,随家族迁至后藏地方安居。当时,卓弥·释伽益希是吐蕃王朗达玛的三世孙扎西则巴在后藏拉堆(今日喀则昂仁一带)称霸时期的一位名扬四方的上师,官却杰波奉为上师。后在当地贵族象雄古热唯的支持下,象征性出以白马一匹、女装一套、珠宝一串、盔甲一副的低价购置门卓以下、派卓以上地方,在此兴建萨迦寺,并采取父子、兄弟、叔侄等家族传袭,教派与家族共荣共进的政教合一之制。此派于大元时期在中央政府的扶持下大放异彩,因其后将详叙,暂且简略带过。

噶举派较之其他三派较晚,出于11世纪末12世纪初,其教派系统也更为复杂,早期有香巴嘎举和达布噶举,后者源于玛尔巴、米拉日巴师徒,并分为四大支派、八小支派。藏语"噶举"中的"噶"字本意指佛语,而"举"字则意为传承。故"噶举"一词可理解为佛语传承或教授传承。"噶举"一词还可以表示"口传"的意思,特别是噶举派注重对密法的实际修炼,而对密法的修行又必须通过口耳相传的方式进行,这也是"噶举派"命名的因素和由来。由于这一派的祖师玛尔巴、米拉日巴等人修法时都着白布僧裙,因此有白教的称呼。

各派教理、教法及成规等不是此著关注的重点,如何追寻渐褪的记忆,拨开历史的迷雾,还原当世的面貌,并从中探寻政治、文化和思想演变的脉络才是作者始终想解开的历史宝藏。噶举诸支派中,帕竹噶举、止贡噶举不仅对噶举本派的发展演变具有特殊意义,并与当时古格僧团、萨迦政权，以及之后的藏地政局、格鲁派兴发有着深远的影响，且将其发源略表一二。

帕竹噶举的创始人是帕木竹巴·多吉杰波，他本是西康人，却立业于卫藏。初于今山南市桑日县境内的雅鲁藏布江北岸一个叫帕木竹的地方修建本派主寺——丹萨梯寺，常住僧众800余人。帕木竹巴不仅成功复制了政教合一制度，其后期继任者绛曲坚赞还在萨迦末期夺取了萨迦政权。

止贡巴扎巴迥乃则在今拉萨市墨竹工卡县东北60公里的止贡地方大兴止贡寺，创建了止贡噶举。止贡派很快发展起来，由于噶举派祖师米拉日巴曾在冈底斯山洞穴之中修行多年，帕木竹巴圆寂前特意与弟子嘱咐，一定要派修行者前往三大圣山修炼。当世许多言说都具有某种象征意义，似春秋笔法，如禅语机锋，当噶举派在卫藏之地立足成势之后，这无疑是令他们去往上部阿里传法。

恰这一时期的阿里已处于弘法下行期，受内部权力斗争和外敌侵扰的影响，已经不复有像早年间那样，在贤王主导下的弘法景象。噶举派看准了这个时机，不停地向上部阿里派出隐修团，并建立隐修据点。不甘示弱的蔡巴噶举也随即进入上部阿里，为普兰王治病，高僧多丹云萨微米拉还担任了普兰王室的"内应供喇嘛"。

之所以从众多教派之中捡选此一二作为介绍，是为更好地为读者勾勒出一个当时西藏的社会图景。简言之，自朗达玛灭佛至986年，以益西沃召开嘎白惹会议为标志，上路弘法正式拉开大幕，此间历经144年，这是吐蕃后期教法暗淡和政治治理、宫廷夺权、边关纷争下，最为混乱的时间；自益西沃创古格王朝，并召开嘎白惹会议，宣布弘佛国策，代表着后弘期进入第一个高峰，至三位贤王时代谢幕，旺德在当地贵族扶持下篡位的约1092年，为106年；此后至1247年凉州会谈，西藏正式全面纳入中央政府治理体系，其间为155年。总括之，此时距吐蕃覆亡，已经405年。

由古格王室主导的后弘期上路弘法，在旺德之后转入下行期后的155年间，上部古格仍然保持着较为完整的政权形态，但卫藏地区在吐蕃后裔和当地势力的不断分化后，形成了地方势力多而小，且缺失统一政权的状态，进而不能像阿里地区一样，可借用王室力量扶持宗教。所以，这形成了卫藏地区教派主要由底层和社会团体、甚至某一灵魂人物而兴起的局面，也造成了教派众多。但从另一个层面来看，这又有利于形成一个百家争鸣、百花齐放的宽松氛围，这也许正是当时社会和宗教派别所需要的，也是他们相互选择的。不然，他们为什么普遍采取了直接的政教合一，或隐性的向现有古格王室、地方势力靠拢？

在萨迦派即将要被历史机遇捡选，在元朝的扶持下兴盛于全藏之前，噶举派抓住了宝贵的发展机遇，多点开花地迅速壮大了自己，不但逐步兴旺发展于卫藏，也实现了与阿里王系结合，并将在随后的"蒙元＋萨迦"一体化进程中，形成"阿里＋噶举"的对抗，虽然抵不住大势，终将臣服于对手，但却在之后与萨迦派暗中较劲，最终又趁乱夺取了萨迦派政权，开启了属于自己的帕木竹巴政权。

不得不说，相较于当时高原风起云涌的教派之兴，噶举派呈现出了锐意进取、灵活适变、开放有为的气象，噶举兴发诸多教派的原因，除了因其以密法为主以外，还因其善于因地制宜的借势，又不拘一隅地积极向外开拓。

毫无疑问，在这一时期，除了吐蕃王系遗族的扶持，散布各地的贵族阶层也发挥了重要作用。贵族世系和贵族认同，是西藏社会中比较特殊的存在。在青藏高原本部统一时期，大都通过部落联盟走向壮大，后来更是盛行上层贵族联姻，这使得诸邦部落豪强基本都保留了原有的地位，只是服从和融入到吐蕃的门阀和官属政治体系。松赞干布在分设六茹的基础上，也分别设有茹本和千户等官吏，其分治之人多出当地贵族。特别是对后来收治的象雄、孙波二茹，甚至直接保留了当时王系，直至后来孙波苏毗王系中的没陵赞、悉诺逻叛逃投唐，吐蕃才将孙波茹的行政区划和官吏加以调整。

重视家族传承世系、门第出身、族属身份，是西藏政治社会生活中的一大传统，大司徒绛曲坚赞在亲著《朗氏家族史》中，第一部分《朗氏灵犀宝卷》中就引用祖先的话说："此间活着的人需要有声誉，所做之事应有结果，尊荣之人应有高尚的标志，进行诅咒要有实在的征兆，打仗的人应有勇士的徽帜。"这些流散的吐蕃王系、诸侯部落和贵族世家在吐蕃灭亡之后，新一轮统一政权建立之前，成为各地自发的政治力量。类如中原地方的"乡绅"阶层，诸多官僚在走完仕途之后，告老还乡，开办私塾，调解纠纷，兼理乡事。在政治和身份认同上，他们在很长时间都以吐蕃遗民自居，甚至依然在延续着吐蕃王系的纪年，加之不少贵族有着与吐蕃悉补野王室家族多年以来的亲贵共治。正因为如此，后藏、古格、青海等地的地方势力接纳了吐蕃王系后裔，他们的影响力依然经久不息。

在推动历史向前发展的动力传输系统中，没有哪一个部件可以单独支撑起一个社会系统的运转，都有其具体的历史阶段、社会发育、人文环境土壤。也正因为如此，我们才能在历史时空中去还原当时的场景，更好地理解当时的人为什么做当时的事，更好地指导今天的人该如何做今天的事。

亲睦大宋：青唐唃厮啰政权

吐蕃后期动荡的局势，有如一阵忽来的逆风，把吐蕃王室后裔吹向四散之地。

因此着力于政治、社会、文化和思想脉络还原当时的社会面貌，故对影响比较大的沃松王系所建古格王国进行了较为详尽的叙说。除此之外，并对其后系在后藏地方建立亚泽王系、雅砻王系，以及雍登王系在拉萨河谷及苏毗故地割据之事一笔带过。令人感到意外的是，沃松王系另有一人，有着颇为传奇的经历。因其传奇，并期望能还原一个当时藏地之于周边地区和民族的座标参考，亦略记其人其事。

常人多在"命"与"运"之间挣扎，有的相信命理而随波逐流，有的呼喊着三分天注定、七分靠打拼而激情满满。可万般命运当中，第一不能选的便是出身。

宋太宗至道三年（997年），唃厮啰生于一个万般金贵的赞普家族，但又同样万般无奈的是，当时的吐蕃已分崩离析，宗室相争不断、军阀混战不息。这位吐蕃雅砻觉阿王系的后裔，便随着避难的族人，一路流落。

在陌生的地方，小唃厮啰每天的任务就是赶着羊群到附近的山坡放牧，靠自己单薄的身体为一家人的生活做点力所能及的事。当他觉得自己就要这样放一辈子的羊时，在他12岁时，草原上忽然来了一个叫何郎业贤的河州羌人。

唃厮啰并不认识他，可是他不但认识唃厮啰，还知道他的王族身份。

吐蕃灭亡前后甘青部分地方，地方豪强看吐蕃国势衰微，趁乱而起，渐图自立。当这帮豪强听说不远的地方有个落单的赞普后裔，而且年少无知，极易控制之时，便觉得捡了个宝贝。于是，他们派何郎业贤将唃厮啰接回后，先是安置在甘肃夏河、临夏一带，后又被宗哥（今青海平安）僧人李立遵和邈川（今青海乐都南）大酋温逋奇劫持到廓州（今青海尖扎北）。后来，李立遵又将唃厮啰迁到宗哥城。年幼的唃厮啰在这些豪强大姓的眼中，不过是可以使他们达到"挟天子以令诸侯"的一个好看牌面。

在经过一番你争我抢之后，唃厮啰在欢呼声中被立为赞普，而操控这一切的河湟宗教和地方豪强势力则藏在他身后，唱起了双簧。

他的论逋（国相）李立遵是一个贪、暴、虐、淫之徒，娶了蕃部多名女子作老婆以满足自己的骄逸。对内淫暴，对外妄为，竟狂妄到与日渐强盛的大宋为敌，使怕引火烧身的各部落大为不满。李立遵为了更好地控制唃厮啰，便把自己的妹妹嫁给唃厮啰作妃，唃厮啰却也只得假意迎合。

但唃厮啰始终憋着一股劲，离家出走。终于，不知天高地厚的李立遵被北宋名将曹玮打得一败涂地，唃厮啰趁机离开，来到了邈川之地，下令罢废了李立遵论逋之职，起用邈川大酋温逋奇为论逋。

这无异于才出狼窝，又入虎口。温逋奇也是一个野心勃勃的地方豪强，他根本无意于曲意奉承这位伪赞普，他要的是这听起来豪横的赞普之位。于是，他发动了一场政变，囚捕了唃厮啰，把他丢到井里。

估计这温逋奇平时没少给下头人耍横，趁他外出之时，看守的士兵便放根绳子把唃厮啰从井里拉了出来。好歹身上流着王族的血，而且也演了这么久赞普，唃厮啰集结拥戴者，快速诛杀了温逋奇。

此后，唃厮啰把国都从邈川迁到青唐城（今青海西宁），真正掌握了这个河湟地区的吐蕃旧属政权。被两位国相欺负的唃厮啰再也没设国相一职，他设立了"国主亲属议事厅"和"国相亲属议事厅"，并由自己统掌决策大权。

此时的藏地腹心，后弘期佛教事业正开展的如火如荼，《青唐录》

记载:"吐蕃重僧,有大事必集僧决之。"于是,唃厮啰也利用佛教争取属民,并仿效祖先设祭坛以兴盟约,大力笼络各方归附臣民。

但是,他这个赞普并不好当。且不说势单力薄,又久寄他人之地,在那个大乱之世,北方还卧着群狼。当时,东北地区的党项族在李继迁的领导和北方契丹的大力支持下逐步强盛,他们以宁夏黄河湾地肥水美的草原为依托,一边不断南侵赵宋边郡,一边同盟侵吞西北小族。在这样的蚕食之下,西夏全副武装的铁骑渐渐进逼河陇之地。

算起来,党项族建立的西夏,与唃厮啰还是远亲。西夏的祖先党项人原居松潘高原,这支最早生活在青藏高原边缘地带的古羌人时常联合吐谷浑反抗吐蕃,当吐谷浑被吐蕃控制,失去依附的他们内附唐朝,被安置在今四川松潘一带,其中拓拔部被安置于今甘肃庆阳一带,后继续迁置于今宁夏和陕西交界一带。唐僖宗时,党项部首领李思恭被朝廷封为夏州节度使,因平黄巢起义有功,被赐姓李,封"夏国公"。从此拓跋思恭及其李姓后代以夏国公成为当地的藩镇势力。直至宋时,李元昊自立西夏国,意欲收服周边诸部。

虽然北方的祁连山可作天然长城,但青唐之地与西夏之间仍有东部河、渭二州可以通过。好在,此二州归属宋朝。

唃厮啰环顾四周之后,第一件事就是遣使到宋朝共议"联宋抗夏",并得到了宋王朝的大力支持。宋仁宗天圣十年(1032年)起,唃厮啰先后被宋授予宁远大将军、爱州团练使、保顺军节度观察留后、加保顺军节度使、兼邈川大首领,并给唃厮啰以物资上的援助。

转向宋朝的唃厮啰,让西夏王不满,但也使他不安。因为河湟地区不但就在西夏枕侧,还东接西夏垂涎欲滴的关陇平原,宋朝倚华北平原立国,一旦西夏再犯边宋朝,唃厮啰沿黄河而下,既可护卫关陇平原,还可直捣西夏老巢。再加上唃厮啰控地三江源头,拥有一支六七万精兵的军队。从地缘政治角度来看,这是大宋的最佳盟友。

同样雄心勃勃的西夏景宗元昊心想,打虎得打早打小。于是,先把宋朝放在一边,率领大军亲征河湟。但唃厮啰已经是一位在艰苦条件和复杂环境中成长起来的成熟人才了,他不仅经历了政治斗争的考验,也耳闻目睹了大大小小的战争，积累了丰富的经验。他清醒地认识到，党项人向来以刚直出名，草原出身，勇猛善战，虽然远途奔袭，但是敌众我寡。于是，他想到了一鼓作气、再而衰、三而竭的战略。

在坚守青唐，不与敌军交战，消耗敌军士气的同时，他又派人从暗道潜出，将西夏军渡宗哥河（湟水）时，在水浅处插的标识旗悄悄移至最深处。几日下来，正当西夏军牢骚满腹，唃厮啰忽地放出人马，亲率精锐冲向西夏军队。西夏军队慌乱逃奔之时，以插旗的地方为标志渡河，不料已被换至水深流急处，一半被追杀岸边，一半被呛溺而死。这一战，打出了士气、打出了威风，河湟将士们纷纷对他们的赞普投来钦佩的目光，唃厮啰终于成长为一个真正的赞普。

从此以后，联宋抗夏的西北长城更加巩固，不但保卫了河湟吐蕃各部，也成功抵御了西夏的南侵，连原来投靠西夏的一些吐蕃部落、回鹘部族都纷纷聚拢到唃厮啰的麾下。唃厮啰的地盘快速扩大，直接与北宋、西夏、回鹘、于阗、卢甘等国相连，人口达到一百多万户。唃厮啰驻栖的青唐城宫宇雄丽、市场繁荣、人流不息，城外部落散布、人畜繁衍、一派生机。

随着唃厮啰实力的逐渐壮大，前来提亲示好的也越来越多，能屈能伸的西夏皇帝主动示好，并将公主嫁给唃厮啰的小儿子董毡，回鹘、契丹等也主动与唃厮啰联姻，愿与唃厮啰建立友好合作关系。但是，眼明心亮的唃厮啰始终坚定地同宋王朝站在一起，对宋王朝密切联系、纳贡修好、奉表称臣。

在策应宋朝的固边战略同时，为了打通双方市场，还建立了贸易往来，河湟的骏马输送到中原地区，中原的茶叶和丝帛运至河湟。最多的时候，吐蕃地区一年要向宋朝输送将近四万匹马。通过军事、经贸、文化往来之间的日渐密切，不仅抵制了西夏对河湟吐蕃的侵犯，而且掣肘了西夏对宋朝的军事行动。大文豪苏东坡也不禁感叹道："吐蕃遗种，唃厮啰一族最盛，惟西夏亦畏之。朝廷封其长为西平王，用为藩翰。"这里所说的"藩"为国之藩篱、护国屏障，"翰"为鸟之劲羽、胜利之旗。

公元518年，一位名叫宋云的甘肃敦煌人途径河湟地区，他是北魏负责管理佛教事务的僧官、僧统之一，此行携带着胡太后的敕付和诏书，前往万里之外的天竺，求取佛经，并联络丝绸之路沿线国家，促进商贸，增进友谊。原来，河湟正地处中西交通之"古吐谷浑路"的必经之地，商路曾经十分繁荣，人货往来络绎不绝。自从西夏占据河西走廊后，剽劫贡商，扣留旅人，征收苛税，对于这条中原地区通向西方外部世界的商道肆意破坏，意图扼断西域诸国同宋朝的联系。唃厮啰很快恢复了这条中西商路，使得承担着从西域经河湟入中原的商贸之道、交往之道、文化之道使命的"古吐谷浑路"重新开启，并在青唐、邈川、临谷等城设立贸易市场，派兵护送各国途经商队直至宋朝边境，西域各国的贡使、商人不远万里，绕道河湟，直趋宋朝都城——汴京。

公元1065年，唃厮啰逝世，享年六十九岁。唃厮啰死后，其子孙世代由宋朝封官任职，其地隶属北宋二十六路的秦凤路，到1116年，成为宋朝的郡县。

苯化民间：打开藏地早期文明之门的钥匙

苯教在之前的章节中，是一个高频词。其根本原因在于，苯教发源于藏地，且深刻地影响了藏地、特别是早期藏地政治、文化和社会形态的塑造，并且自有吐蕃开始，便与上层意识形态、政治建构、思想体系有着深层次的交织嬗变。那么，它从何而来？又向何而去？

加之，朗达玛灭佛之后，苯教自然复发，而这一轮民间复发，既有别于早期苯教，也交织着佛苯相融，持续而又复杂地塑造着藏地社会和人文形态。所以，在探讨吐蕃覆亡，以及佛教后弘后，有必要再回望这一倍感神秘的题目。

苯教的起源莫衷一是，大体来说，它主要发源于、壮大于或被系统化整理形成于象雄故地。古象雄虽地处青藏高原如此难以逾越之地，但是囊括了今天阿里和日喀则、那曲部分地区，以及克什米尔高原周边部分地区，通过其西北方向面对着早期人类社会文明更迭和交流、甚至是动荡最为剧烈的中北亚地区，为早期两个地域的人类文明相遇打开了天然通道。

再高的地界，天空也有云儿飘过；再远的地方，山顶也有鸟儿飞过。文明有一双翅膀，它渴望交流交往。而人类的好奇探索之心，又使他们彼此相向、张望。所以，雍仲苯教吸收了古印度教、耆那教、拜火教等一些元素，特别是理论体系的启发，而形成自己的见地之后，以更为体系化的形态在象雄大地生发，也籍此完成了其自身的一次重要升级。

从某种意义上来看，作为文明体系的呈现，并不能只是对细琐问题有所响应，首先应当形成属于自己的宇宙观。否则，它都难以称之为一个体系，而仅仅是各种观点的混同。雍仲苯教提出了天地万物合一的系统论，一座冈仁波齐神山便是一个宇宙，同时又是整体宇宙不可分割的一部分。这从认识论上好比中国儒学以一物可格万理，从泛灵论上又如佛教所说的有情众生皆平等。不像西方的基督教，虽然承认有造物主，但一开始就把人作为一神之下，却凌驾于可供遣使的万物之上，这是文化形态本源的异同，这种本源是先天生发，就像种子生发于不同的土地。

我们试图仰望历史时，也在走近它；期望以一颗赤子之心，试图感悟它。当我著述至此时，恰逢传统中秋节，想到传统故事常以月宫之中有玉兔捣药、或捣桂花酿酒为记，想必这是大多中国的孩子在儿时都听过的故事。如若我们以现代科技知识去探究，便会得知月球为何始终正面朝向我们、如何产生月海、如何产生月影等等，纵使答案全然是正确的，却离古人当时情思逾远。试想，一代代古人仰望同一轮明月，他们既无现代科技借以延展目力，也无人造科技之物借以理解世界，他们所能看到的月亮表面显现阴影就是形如一只金蟾和一只兔子。所以，他们联想月亮上有此二物，并把如此缈远的中秋圆月之现，与其时地上丹桂飘香结合起来，一代代老人手指圆月，向孩子们讲述着月宫上的兔子在捣酿桂花酒的故事。这，才是真正属于他们的世界，属于他们的认知，属于他们的浪漫。千百年后的我们，既应当以现代科技去解读他们，亦应该以赤子之心去感知他们。这两种态度，都是认识历史所应有的。否则，历史便失去了温度，变成了冷冰冰的躺在解剖台上的研究物。至少，对于我而言如此，我并不是一个专业或职业的历史研究者，而是一个历史爱好者，是一个像杜甫诗中"不薄今人爱古人"的历史追寻者、亲近者、探索者。

同样，每当我想起象雄之时，我便会轻闭双眼，置身于当时的时空，用心看先民之所见。仿佛我也置身于苍茫的天地之间，对世界有许多的好奇，对自然有许多的好奇，对自身有许多的好奇，因之对世界产生了敬畏，但并没有因此停止想象。恰恰是以代代传说和仅有的见识，试图解读这一切，尝试与世界沟通。

就像每个孩子在七八岁时，都会向身边的大人提出许多幼稚而又千奇百怪的问题。那个时期恰如人类的七八岁，虽然有些问题及其答案，以当下的科技看来，也是幼稚的，却是宝贵的，是有着不可替代的价值，并依稀仍留存于当代的。历史的长青之树不曾断灭生生不息的活力，我们今天所拥有的一切，都是从过去的积存而来。千百万年以来，雄伟的冈仁波齐默然屹立在阿里高原，俯视着转山的人走了一波，又来了一波；圣洁的玛旁雍措忠诚守护在他身边，注视着天空飘泊的云飘来一片，又散去一片。这，便是历史时空回响的雄浑诗章，无法让我们不去热爱、敬畏和感恩。

德国古典哲学创始人伊曼努尔·康德说："一切知识都开始于经验。"这是所有人类在幼年时期对世界探索的开始，他们看到了自己眼中的一片世界，并试图去总结这个世界的规律，以期通过一代代人的努力，去描述、去传递、去总结其中的秩序，不论是一天当中的日出日落，或是一季当中的月缺月圆，或是一年当中的春夏秋冬、一生当中的生老病死，等等。微妙的是，当古象雄的人们看到这些神秘莫测的自然现象，凭空发生风雷雨雪，生发出"敬天"之心。中原地区的先民却产生了人法地、地法天、天法道、道法自然的"法天"之情。这当中自有异曲同工之妙处，中原地区以北斗七星斗柄的运行方向，及其同月亮、太阳、五星、二十八星宿配合，组成了一个完整的天象历法体系，故名斗转星移。藏族先民创立了以朔望晦弦即月相的变化周期为一月，以春夏秋冬季节更替变化周期为一年的天文历算之法。神秘的宇宙曾给予我们如此之多的启示，不论远古，还是今时。

但是，雍仲苯教并不完全等于原始苯教。黑格尔把宗教分为自然宗教、精神个体性宗教和绝对宗教。早期原发的苯教还未能从自然宗教的具象思维中抽离出来，它只是早期人类的自然膜拜、巫神崇拜及民俗仪式体系。为什么原始宗教从一开始就散布于世界各地互不相通的人类小族群，它们虽然相隔万里重山，甚至分布于地球的两端，却有着类似的表现形式。究其原因，因为早期人类虽然起源于不同的地域，却仰望着同一轮日月，有着接近的同心共情。雍仲苯教也一样，它像青藏高原上的自涌之泉，诞生并泽润着藏族早期先民，这才是藏民族最最根本的精神底色。

一个比较有意思的现象是，西藏的神话塑造或自然崇拜里，多有神山圣湖，少有大江大河。这与平原地区不同，不论是黄河为依凭的黄河流域，还是以恒河为主轴的印度平原，这些大河都沉淀于大平原地区，早期便沿河形成了人口聚集点，为与早期人类文明的出现与发展提供了有利条件，密切相关的灌溉、饮用和交通资源。对于早期先民而言，青藏高原的大江大河可利用程度相对较低，这也说明早期西藏文明以多点散布的牧业文明为主、农业为辅，多点开花为主、集中聚居为辅。总的来说，在源流当中，更多是侧重"源"而非"流"的文化感知，以至于我们亦常以山宗水源之说来形象概述这片神奇的高原。

闭上眼睛，我们仿佛看到，在飘着朵朵白云的湛蓝色天宇之下，在他们能攀爬最高之山的山顶之上，仰问头顶碧空浩渺的天之尽头，远望四周层峦叠嶂的山之波涛。山顶之上，人已聚拢，一群身着羊毛褐衣的先民，通过堆起玛尼石，点燃松柏枝煨桑，祈求天地神灵的护佑。当然，这并不仅仅是对自然界的畏惧与供养，他们也会通过这种方式向自然和神灵报告喜讯、传递心愿、获得鼓舞。他们唱起欢快的祈歌：

> 用取自山顶森林的香料精华来煨桑，
> 桑烟的味道美好而让人愉悦，
> 让我们向上部神仙煨桑，
> 让我们向中间念神煨桑，
> 让我们向下部鲁神煨桑，
> 让我们给自己的座位、衣服煨桑，
> 一切都得到净化……

是的，他们通过煨桑与天地、诸神和自然沟通，并通过这种特殊的行为，视之为重要的净化仪式，期望通过净化，以消除身体、心灵和一切空间的不洁、肮脏、混乱。

污染在藏语中叫"旁巴""白巴"，不但指物理空间环境卫生上的污染，也隐有精神境界的不洁。

除此之外，藏地还有流传远广的换幡、扎绳、奉卡塞、撒隆达等仪式，并因这些仪式生发出一些特殊的日子。藏族人民喜爱登山，寓此可以亲近神明，向上增运，转消厄运。不能登山的老人，可以在山下转山，在不能远足登山的日子，也可以在庭院等地煨桑。人们也会在山头、路边、寺旁等地堆垒起嘛呢石堆，这种堆石文化是苯教灵石崇拜和佛教文化融合的产物。人们会以黑色涂抹门框，门前画上雍仲图案……另外，原始苯教和早期其他地方献祭一样，多杀生用活体，遭到辛饶弥沃反对，并用糌粑捏成形态来替代，叫做"堆"或"耶"，这是朵玛的起源。这些发源于远古的仪式并非或并非完全意义上的佛教仪轨，是雍仲苯教在经久的流传、易变、演化中成为藏族地区日常民俗。

由此，他们把神山圣湖看作是有灵魂的，赋予它们传说，塑造它们灵魂。神山如男性之阳刚，圣湖如女性之柔美。比如，念钦唐拉就是西藏特别受尊崇之神，被认为是最古老的神灵之一，是众念神的王。传说他有360名随从，全是强有力的念神，故名"金刚最胜"。念钦唐拉山神所代表的山脉就是念青唐古拉山，藏族先民相信其周边小山就是他的部众，它被奉为北方草原众神之主。就像古希腊诸神，人们不但赋予其神格，也赋予其人格，传说中的念钦唐拉性格开朗，喜爱美丽的服饰，夸耀财富和宝物，而且妒忌心强，他也有父母情人。他是西藏"四茹"守护之神，也是布达拉宫红山保护神、财神，以及藏王赤松德赞的身体本命神等等。同时，他也是能满足众生誓愿的大神，所以许多法师也称是他的代言法师。通过这样的灵魂和法力转借，他们来提高自己的神通地位。

如此，就像汉字中的"巫"，即使早已从甲骨文中演化千年，我们仍能从其简单的轮廓中看到先民的想象。其上一横代表天、其下一横代表地，中间一竖代表通达天地的沟通，由谁来完成，怎么来沟通？由人，具体而言，就是巫师、法师、祭司等能够拥有与天地沟通能力的通灵之人。说起"巫觋"文化，最容易联想到的便是商朝，商朝时期的巫掌握着唯一和天对话的权力，因而成为了专业的神职人员，并逐渐进入到巫政合一模式，这是奴隶制社会典型的文化和政治模型。随着社会生产力水平的发展，以及人们对自然认识的深入，这种"神权"必然逐渐向"人权"交接，即便它依然带有神性的光芒，但也逐渐会贴上德政的符号。随着人的主观能动性不断提升，天子这一人间主神将借势而起，一种新的价值观和政治文化、治理体系必将替代巫政文化。

政治家要的是经天纬地的改造世界，思想家要的是博古通今的通贯世界，神职者要的是通天彻地的通灵世界。于是，一个新的问题来了。在这种早期人类组织生活中，像任何仪式都需要主持一样，任何精神生活也都因人所需、由人创生、经人传承，作为原始宗教的苯教如何被创生为雍仲苯教的呢？

在已经无法准确纪年的时代，冈底斯山的主峰冈仁波齐附近的一座碉楼里，出生了一位象雄王子，名为辛饶弥沃，他把已经盛行于高原的魔苯、赞苯、占卜苯、神鬼苯、历算苯等三十多种苯法系统化并加以改造，为民众禳灾避祸、祛病除邪、祈愿赐福，拥有众多信徒。除此之外，那个时期还创生了早期的藏医、语言文字、传说，辛饶弥沃还著有《四部甘露宝典》等藏医学书籍，他的儿子还研制出了解毒药丸。也正是在这一早期漫长发展的过程中，它不断吸收了周边文明的成果，并伴随着这一过程而广为流传。可以想象，克什米尔波斯等地的一些原始宗教也给了它启发，但在经过一番圆融改造后，又反向传递回了这一地区。

辛饶弥沃并不是一个本来的人名，就像"释迦牟尼"意为释迦族的圣人一样，他也被称为"辛饶弥沃佛祖""敦巴辛饶弥沃"或"辛饶世尊"。藏语中的"敦巴"，汉语意为祖师、导师。"饶"是殊胜、无上、最高、极善之意；"弥沃"是大圣人、超凡圣人之意。与古印度人尊称"释迦牟尼"一样，在古象雄人眼里，辛饶弥沃也是出生在辛族的祖师与圣者。

当时的象雄大地，是一个文明交流之地，这一点从冈仁波齐峰被周边古印度、波斯、克什米尔等文明区域公认为神山就可知一二。早期的先民，虽受科技手段限制，不易创造文明，但他们可以溯源而上至神山区域；他们也可以把养育他们的大河之源冈仁波齐的故事一代传递一代。不管怎样，他们当中有人曾达象雄，亲身验证了大河之源头，亲眼目睹了神山之庄严，亲自实现了文明之传递。中亚、北亚和南亚如此众多而又多元的信徒，溯源而上，翻山越岭，亦步亦趋地前往冈仁波齐朝拜，为象雄文明注入了多元融合基因，也在吐蕃时期带来了佛教的信息，不但与原始苯融聚成雍仲苯教，也铸就了早期象雄的独特气质。

公元前600年前后，波斯游牧部落一个雅利安贵族家庭出身的琐罗亚斯德在整理当地宗教信仰的基础上，创立拜火教，相信有来世，善恶永相争，以供奉圣火为图腾和仪式，并于萨珊王朝期间，被立为波斯国教。"琐罗亚斯德"是希腊语的音译，又译作"查拉图斯特拉"，意为"像老骆驼那样的男子"或"骆驼的驾驭者"，尼采便受其启发而创作了《查拉图斯特拉如是说》。其时，释迦牟尼也在恒河流域创立佛教。当时的古印度,耆那教已经出现一个多世纪，"耆那"意为"战胜欲望的胜利者"，认为宇宙由灵魂和非灵魂组成，灵魂又包括能动和不动两类，不动的灵魂存在于地、水、火、风四大元素当中，动植物和非生物皆有灵魂所系。在他们的眼里、心里的教义里，阿里普兰的神山圣湖地区都是共认的圣地，在苯教《世间苯教源流》中也记载着："在南赡部洲之北方，持边山之南方，生长着如意桃木之地，冈底斯大山之前，玛旁雍湖之畔的四条河流之源，醉香山附近，九座黑山环抱之地，有缚刍河和信度河流过，此乃三世圣尊诞生之地。"

这其中的原因又是什么？想必，是文明的交流与回向，使他们对宇宙、自然与生命有着某些共同的感知力。比如，对地、水、火、风、空等元素的认知和赋能；对灵魂遍存、众生有情、来世之说等理念的认同；以及世界永恒、时空无限、唯相可变等变与不变的相对观；等等。与婆罗门教的神创世界不同，他们对于宇宙的认识，都有某种唯物的探寻，兼怀物质和精神因子。就像古希腊时期的哲学家或科学家，早期曾坚定地认为水、火、太阳等是万物之源，在以某种朴素的唯物主义解释世界的同时，因其不具备更高维度解释世界的科学知识，又创造出诸神，以延展其认知。以古希腊和古印度为例,虽然都创出了诸神体系,但二者之间有本质不同。古印度本土宗教,自印度的梵天、湿婆、毗湿奴等,是为理解人类眼中所见世界的起源、混乱与毁灭、重生之神,这是一种神创世界的人神秩序;而古希腊太阳神及战神、酒神、智慧女神等,是当时古希腊人以唯物观看世界,知其然、不知其所以然的情况下,以神或神性为人类某种特性的抽象表达,借以阐释其宇宙观。又如,基督教承认先有神,神创造了人及世间万物,只是将人视为万物之灵,神赐创造万物供人驭使,这只不过是在神与宇宙的关系之间,明确并强调了人在其中的特殊地位。所以,理解宗教的立场,首先不是神与人的关系,是神与宇宙之间的关系,古希腊有神、有人、有半神、人神合体,神和神的世界也不是绝对完美的,神人及诸神之间也会有许多混争。简言之,神创世,神喻世,这是两种截然不同的先验认知,由此也导致了古希腊与古印度两大区域人文科学发展的不同走向,前者走向实证与科学的发展,后者走向灵性与神性的发展。

在那个时代,哲学并没有具体分科,并没有职业的哲学家,所谓的哲学家,大都是科学家、文学家、思想家和诗人,他们以兼具自然认知和神话想象的思维来解释世界。同时,他们也在不同知识体系的交流,以及对自然观察的规律总结中,一次次刻记着星轨变化、潮汐涨落、寒来暑往的数据,常以累世之功,形成规律认知,并在这样不懈的探索中积累着宇宙信息大数据,推动着人类早期文明的发展和科学技术的发育。所以说,雍仲苯教在与周边文明的碰撞和交织中,不断形成自己体系化的宇宙观和方法论,这不是简单巧合和自然生成,也不是无源之水和无本之木,而是基于文明的交流、碰撞与回向。

早期苯教和藏族先民对宇宙自然的认识,常寓于数,并定于礼。雍仲苯教《赛米》《无垢光荣经》等文献中记载的恰辛、囊辛、斯辛、楚辛四因乘仪轨中,包涵了各种数字逻辑,不论是对实相的总结,还是对于规律的预测,都说明雍仲苯教开始理论化和系统化的尝试。而这些由数字导引出的苯法解释和仪轨要求,使人们在面临神秘莫测的忧惧之时得以安慰。比如,救度生灵病痛和死亡之苦的斯辛,便把死亡分为老年死、中年死、幼年死和械斗死4种，此4种又各因男女而成8种360因，其送度之法又分别对因而分10组81种。再以数字3为例，源于苯教天气地三界宇宙观，认为天上住着赞神，地上住着年神，地下住着鲁神；史诗《格萨尔》中就有"上有天神亲指使，中有年神发宏愿，下有龙神主约誓"的劝唱词；古代岭国有三大神、三大寺、三大部落、三大圣人、三大妃等等；骑士的弓、箭、刀被亲切称为随身携带的三眷属；建筑多分三层，满足供神、人居和畜住；人们饮酒前以无名指蘸酒向上中下三方弹指三次，以表礼敬天地人三界诸神；婚俗吉日一般为初三，给客人敬酒三口一杯，婚礼期限也多为三天；等等。这都是苯教通过观察总结自然规律所得出的认知，并由此衍成诸多观念、习俗和日常。

　　站在雍仲苯教的视野，在往回看后，且再往后看，就发现它处于原始苯教与藏传佛教之中间过程。由此，它的命运也便有了少年时期的天真、质朴、朝气蓬勃的气质；同时，伴随着吐蕃的创立，也开始进入成熟期，入世之后的万般适应、调整、冲突、无奈、甚至痛苦凄凉……

　　这种杂糅特质，从一开始，直到后来，始终是苯教固有的基因。首先，任何一个民族的早期，都会在与自然的相处、相生和互动中，产生对自然最本真的追问，都会存在某种意义上的精神探寻，犹如一股自涌之泉，当然在西藏也存在，即是"原始苯教"。辛绕弥沃未至藏地之前，流传着斯巴苯教（原始苯教），用以"上敬天神、中调家事、下伏恶魔"。苯师们不仅是类如巫师的神通之人，也是天文地理等原始知识掌握者、是行医理病等世俗生活的救助者、婚丧嫁娶等各类礼仪主持者，更是通过寓言、神话、唱颂等方式实行社会管理和传承历史的执火者。史载，吐蕃王朝止贡赞普和布德贡杰王臣之时，以"仲、德乌作为御民之术"。其中"仲"被译为"寓言、神话故事"。兴发于古象雄的雍仲苯教与原始苯教这些既成的观念、思想、成规等结合，形成了初始的雍仲苯教形态。在十几位苯师进入雅砻河谷，并立聂赤赞普为王后，苯教在与王政长期密切的互动中，逐渐形成了一套辅助治理的体系，当它不得不在前弘期与佛教这一有着悠久历史、且成熟庞大的思想体系接触时，它们之间又开始在争斗中相互借鉴、融合，以存适这片它们赖以依存的大地。

《世间苯教源流》记载:"当时(聂赤赞普之前)没有王法,靠苯教教法统治,故此,在吐蕃苯教早于王权。"由此看来,虽然这出自苯教典籍,似乎是苯教徒在自夸,但聂赤赞普的后面,的确站着苯教法师。苯教法师赋予赞普统领世间的神性,赞普赋予苯教法师治理政教的权力。宫廷的苯教法师无可替代地担任着吐蕃盟约仪式的主持,他们还会为每一位去世的国王主持祭祀,也会给每一位新出生的王子取名赐福;他们为每一次的战事而问卜、祈福,还兼有军事顾问;他们为每一次的灾难而祭祀禳灾、抚慰民众;除此之外,聂赤赞普和穆赤赞普时期,37座杜耐建成,成为教徒民间活动场所,苯教迅速遍布卫藏大地。后来,塞康这一更加成型的供神建筑不断建成,苯教影响已不仅在王座之后,而是系统化深入至吐蕃大地。象雄文"塞"是神之意,藏文"康"是殿之意,合为神殿。这一建筑形式及其功能,后来被藏传佛教延用,许多塞康被改宗易佛,其名字也改称为"拉康"。

象雄故地和雅砻河谷上早期两条细小的河流,都遇见了彼此,并找到了默契,汇聚成了一条同谷合流的大河,安静详和地缓缓流过雅砻开阔的河谷地带,滋养着这一片神奇的原始大陆,共同哺育两岸淳朴的藏族先民。但是,在这条大江冲入狭长的雅鲁藏布江之时,落差变大,急弯大石,快速奔流的江水卷起了汹涌之浪。

它们将面对任何一对矛盾统一体都会面对的统一的一面,也不得不面对其矛盾的一面。

不管怎么说,时间是客观的、线性的、不可逆转的,象雄文明及其沃土之上生发出来的雍仲苯教,都是照在神奇青藏高原最初的那一缕曙光,也是启迪高原先民心灵最初的那一缕曙光。

只是,它最终还是式微了,存在于人们久远的记忆和神秘的传说里。虽然前弘期激烈的佛苯之争,更容易让人察觉苯教的存在感,也更容易带来一种苯教落败之感。但,事实上当时的苯教并没有那么惨。有句俗话叫,都没有看过世界,哪儿来的世界观?松赞干布祖孙三代赞普时,既值吐蕃中期的开拓周期,也是世界佛教弘传高峰期,松赞干布看到了更为广大的世界,也感受到了周边区域佛教的宏盛。松赞干布派出的学人使者，不仅仅有单一的主导任务，比如，前往大唐商议和亲的禄东赞，在完成唐蕃和亲的使命之外，也深入考察唐朝的政治体制。又如，带回文字创制办法的吞弥·桑布扎，亦或许向松赞干布讲述了外面的世界，讲到了佛教文化。此际，渐渐使赞普引入佛教。但当时仍存在佛苯双教。况且，那时并没有建立僧团组织，兴建佛寺的数量和规模都不大。苯师和信奉苯教的臣子、贵族、属民都是绝对的主体。

佛苯之争远不止在苯教参与悉补野王室如此久远之后，佛苯之争也不是简单由哪位赞普发动，或者是相争两方之间孤立静态的冲突事件，其背后是社会发展到某一阶段的矛盾突现。如同任何一道闪电都孕自风卷云积的浓云密雾，这不仅仅是权势地位之间的争斗冲突，更是政治观念、经济基础、社会制度等背后日积月累的变革大愿。以止贡赞普时代为例，传说中止贡赞普之前的"天赤七王"时期，赞普均在王子会驭马之时，从山巅屋顶向天如虹逝去，这一飞天虹化之说，乃是依照苯教仪轨。但是，自从止贡赞普开始，其后历代赞普肉身均遗存人间陵墓。止贡赞普未能升天的原因，是他与罗昂木达孜比武之时，应罗昂木所请，为了公平起见，斩断头顶之通天穆绳，倒立登天之九级天梯。在赞普自废武功之后，被其属下部落首领罗昂木击杀，赞普二王子骑牛逃至工布之地。据敦煌藏文写卷记载，止贡赞普死后，"其尸体置放于合口的红铜锅里丢入藏曲河中顺水流去……"

就像中原王朝君王，如果亲睦贤臣忠将，可令其死后入陪祀太庙，也可能被后代君王请出。由此看来，王族葬制，既是社会制度的反映，也是不同观念的折射。同样的道理，事死如事生，止贡赞普身后之事，断不是自己所能定，他未能依照苯教既定轨制料理身后之事，当是当时苯教断事之人对其持否定态度，那罗昂也不是一人单挑，他是举部落之力一战而胜。罗昂木与苯教阶层在一阵营里，展开了一场对抑苯赞普的清算。《世续题解全传》记载："因施佛的止贡赞普被弑，佛教未能在吐蕃传播。"其后的布德贡杰时期，苯法不再只是观念仪轨，更是上升到律法的层面。《世间教法源流》说："布德（贡杰）登基，辛波复位，止贡驾崩得道。如今仍存王室支杜尔仪式三百六十种之多。依旧给予辛波权利，说到，父王虽然克苯，但吾辈使苯教兴盛，苯教律法将成为督政之锤。"

为什么止贡赞普会一反常规，与传统的苯教势力水火不容，止贡赞普所处的社会背景又是如何？

《苯教真谛库门幻钥》记载："一印度乞丐热纳斯迭曰，雍仲苯教过于深奥难以领悟，纯洁神鲁桀骜不驯，喜怒无常，诸辛波骄傲自大，难以驾驭，如今国王与辛波并驾齐驱，到了王子辈，王权将失于苯教徒。"《根本续日光经》记载："止贡赞普与苯教为敌，发邪愿而成为灭苯之孽。二十七岁前事苯，修建九万供养殿，时国王入魔而误入歧途，大臣误谏，印度乞丐聪慧，王妃过于愚昧，王子幼小，突然灭苯，苯辛被逐，驱逐苯教徒致使国王遭殃。"文中"乞丐"是苯教徒对印僧的蔑称。可见，这场灭苯风波，源于尼妃引佛，印僧谏言之下，赞普意欲抑苯以捍卫王权。

在止贡赞普之前，诸赞普皆以母族为名，且执政年龄都并不长，这是母系氏族社会的典型特征，说明赞普非自一父系血缘传承，王室并非出自父系一脉，而是由氏族公社所推选。其背后治理阶层，是苯贵结合阶层。而自止贡赞普之后，王系传承皆源父系，这说明王室自身实力的加强。相应的，辅佐王室的治理阶层和治理模式，也由掌控着王室的"王辛同治"转向忠诚于王室的官僚阶层"王臣同治"。止贡赞普身后，胜者罗昂篡位掌国，被吐蕃七贤臣之一的茹拉杰怒杀，从波密迎回止贡赞普次子布德贡杰，从此居住于悉补野王室青瓦达孜宫，长子聂赤则被封赐为工噶布首领。工布第穆萨摩崖刻石记载："聂赤赞普，降临拉日江多（峰），遂为人世之首领。从此以来，及于止贡赞普，历经七世，在秦瓦达孜，世代居住。止贡赞普生子二人，长子名聂赤，幼子名夏赤。幼子夏赤承嗣圣神赞普，长子聂赤遂为工噶布之首领。"

可想而知，止贡赞普在怎样弱势的形势下，与自己的下属部落首领决斗争，再向前看诸位赞普，流水席一般地换位，其身不知所踪，其后不知所延。各大奉苯之部落首领，站在苯师之后，决断王权盛衰。聂赤赞普之后第二任穆赤赞普甚至自己就是一位得道苯师，他的名字不仅出现在吐蕃赞普世系中，也出现在得道十辛等苯教大师名单中。穆赤赞普还在拉日姜托山顶建塞康廓玛乃琼，其后天赤诸王也分别修建了奉神的神殿塞康。当时，赞普王权孱弱，王座神光笼罩。止贡赞普之后，布德贡杰之始，王室权威渐固，诸部奉王而治，王统世系一脉流出，新的政教秩序开启。

关于夏赤与聂赤长幼之别，以及茹拉杰是否与止贡赞普其他诸子同为一母之说，所出不同，难以为证。夏赤为父报仇，返回青瓦达孜，更名布德贡杰。此名意为"战胜一切"，传说是他归返，母亲紧握其手，向天诅咒道："你的儿子将战胜一切。"布德贡杰为王，君臣勠力同心，通过任命大臣等，使王权得以加强，吐蕃走出头顶神权的笼佑，逐渐开启王政治理的文明。值得庆幸和称道的是，布德贡杰并没未被仇恨冲昏头脑，他和茹拉杰掌握着过渡期的平衡，恢复和兴盛苯教，将苯法视为律令。但此时的苯师和部落首领已不是站在赞普身后的提线木偶，吐蕃社会开始出现赞普王室直接掌握进退的官吏，以及军队、司法和制度，铁制生产工具开始广泛使用，社会生产力水平得以提升。在之前诸多苯师之外，茹拉杰成为第一位青史留名的赞普贤臣，这是后期大相之职的先例。辅佐赞普的团队，除了以神职居上的苯师，也有以智慧称名的臣相，通过子承父业，形成大臣家族。为了加强王权，布德贡杰之后，"六地列"之一的益雪列赞普时期，悉补野王族被立为赞普以外的王子也会被任命为"塘参"，他们直接参政，位列赞普之下、诸位大臣之上。由"上丁二王"始，吐蕃社会才开始由神权时代转入王权时代，悉补野王室真正成为一脉相承的天神家族。历史应当铭记，布德贡杰是名副其实的"中兴之主"，他引领治下社会转向奴隶制，从上层建筑和制度改革层面，较完美地解决了决定着吐蕃王室未来走向的柱梁问题，使吐蕃渐以更加一统的面貌，雄发于掠夺战争不断的各部。

时异理同。再往后看，如果站在当时的视觉，去解决赤德祖赞当下的行为。不难看到，他当时把崇佛作为一种国策来推进，其背景的噶尔家族长达半个多世纪的专权问题。他期望通过引进佛教来抑制、平衡苯教及其背后的权贵势力。这不仅仅是佛教对王室有绝对的、纯粹的吸引力，虽然并不怀疑、不排除、不否定赤德祖赞的虔诚，但赤德祖赞宝座所在的王宫亦是把佛教作为一种文化教化、社仪秩序、社会制度，甚至是等级教育来引入的。

直到后来，赤祖德赞（赤热巴坚）才执行一系列的息兵止戈，唐蕃会盟，设置译场，翻译佛典等措施，他在传统国相"大论"之上设置僧官"却论"，并把"七户养一僧"和"尊崇僧人律例"等形成法律性条文，使得僧相得以干预国政，使佛教得以系统化推进。这一切似乎是效仿古印度阿育王的做法，都给传统的苯教集团及信仰臣民带来了严重的压迫感和危机感，才激发起诸多反抗行为，甚至是诸多过激的行为。

这些都是从政治斗争方面而言，从苯教自身发展来看，对于佛教入藏的情况，它也是经历了一个面对学习、吸纳和再创造的过程。就像在印度观音菩萨伟岸的男子形象转化为汉地的女性形象、威严的弥勒佛变成大肚笑脸、忠义的关公也变成伽蓝菩萨一样，宗教之间的借鉴、交互、融合本是常态。佛教的入藏亦是如此，每一位从佛教源发地来到藏地的大师，根据其当时所处的历史阶段，及其发展的作用都是不同的，有的侧重于经典的翻译，有的侧重于组织的建立，前弘期莲花生大师入藏弘法宣教的过程，更形象地来说就是一个不断调节、适应、落地的因俗而治的过程，也是一个理论联系实际的过程。直到后期，各宗派在消纳苯教之时，也没有采取简单排除法，而是有选择性和针对性地对其中某些仪式、观念等注入了他们的理解和加持。交流性、融合性与排他性、斗争性共存一体，相生相克，这是包括宗教思想在内的任何一种思想共有的特性，它们在不同时期的表现形式不同。与不同社会、族群、阶层等发生联系的方式不同，但都需要找到自己适应的对应器皿，才能得以存放并在需要时取来作饮。

那么，是什么原由造成了苯教在历史转角处的沉默？其实，沸沸扬扬的前弘期佛苯之争，其中掺杂诸多君臣之间的争权之因由，不乏穿着佛苯之争的戏服唱夺权的大戏，虽然事件造成的后果是严重的，但却不至于三两下淹没了苯教。真正从组织和思想层面给苯教戴上面罩的，应是藏传佛教后弘期。

此间近400年前，赞普后裔在阿里建立了古格王朝这一当时最大的集中管理式政权，他们在弘扬佛教的同时，继续抑制苯教。此时的苯教，如同没有大树可依的藤蔓，虽有久远的传习历史，却耐不住几刀砍下去。在那个久远的时代，社会结构十分单一，没有所谓的中产阶级，有的只是绝大多数平民阶层和极少数的上层统治人士。一旦苯教组织离开了长久以来所依附的政权，它的消失便不再容易引起关联反应，也不再会成为吸引人们的热点事件。

在这样的形势下，至少是在以阿里古格为核心的范围内，经过吐蕃之后百余年，佛教得以后弘的同时，苯教也在不断被消解，以各种手段消除其影响力。《阿里王统记》曾记载一场对苯教的残酷迫害："以苯教传自象雄，乃集一切苯僧置一室中，以火焚之。复聚一切苯经，投之水中。"于是，在苯教的发源地，几乎再看不到苯教的庙宇。

直到17世纪，藏传佛教格鲁派对其他教派实施严厉限制和进行打压之时，顽强的苯教还有一些零星存在，并且在嘉绒地区还形成了一个小中心。

雍仲苯教一直在藏族地区有着深厚的群众基础。特别是在公元7世纪之前，辛饶弥沃所创的雍仲苯教都是西藏地区唯一的宗教和信仰基础。赤松德赞不但主持了佛教内部的渐顿之争，还主持了佛苯之间的诤论，并且判定了苯教的失败，扫清了佛教发展的阻碍。由是，当它在象雄故土和吐蕃早期走过一段愉快的时光之后，却从公元8世纪开始，直至17世纪，成为统治阶级的打压对象，失去了发展的外部环境。

但是，苯教并没有消失。上层的削弱是便于采取集中式办法的，但对于苯教这样一个本土源发的宗教，无疑是一个从群众中来、到群众中去的信仰体系，在人们精神层面上的依附不会被削弱和抹去。而是转化为代代相传的民俗和习惯。这就是思想和文化的力量。苯教就像所崇拜的神山圣湖一样，山头虽不见水，却是众水之源；远河虽不见山，却为山之所系。苯教不但没有消失，恰恰深植于西藏社会和民间中。而且，由于苯教的宇宙观、自然观和泛灵论使然，他们很注重远离人间的自然隐修，这也保护了一些苯教徒。

如果说佛教侧重强调出世，苯教则更加强调入世间说，或说它本来发端于生产生活，又主要服务于生产生活领域。设想一下，当藏族先民睁开眼睛看到一个高天厚土的世界，当他们还未能以人力大肆改造自然，一代代人看到的是同一片白云、彩霞、黄土、绿水，自然会形成白色的天界、红色的中界、绿色的下界这一苯教世界观，后期的五色经幡不就是俯仰天地的人类对自然原色的记忆留存吗？它至今也常见于藏地山间屋顶。

　　让我们再设想一下，风云变幻的气象变化最容易形成在山头、山谷，拉萨人民至今还在看着不同方向山谷的积云来判断风雨从哪边来，半城风雨半城晴的天气更是常见。所以，我们的先民会认为山中有神、水中有龙，流传下来的赞神、念神也常是人格化的情绪多变，这自然符合高原多变的气候特点。

　　也正是紧密与民众世世代代习以为常的生产生活，见证并孕育了某一族群、人文、社会发展变迁的历史。比如，西藏的苯教、佛教与民间信仰习俗之间的融合变迁。再比如，内地熟悉的腊八节，早期是为纪念佛陀食用乳糜悟道，后来就演变成了汉民族的民俗。苯教被佛教的光辉掩盖，却被保留于民间的信仰，它可能是结婚仪式上男女互赠的金花和松石，可能是藏历新年的一碗古突，可能是大门两侧刻画的两只蝎子，等等。

　　很难说这就单单是宗教，或信仰，或人文，或习俗……反而，更像是一种刻画在藏族人民心中，面对自然的诗意和浪漫。

临危受命：西藏第一位"班智达"的远行

吐蕃灭亡后，贵族昆氏家族的后裔，即赤松德赞时期的大臣昆·巴沃加及其第三子，也是最早赴印留学"七觉士"之一的昆·鲁益旺布家族，在命运的颠沛之中，来到了后藏安居。

昆氏家族传至昆·贡却杰波时，已经是公元11世纪，藏传佛教后弘期渐已兴起。在他们家族生活的后藏拉堆，吐蕃王朗达玛的三世孙札西则巴在这一带称霸，札西则巴与在阿里古格的益西沃生活在同一时期，他也派遣并资助一批人前往印度超岩寺等地求学，其中就有卓弥·释迦益希。十余年学成返回后，在后藏建立了，收徒传教，广作翻译事业，成为名扬四方的一位大师。

自幼随父兄学习旧派密乘教法的昆·贡却杰布便跑去拜师，得新密"道果教法"。

公元1073年，39岁的昆·贡却杰布走到今天萨迦县仲曲河谷时候，看到河谷上部大山犹如一头伏卧吉象，山脚右侧有一片不同于四周山体的白色油润山坡，河谷绿草茵茵，河水缓缓流过，认为这是祥瑞之地，便在此处兴建寺院。寺院建成之时，得名"萨迦"，也就是藏语中"灰白色土地"的意思。

这一年，时值北宋熙宁六年。

自此，他便成为集家族长、教主、寺主于一身的萨迦原祖。他不知道的是，他的后人将使偏安一隅的萨迦派为西藏纳入中央政府有效治理做出历史性贡献，并将带领萨迦派走上藏传佛教的巅峰。

萨迦教主与萨迦家族相结合，也就是萨迦昆氏家族。不同于人们熟知的藏传佛教活佛转世制度，萨迦派世袭相传，寺主也是教宗、家族长、地方政权头人。

而我们故事的主角萨迦班智达·贡噶坚赞，就于公元1182年出生在后藏昆氏家族。到萨迦班智达时期，已传至"萨迦四祖"。"班智达"是梵文音译，博学、智慧、学识渊博的大学者之意。在藏传佛教中，也引为学位和尊称。

我们的主人公便因精通"五明"而成为西藏第一位"班智达"。后来，他还为世界留下了9章457首格言诗组成的藏族第一部哲理格言诗集《萨迦格言》。不但如此，他还因特殊的时代境遇和历史贡献，有着迥异于当时西藏僧俗各派首领的非凡经历、成就和功德，特别是以63岁高龄，仍克服重重困难，与中央政权接触，并代表西藏僧俗各界达成归属，做出了泽被后世的特殊历史贡献，为中华民族共同体的铸就过程添上了宝贵的一把薪柴。

不久前，有幸到萨迦县考察，与故友普次谈到萨迦班智达·贡噶坚赞时，他饱含敬意地说萨迦班智达·贡噶坚赞可称西藏历史上位列松赞干布之后的具有弘大政治格局、推动汉藏交流融合、造福西藏人民的伟人。

那么，这位非凡的历史人物又有着什么样不同寻常的经历？

萨迦班智达不但是一位学识卓越的佛学大师，而且由于青年时期曾去尼泊尔、印度游学，对藏地以外的世界格局有着异于常人的见识。

时间一晃，已经到了公元十三世纪，萨迦班智达已年近六十。此时正值元太宗窝阔台当政，他派二子阔端受封西凉王，坐镇凉州（今甘肃武威），统领着甘肃、青海和西夏故地。

早在灭西夏及西征中亚的战争中，蒙古王室与藏族及藏传佛教发生了接触和交往，1218年成吉思汗在西征中亚时曾率兵进入喀什噶尔、于阗等地，还追击逃敌直到印度西北，曾经打算通过阿里返回蒙古，走了一段后中途折回。1235年，蒙古首次分路出兵大举进攻南宋，窝阔台命其子阔端负责指挥西路军，由陕甘南下四川。阔端在进军中，经过秦、陇一带藏族地区，招降了一些藏族首领。为了巩固对西夏故地和甘青藏族地区的统治，保障蒙古军南下四川时的侧翼安全，阔端决定对西藏采取军事行动。

于是，阔端派出大将多达那波进兵西藏。

公元1239年，多达那波取道玉树、昌都、那曲、当雄，攻至前藏。甘青藏北的人们，听闻蒙古人征服西北邻居西夏并屠城之事，未敢对这支穿行草原之上的军队横加阻挡，直到在行至今拉萨北部林周县时，他们遇到了噶当派寺院热振寺和杰拉康寺僧众的抵抗。多达那波发令："消灭一切抵抗者，不论老幼。"

此令一出，横扫欧亚大陆的蒙古骑兵如入无人之境，这也是千百年来第一支进入藏地的铁骑劲旅。经此一战，北方"霍尔人"使得在青藏高原庇护下各教派大为震惊。

近四百年来，吐蕃之后的西藏，虽然教派林立，政治势力割据，其间纷争不息，却未知世界格局发生了如此巨大的变化。

《贤者喜宴》记载："热振寺造成了重大损失。达隆寺被雾罩住，没有看见，杰拉康寺被焚毁，索敦等五百出家僧人被杀。"但是，这个征服者并不只会挥刀子。在秀了秀肌肉，亮出第一个杀招，再无人敢抵抗之后，他便屯兵藏地，拆除堡垒，设置驿站，宣谕皇帝威令，号令四方服从。

与此同时，他通过拆堡换驿的通达之路，不断地把军情社情报与阔端，远在凉州的阔端渐渐明悉了藏地情况之特殊。经过近200年时间，藏传佛教后弘期间的教派组织已经建立起来，派系众多的教派与地方势力达成了深度融合，他们或是以家族内部继承的方式统合政教资源，或是通过特殊的施主与福田关系而结成共同体，宗教的影响力和政治的控制力难以泾渭分明地加以区分，宗教也以自己的方式广泛参与了民生社会诸多世俗领域。

在想明白这些之后，阔端清醒地认识到，虽然藏地多个宗派林立，却没有一派可统辖各派，如若个个去打，并非治本之策。要从根本上统辖治理藏地，必须与政教首领达成一致，并找到一个能够统合各派的人。加之，西藏地广人稀，人马进出不便，后勤保障线长，不愿拉长战线、对藏过度用兵的阔端确立了以战促抚的战略，要进行统战，而不是征战。

阔端下达了新的命令："不以一城一地考量，而以寻找合作伙伴为重。"按照新的最高指示，多达那波卸下战甲，手捧哈达和礼物，主动联络各教派，宣示保护宗教，承认并维持各政教首领之前的封地与利益。为了表示诚意，他还命令士兵，带着僧俗重修了杰拉康寺，努力弥补兵祸带来的裂隙。

之后，阔端向萨迦寺发出了一封迎请诏书。但在当时，萨迦班智达并不是阔端首选，前藏其他教派不愿前往赴约。这当中，既有对当时世界格局的未知、也有对蒙古兵锋的畏惧、对阔端杀伐的抵触、对固有权势的恋栈，等等。

从蒙古最初发兵西藏之时的部署，可以揣测阔端是知晓西藏情况的，多达那波大杀与地方势力沾连较少、缺乏强有力寺主、组织也比较松散的噶当派祖寺热振寺，却不大力攻伐噶举寺院及其属地。其后，便邀请止贡寺京俄・扎巴迥乃做受供喇嘛，此人是当时地方权势最大的噶举派首领。

在婉拒这一未卜之事后，京俄・扎巴迥乃留了一条后路，并十分巧妙地避开矛盾，推荐了后藏萨迦班智达。

"有一个适合当你的受供喇嘛的人，住在西面。"京俄・扎巴迥乃告诉多达那波说。

但是，作为当时盛极一时的藏地大教派和地方政权首领，且在前藏把持政教大权已久的京俄・扎巴迥乃不但不打算真心归顺，他还上下游说，计划武力抗拒。面对前来招抚的多达那波，止贡梯寺山上的寺门紧闭，但他们又岂是以征战为生的蒙军对手，止贡噶举第二任贡巴释迦仁钦很快被俘，他是止贡派中世俗权力最高的掌事官员。京俄・扎巴迥乃不得不屈服，以贡巴获释为条件，达成止贡噶举归附，并献出了户口名册。

尽管如此，出身朗氏贵族家庭，身居帕竹噶举派首领高位的他还是在内心惴忄，仍有百般的忧惧和疑虑。于是，面对阔端的迎请要求，他顺水推舟，推向了萨迦。扎巴迥乃当时"虽然代表西藏僧俗首领向多达那波呈献了西藏户籍，表示归附，但是对去蒙古却故意推拖，他向蒙古人推荐萨迦派的萨迦班智达，请他们邀请萨迦班智达，他还鼓动和资助萨迦班智达前去，促成了萨迦班智达前往凉州会见阔端"。

已在藏地屯兵驻留一年的多达那波，用那双如鹰般的眼睛盘旋扫视之后，也很快摸清了藏地情况，并发现了各教派间的割裂，察悉了各派的实力和想法，他写了一份名为《请示迎谁为宜的详禀》发与阔端："在边野的藏区，僧伽团体以噶当派为多，善顾情面以达隆法王为智，荣誉德望以止贡京俄大师为尊，通晓佛法以萨迦班智达为精，迎请何人请示明谕。"

不久之后，便收到阔端的批示回复："应该迎请指示解脱和遍知道路的上师。"

于是，多达那波一行出现在远在喜马拉雅山麓的萨迦寺，他带着阔端亲自书写的诏书，亲自递到萨迦班智达的手中。

诏书开头写道："朕为报答父母及天地之恩，需要一位能指示道路取舍之喇嘛，在选择之时选中汝萨班。故望汝不辞道路艰辛前来。"但是，在这封言辞轻柔有礼的邀请函最后，出现了"吾今已将各地大权在握"，以及边地法规、派遣大军、众生之苦等字眼。

萨迦班智达听说了噶当派的遭遇，也看明白了这架在刀子上的请求。他接着往下看。在请求和威逼后，阔端又开出条件："故今汝体念佛教及众生，尽快来，吾将令汝管理西方众僧。"随后，便是珍珠袈裟、五色锦缎、白银五升等一串礼物清单。

这封宣诏，与之前对西夏、金国等地一样的简单、直接、利落，这是征战草原的蒙古王廷一贯风格。

历史之锤从天而降，陡然落到了萨迦寺。手捧这封沉甸甸的信函，目光望着未知的前方，萨迦班智达捧着的是藏地安危、望向的是从未涉足的凉州方向。

此时，眼看可以全身而退的京俄·扎巴迥乃也劝说萨迦班智达道："为了整个吐蕃的利益，你应该前去。"

面对这一烫手的山芋，站在茫茫雪域和萨迦教派、以及自己命运十字路口的萨迦班智达又该如何抉择？

待萨迦班智达刚把多达那波一行安顿好，此事便在萨迦派僧俗人士中炸开了锅，大家众口一词地表示反对。面对众多反对和质疑的声音，萨迦班智达虽有犹疑，却并没有逃避。他安抚众人说："阎王随时都能要你的命，绝不会等你把事情做完。因此，必须要做的一切，今天就该努力去做。"

接下来的几天，在座落于海拔4300米的萨迦寺内，眼看着萨迦班智达还是像往常一样，早起、巡视、领经、吃饭、睡觉……多达那波坐不住了，他跑到萨迦班智达的房中，略带斥责地询问他的安排。

"请上使将军稍安勿躁，我已命人接侄儿前来。此去路途遥远，家寺积事繁多，容我将内外诸事安排妥当。"萨迦班智达平静地答道。

"周密思考之事，一定不会做错；眼睛看着走路，怎会掉下悬崖？"面对众人的担忧和多达那波的催促，萨迦班智达不慌不忙，他自是有自己的定见。不久之后，10岁的八思巴和6岁的恰那多吉来到寺中，萨迦班智达便召开僧俗会议，把家族诸事委托给释迦桑布，把寺院诸事委托给三位弟子，牵着两个小侄儿，踏出了萨迦寺的大门，走上了一条全新的路。

此时的萨迦班智达已年届63岁，这个年龄在当时并不算高的藏地人寿当中，可谓高龄。但，年岁的高龄、遥远的路途、未知的结局，都没有阻挡萨迦班智达的脚步。

1244年，带着藏地僧俗上下的托付，也带着10岁的八思巴和6岁的恰那多吉这两个侄子，萨迦班智达动身前往河西走廊重镇——凉州。

从萨迦班智达的随从安排来看，他深知此行责任重大，而自己又已如此高龄，才妥善安置寺中诸事，并把继承者带在身边。

这位勇毅的老者已经做好了难以重返藏地家乡的打算。

萨迦与凉州相距两千多公里。叔侄三人一行走了两年。漫长的行程，不只因为路途险远，还因为当时西藏正处于多个教派分而治之的时期，不同教派都有自己相对封闭稳定的活动范围，对于世界格局的认识和归属元朝的认识不一，在历史提出的这道命题作文面前，萨迦班智达需要知道他们的答卷。

正如萨迦班智达在自己所著的《萨迦格言》当中所说，"大海要成为水的宝库，必须汇聚所有的江河""要完成一件大的事业，一定得有朋友的帮助""哪怕是很小的事情，聪明人也要与人商量"。年迈的萨迦班智达边走边谈，广泛征求意见，统一各派思想。一路走来，话越说越透，理越析越明，这位老者也展现出了超乎寻常的政治智慧和远见。

位于今甘肃省武威市天祝藏族自治县中部的乌鞘岭，是半干旱区向干旱区过渡的分界线，也是陇中高原和河西走廊的天然分界，古丝绸之路上河西走廊通往长安的重要关隘。经过艰辛的跋涉，终于来到了公元1246年的8月，他们翻越海拔三千多米的乌鞘岭，进入河西走廊，抵达了凉州。

当时，恰逢窝阔台汗驾崩，阔端离开了凉州城，前去参加新汗选举的忽里勒台大会。第二年的端头，阔端终于和远道而来的萨迦班智达在凉州见面，两位同怀统一大愿的历史人物相缉坐到了一起。

此时，距萨迦班智达离开家乡已过3年。

凉州地处古丝绸之路，地处黄土高原、青藏高原和蒙古高原三大高原交汇地带，不仅是东西方文明交流的要冲，更汇聚了汉、蒙、藏、回等多个民族及其文化。这里，将再次见证中华民族多元一体融合进程的重要历史时刻。在这里，阔端代表蒙古汗廷，萨迦班智达作为西藏地方代表，进行了铭刻历史的"凉州会谈"，或称"凉州会盟"。

可是，风尘赴赴赶回来的阔端心情并不太好，与其说他是去参加忽里台大会，倒不如说是去争一争大汗之位。从他一回到凉州就疲乏的身心来看，他并没有如愿以偿，却经受了一番折磨。萨迦班智达为他进行了藏医和身心灵疗愈，既平复了阔端的身体，也疏解了繁乱的心情。一身轻松、夜无梦魇，心情大好的阔端连称他为"祭天长老"，这是蒙古人崇信的萨满教中对通天具灵大巫师的敬称。

"汝领如此年幼之八思巴兄弟与侍从一起前来，是有顾于我。汝系因我如请而来，他人是因畏惧而来，此情吾岂能不知！"阔端的开场白证明了他的气度与见识。

事实上，阔端的确是元太宗窝阔台汗七个儿子中表现最为出色的一位，他不仅军功卓著，而且具备有勇有谋的政治家气度，所以才有抚略藏地的格局安排，历史当铭记此人。而他所坐镇的凉州，也是重要的兀鲁思[①]之一，其性质和诸王相当，都具有封国的性质，所以，《蒙古源流》称阔端为库滕汗，和拔都汗、察合台汗、拖雷汗是一样的。

会谈之初，萨迦班智达就提出了止兵之请。在此基础上，双方经过反复商谈之后，议定了降服纳贡的条件，阔端承诺保留原来僧俗贵族的地位，但须经委任，并呈报户籍、缴纳贡赋、尊行蒙制。这意味着，西藏全域自此归附蒙古草原上的这一新兴政权，并统一到后来的元朝。

会谈之后，萨迦班智达致信藏地僧俗首领，传达了阔端的谕令，说明蒙古在藏设官授职，征收贡赋办法。这便是镌刻下"西藏自古是中国的一部分，藏族是中华民族命运共同体的一员！"历史之基调的《萨迦班智达致蕃人书》。

萨迦班智达这一信函，主要是告诫西藏各地首领，必须顺应时代的潮流，真心诚意地归附蒙古王室，指明此乃惟一的道路。萨班在信中、列举一系列实际情况，讲清蒙古王室尊重西藏宗教信仰，对萨班和八思巴兄弟特别关切，创造弘扬佛法的条件，安排宣讲佛法的场所，还讲了归顺之后可让本地人担任官职，群众可安居乐业。反之，如果自恃地险兵强，必遭灭顶之殃，从而打消了西藏各地首领各种杂乱念头，使之走上了正式归附中央的宽广大道。

自此，西藏结束吐蕃后四百年割据时期，成为中国不可分割的领土，融入统一的多民族国家。

在萨迦班智达这封信的抬头，除了提到"卫""藏"两地，还特意点明了"阿里"。因为，阔端前期间主要征伐和接触的是卫藏属地的政

[①] 兀鲁思：指蒙古汗王封地，这一蒙古语词，译作"人众"，也可译作"人民——封地"，有着相对独立的军政之权。

教首领，当时的阿里一域尚在古格王国的统属之下，有必要对这一政权形式不同之地专门招抚。

在收到这封信之后，心里吃了颗定心丸。在藏各派首领便纷纷前往凉州及周边地方，与蒙古王公大臣建立了广泛深入的联系。

阔端也落实了他的承诺，委任萨迦一派为持金符的西藏总辖官，并命将藏地户籍、官吏、贡赋等抄录三份，一份上呈汗国、一份自行留存、一份交萨迦总辖官保存。

可想而知，虽早未谋面，但心系彼此，在长达3年的时间里，所思、所想、所盼皆如一的两人，在经过多次揣测、通信、等待之后，终于相会，共圆大愿，立大功德，造福中华，该有多么欣慰。

凉州城历史悠久，享有"天下要冲，国家藩卫"和"五凉京华，河西都会"的美称。凉州有人类活动的历史很早，在四、五千年前，就有羌、西戎、月氏、乌孙等诸多北方民族聚族而居，饮马黄河，牧羊草滩。自汉武帝派骠骑将军霍去病远征河西，大败匈奴，经略河西，便取名彰显大汉帝国的"武功军威"命名。因武威郡隶属凉州，三国时重置凉州，后史多以凉州称。凉州地处古丝绸之路要冲，是古代中原与西域的经济枢纽，中原文化和西域文化的融汇之地，诸多民族往来迁徙，共同生产、共同生活，不同的文化往来互鉴，形成了独特而深厚的民族宗教文化积淀。

岁初的凉州依旧寒凉。当年，在会谈之余，二人当分别身着袈裟、僧冠、裘衣、毡帽，漫步于佛寺、河岸、郊原，互相询问了解彼方故土之民风习俗、山川形貌、社情民意，以及各自见闻、阅历、思想，畅谈对未来的寄望与谋思。

当然，最早接触到藏传佛教大师的阔端一定也对彼方精神世界充满了好奇。在一次次对话之后，萨迦班智达深厚的佛学修为、丰富的人生阅历、高远的理想追求，也渐渐浸染着这位生来尊贵的蒙古王公。

自此，阔端视萨迦班智达为自己的宗教导师，开了蒙古王室尊封藏传佛教高僧为"上师"的先河。

这，绝不仅仅是两个人的事。两人之间在认真负责工作基础上，不仅举行了成功的会谈，达成了具体广泛的协定，更加因二人的深入了解，为蒙古社会输入藏传佛教创造了条件。自此，藏传佛教文化开始深刻影响蒙古人的精神世界。沿着这条文化交融之线，元中央政府与西藏地方之间的政治、经济、文化交融也将为后世处理民族、宗教、统战工作创下诸多典范，以其宝贵的资政经验流传至今。

"使自己的百姓得到幸福，难道不是首领的荣耀？将骏马装饰得光彩夺目，难道不是主人的骄傲？"萨迦班智达是这样说的，也是这样做的。而且，他做到了。

回首启程之际，诸位教派和各地首领的畏缩、推脱、猜忌、不解、造谣，以及无端的自大等等表现，这位老者犹如金庸笔下的侠之大者：为国为民。

他以自己垂暮之年的一言一行，燃尽生命最后那点如豆的灯光，为自己的人生、雪域高原的未来和中国的和美写了大写的注脚：担当。

"贤者高尚的品德，靠贤者替他传颂；摩罗耶檀香气味，靠和风替它散布"。

萨迦班智达不朽！爱国者不朽！护民者不朽！

护国利民：萨迦班智达的嘱托

公元1235年，南宋端平二年，蒙古军队在开始大规模西征、东进高句丽的同时，征服了金朝，并调转马头，奔向了大宋。

早在成吉思汗时期，蒙古人逐水草而居，人马随着战争而走，世代动居穹顶帐篷，所有家当马驮牛拉。在成吉思汗的征讨下，不但统一蒙古诸部，还把西辽、西夏、金等地拼成了一块。

1235年时的窝阔台已经在位七年，他开始效仿中原城居方式，在鄂尔浑河东面原回鹘故城和林治宫室城池。如今距乌兰巴托市西南365公里这个地方，在当时蒙古人的眼里，就是他们世界的中心。窝阔台在这里环视四野，似乎看到了西方多瑙河畔的维也纳、西南广袤的天山南北、南方黄河以外的汴梁、北方寒冷的俄罗斯草原……

经过一系列选址、规划之后，窝阔台汗命人指挥山东、山西、西域的工匠筑城。四门之内包括王宫、官邸、市肆、佛寺、道观、清真寺等。城内规划建设有居民区，有各类市场。城市一建成，罗马教皇的传教士、南宋朝廷的使节团、波斯商人的驼马队，便都在这里汇集。从窝阔台到蒙哥汗的二十多年间，和林一直是蒙古汗国的都城，全称哈剌和林。直至忽必烈新建上都开平城之后，此地归其幼弟阿里不哥坐镇。

所有的一切，都在无言地表达着蒙古人的野心，似在为新一轮大一统做着准备。

这一年,位于今天的西藏日喀则市昂仁县一个叫作昆氏的大家族里，一个孩子应运而生。

他就是八思巴。

是年为藏历木羊年,已经52岁高龄的父亲对这个孩子倍加疼爱,为他取小名叫"类吉",译作汉语即是"小羊人儿"之意。

就在八思巴5岁那年,他的父亲去世。年幼的八思巴和弟弟恰那多吉便被伯父萨迦班智达接到了萨迦寺抚养。

在那个生产力和社会发育落后,教育只能说是上天对某个孩子偏爱的时代,萨迦寺典藏的知识宝库并不是对每一个孩子开放,也不是每一个孩子都能尽取遍学的,更不是每一个孩子都能有萨迦班智达这样一位学识渊博的亲长。

聪颖的天性,加上家族的教育,幼童三岁便可口诵莲花修法,自幼读写"大小五明"之学。因故,被尊称为八思巴。这个特别的名字,在藏语中也叫"帕巴",是"圣者慧幢"的意思。

但,一个人的天资再高,至多只分智愚高低,若不经历艰苦的磨炼,没有深入社会的修为,也难以成就事业,又何以成为圣者?

冥冥之中,八思巴的人生轨迹即将发生重大的变化。以微弱之人生波伏交汇,介身中国时局大变之世。

五年后的一天,在八思巴的眼里,天空跟往常一样透蓝,萨迦寺的僧人依旧穿行于大殿之中,只是他们的脚步比往常略显得匆忙。萨迦班智达唤来侍从,帮两个侄儿收拾行囊。

在两位天真的孩子眼里,未明所以的八思巴便和弟弟恰那多吉当时或许以为要走的路或许只是年楚河岸、或更远的拉萨河畔吧。

就这样,叔侄三人和一干随从踏上了前往凉州的路途。

这,将是一条前途未知的路,也是一条注定不凡的学习之路、成长之路和成就之路。

这一路上,八思巴兄弟二人眼中看到的不仅是一位长辈和班智达,更是一位孜孜不倦的社会活动家的言传身教。

离开萨迦寺,他们来到了年楚河南岸的夏鲁寺。此寺是夏鲁派主寺,也是他们此后将要陆续接触、倾听、说服各教派的第一站。脚步还没迈过年楚河,各种声音便纷至沓来,经过与夏鲁僧俗的交流,萨迦班智达意识到了此次工作的难度。他暂缓了行程，决定在此小住，并向各地送去了知会和问询的信件。萨迦班智达也不厌其烦地回答着一个个教派和庄园主的问题："他们能相信吗？""他们会尊重藏地的信仰吗？""此去能为我们带来什么福祉？"等等。

这其中，有不理解的、有不信任的、也有不讲理的，有的甚至斥责并不顾现实地扬言要杀退"霍尔人"。藏地也开始流传着萨迦班智达被天魔所迷，才与蒙古人接触的流言。

萨迦班智达不为所动，在一一回复过后，便动身前往卫地。

刚走到拉萨河谷，或因当年噶当派遭多达那波兵损最为严重，萨迦班智达便被遭到噶当派僧人拦路质问。他冷静地回答道："此去凉州会盟，路遥途险，恐怕我再无机会返回故乡，但我依旧要去。如若不然，蒙古人必然卷土重来，到时生灵涂炭，造下恶孽。为了众生的平安，我才决定要去凉州和蒙古人会盟。除此之外，再无其他利益。我心之明，天日可见。"

经过萨迦班智达的一一接洽，各教派大都达成了一致的意见，并在止贡梯寺与扎巴迥乃进行了深度的探讨，得到了当时政教势力最大的止贡噶举的认同，达隆噶举和蔡巴噶举还派员随同前往凉州。由此可见，此去凉州，虽然头雁之责落于萨迦一派，但绝非萨迦一派的所思所想，而是全藏僧俗各界共同意愿。

在拉萨期间，八思巴还在大昭寺觉卧佛像的见证下，跟从萨迦班智达和苏浦巴受戒出家，取法名为洛追坚赞贝桑布。

正如《萨迦格言》所说，"子孙后代的行为，多数都是承袭前辈"。不论是在艰苦的谈判路上，还是在居留凉州的岁月里，萨迦班智达都是他们最好的老师。萨迦班智达一面与阔端深入谈判交流，一面悉心教导着两个正值少年的侄儿，八思巴也全程旁听并见证了会谈的全过程。

在到达凉州的日子里，阔端让自己的儿子和八思巴一同生活。而渐渐长大的八思巴在修习佛法的同时，不断和更多蒙古以及西域、河西、汉地等不同民族的人交往，开阔眼界，增进见闻。他的弟弟恰那多吉则着蒙服、学蒙语，长大后娶了阔端的女儿为妻，后来被封为"白兰王"。

伯父既是他们亲族血缘上的大宗长，也是含辛茹苦抚养他们长大的至亲，更是他们宗教修为上的导师，政治和领导素养上的指路人。耳濡目染伯父的志愿、情怀和修为，再加上丰富而又复杂、新鲜的见闻阅历，两个少年正在快速成长。

世间难得双全法。少年成长的同时，伯父却日渐衰老。

1251年，萨迦班智达·贡噶坚赞把八思巴叫到座前，嘱托道："汝利益教法圣业及无数众生之时已至，当谨记先前对我所发之誓愿。"便将自用法螺、衣钵交予八思巴。尔后，在凉州幻化寺圆寂，享年70岁。

阔端为这位祖国统一、民族团结、护国利民事业发挥了特殊作用的重要推动者，同时，也是他的上师、朋友举行了盛大的悼祭活动。为了充分表达对这位首领、高僧、逝者的礼敬，阔端命依藏式白塔样式为萨迦班智达建造灵骨塔，并把他在最后一段生命旅程中结缘生活、修行、说法、圆寂的幻化寺改名为白塔寺。此塔此寺依然屹立于今甘肃省武威市城东南20公里的武南镇，为藏传佛教凉州四寺之一。

这一年，17岁的八思巴从伯父手中接过了萨迦派首领之位，继任萨迦第五代祖师。也接下了伯父的嘱托，继续走完他未能走完的路。

此前的八思巴，只是跟随叔父赴凉州，更多的是体验与学习，参与政务的机会并不多。但，萨迦班智达的悉心教导、从藏地到中原的一路谈判、在凉州与不同文明的交流，使这位天赋异禀的少年快速成长，不但佛学造诣不断精进，政治经验也日渐丰富。历史的重担也将很快落在这位青年身上。

萨迦班智达深厚渊博的学识、为国为民的情怀、促进统一的远见，在八思巴的心中留下了深刻的印记，他将继承伯父的精神，沿着伯父留下的道路继续走下去。他也将和伯父一样，遇见另一位元朝重要历史人物，合力续写促进中华民族共同体进程历史的新篇章。

不知是不是命运使然，就在萨迦班智达在凉州城圆寂后不久，与他共定大业的阔端也继而溘然离世。

在这个让人悲痛的年份，萨迦班智达曾经所说的话，成为两人之间最好的注脚："未曾相见就已相识，仓促相会复又离去。此人和我若有天缘，一旦死去我更悲痛。"

历史的每一出戏在大幕最终揭开前，都隐藏并孕育着神秘的偶然和变数。当时，不论是蒙古宫廷之间，还是藏地教派之间，都不是仅仅表面看上去那样波澜不惊。两位历史人物的逝去，不仅是对于初担重任的八思巴，对于大业初立的萨迦教派来说，也都失去了最为权威的领导者和最为诚愿的支持者，新的未知的时局又将给年轻的八思巴带来怎样的挑战和机遇？

龙象之会：八思巴初遇忽必烈

公元1251年7月，太宗长子贵由汗暴亡军帐，其妻海迷失趁机摄政三年，诸王争权，连遭天灾，混乱一片。三年后，拖雷之子蒙哥在诸王公的支持下登上蒙古汗位，海迷失也被投河溺死。相争已久的蒙古汗位终由窝阔台系转至拖雷系。

而此时，西藏问题的妥善解决，也为蒙古进取大理、夹击南宋，完成最终的统一奠定了重要基础。次年，蒙哥汗便下令在吐蕃括户①、并在吐蕃推行分封制。此时，初任教主的八思巴写信给西藏僧俗上层，一方面通报萨迦班智达圆寂的情况，一方面通报蒙哥继位和清查户口的情况，并派人随行配合清查使者，保证括户工作顺利进行。

这一年，蒙哥汗命忽必烈总领漠南军国庶事。忽必烈便由漠北南下，当他来到今内蒙古锡林郭勒盟正蓝旗上都镇和河北省张家口市沽源县之间，看到在蓝天白云之下，草原上开满了金莲花，便在这里安营立帐，广揽天下人才，建立了蒙元史上有名"金莲川幕府"。

这里，是游牧文明与农耕文明交汇之处，向北是辽远的蒙古高原，向南是悠久的中原文明，由此正南400公里之处，便是北京城。在这里，忽必烈广召汉地各界人士，既有满腹经纶的学者；也有精通治道的谋士；有的人身怀一技之长，有的人善于将兵打仗，已然成为一个文武兼备的政治集团。这帮人后来追随忽必烈出谋划策、营建都市、征战四方，被

---

① 括户：即登记户口。

忽必烈称为"潜邸旧臣"。

此时,蒙古正加快迂回统合中原的进程,忽必烈便率十六万大军在宁夏六盘山集结。不久之后,他将在此与凉州城的八思巴相会,这将是一场改变历史的一代传奇君臣的首次会面。

忽必烈深知马上得天下、但未能马上治天下之理。所以,他才广征人才,深究统驭之术。刚到六盘山的他,也在思量着如何实现借道藏地、迂回大理、包抄南宋的大战略。而顺利过藏地,攻取大理,忽必烈需要一位有威望的西藏僧俗首领参谋并予以支持。

此时,他将目光投向了凉州城。

拿着忽必烈邀请函之后的八思巴,思考着藏地百姓和萨迦派的未来,启程前往六盘山忽必烈大军驻地。这是八思巴在他跟伯父萨迦班智达来到凉州之后,第一次独立承担起护国利民的历史使命。这是一次八思巴与萨迦班智达师徒之间共同使命的交接,也是一次八思巴与忽必烈伟大人物之间共同使命的对接。

六盘山是古丝绸之路东段北道必经之地,是历代兵家屯兵用武的要塞重镇,也是北方游牧文化与中原文化的结合部,古代多民族在这里融合聚居。成吉思汗征服西夏时曾在这里休养生息,整肃军队,后病逝于此。

在这里,八思巴与忽必烈进行了他们第一次的会面。

然而,这一次的会面一开始并不十分愉快。

忽必烈简单询问了萨迦班智达的情况,便很快进入正题,表示要入藏摊兵收贡。八思巴听后连忙说:"吐蕃不过是边远小地方,地狭民困,请不要摊派兵差。"

对他的陈请,并不了解藏地实情的忽必烈显然听不进去。

然而,八思巴叔侄一行动身跋涉千里,背负的是身后僧俗族人的福祉。在这个问题上,八思巴也不肯让步。况且,年青的八思巴尚无他伯父纵横捭阖的成熟政治智慧,便不卑不亢地直言道:"如此,吐蕃的僧人实无必要在此住坐,请放我们回家吧。"

忽必烈的宠妃、后来的皇后察必解开了两人的僵局,察必赞许八思巴的见识,劝忽必烈将他留下,并主动请八思巴成为她的上师。察必皇后且禀性聪敏，善于明辨是非、顾全大局，不但是忽必烈的贤后，也担当忽必烈的助手，在许多重大决策关头都给予忽必烈踏实的安慰和合理的建议。

于是，两人再次坐到了盛满奶茶的桌前。

这次，忽必烈认清了西藏与其他征服地方的不同，也更为尊重这位学识和气度不凡的年轻人，他需要先了解西藏，便从座位俯身向前，虚心地询问八思巴："你的祖先有何功业？"

八思巴便将吐蕃之王曾与唐朝交战，后又与汉地联姻，迎来公主与释迦牟尼佛本尊神像的经过叙述一番。并自信地说这些都有文书记载，查阅便知。

八思巴仔细为忽必烈介绍了藏地的情况，特别是风土人情、民之所盼及教派之争，听到他说松赞干布迎娶文成公主的故事，较真的忽必烈命人取来汉地史籍，详加翻阅，加以印证，发现这些在《唐书》里都有记载。

在此后的一问一答之中，忽必烈从八思巴的描述中仔细了解了高原藏地的状貌，以及藏族往事典故，在验证真实不虚后，对八思巴佩服有加的忽必烈请求他传授喜金刚灌顶。灌顶是藏传佛教接受导师之礼的仪式，按照藏传佛教这一重要仪轨要求，八思巴提出既为师徒之礼，受灌顶之后，上师须坐上座，要以身体礼拜，听从上师之言语，不违上师之心愿。这又令尊贵有加的忽必烈难以接受。这时，察必皇后又出来圆场，提出一个折衷的方案。双方达成约定，在四下无人讲经说法的时候，上师可坐上座；但当集会聚众他人旁附之时，汗王须坐上座。同时，也划清权力边界，"吐蕃之事悉听上师之教，不请于上师绝不下诏。其余大小事务，上师不得讲论及求情"。

此时为1253年，八思巴18岁，忽必烈38岁，这两位年龄相差20岁的人开始了此后20年的联系，深刻影响和改变了西藏地方与元朝及此后中央政权的关系。

相向而行：矢志不渝的情谊

在忽必烈南伐大理时，八思巴在凉州主持了萨迦班智达灵塔的开光仪式。

没有伯父陪在身边的凉州，只会让他倍感异乡的孤单。年轻的八思巴计划返回离开已久的家乡，修习精进佛法，完成受戒仪式。

在准备启程返回萨迦之际，他获悉了一个不好的消息。蒙哥汗邀请西藏诸派首领前往蒙古宫廷，以加强与西藏地方的联系，而萨迦派并未在邀请名单。

这要从成吉思汗之后，黄金家族内部由来已深的权力争夺说起。

皇帝重长子，百姓爱幺儿。人们熟知的古代多为嫡长子继承，但蒙古族和后来的满族在入主中原前都实行"幼子守灶"的继承习俗，这是原始社会父系氏族制早期的一种继承制度。指其他儿子先分家立户，由最小的儿子再继承父亲剩余的财产及社会地位。成吉思汗的大札萨克也明确规定，"兄弟分家时财产按下列原则分配：即年长者多得，年少者少得，末子继承父业。"成吉思汗共有四嫡子：长子术赤、次子窝阔台、三子察合台、四子拖雷。拖雷英武有谋略，一直随父亲征战，被称作"那可儿"，就是"伴当"之意。相比其他兄弟，他领有更多的军队、也有着更大的战功，在成吉思汗死后，他还出任了监国。按照习俗和实力、功绩，他本来应该继承大汗位子。

四个嫡子之中，成吉思汗最喜爱的也是战功卓著的幼子拖雷。但在蒙古帝国初具规模之后，深沉有大略的成吉思汗认识到自己需要一位政治家以巩固和发展他所创立的帝国，以完成他的未竟之业，而不光是需要一位攻城略地的军事家。窝阔台足智多谋，治国才能较拖雷更全面。从帝国的前途出发，成吉思汗克制了自己对幼子的宠爱之情，量才用人，打破蒙古的旧传统，擢升窝阔台为继承人。

后来，成吉思汗驾崩于征伐西夏之际，临终前他把诸子叫到榻前，叮嘱他们精诚团结，服从窝阔台的领导。但当时蒙古的库里勒台制还起着重要的议事决定作用，窝阔台不能只因为父亲的遗命继位，而要等库里勒台的最后决定。王位空缺的两年内，暂由拖雷监摄国政。

两年后，蒙古宗王和重要大臣举行大会，分执不同意见争议了40天都没出个结果。此时术赤已死，察合台全力支持窝阔台；拖雷势孤，只得拥立窝阔台。可后来窝阔台也的确继续了父亲的遗志，扩张领土，南下灭金国，派拔都远征欧洲，使疆域版图扩充到中亚、华北和东欧，但他却始终把拖雷看作是政敌，接下来体现他残暴一面的作为，在拖雷一系埋下了仇恨的种子。在征伐金国后，班师北还途中，窝阔台假装病得要死，唤拖雷在他身边侍奉。萨满巫师则在一旁煞有介事地念着咒文，将窝阔台的疾病做法涤除在一只木杯中。对兄长非常爱戴的拖雷拿起杯子祈祷。他喝下的并不是涤除疾病的水，而是被其兄长投放了毒药的水。当拖雷辞别兄长，几天后便死去了。

由此，便打开了拖雷系和窝阔台系争斗不息的大门。

蒙哥、忽必烈、旭烈兀、阿里不哥都是托雷的儿子，而和萨迦班智达会谈的阔端则是窝阔台的儿子。此时，蒙哥汗上位，意味着蒙古汗位世系进入到拖雷系。于是，蒙哥对窝阔台系后人及支持势力进行了清算。

而当年萨迦班智达与阔端在凉州会盟，虽然蒙哥与阔端也算交好，没有清算阔端以及与之交好的萨迦派，但因多年宗族之争的积怨，故意把萨迦派晾在了一边。

一朝天子、一朝臣。随着萨迦班智达和阔端前后脚的逝去，萨迦派一时失去了有威望的教派首领和蒙古贵族的强力支持。不仅如此，蒙哥还改变了阔端的治藏方略，把西藏属地分封给了诸王公兄弟作为领地，《朗氏家族史》记载，"蒙哥汗管理止贡派；忽必烈管领蔡巴噶举；王子旭烈兀管理帕木竹巴派；王子阿里不哥管领达陇噶举派。四位王子分别管辖各万户。"

从这一番分蛋糕的操作不难看出，一度走在双方合二为一战略前面的萨迦派不但失去了独家代理权，甚至连大头都没得到，管事的老大也换了人。

此时的西藏，萨迦派还只不过是偏居于后藏萨迦一隅的小宗派，而经过百余年开拓的噶举派广布卫藏和阿里地区。蒙哥汗此番操作，说明他是对藏地各派实力有具体了解的，且当时的止贡噶举不但在卫藏腹地建寺，还得到阿里地方政权的认可，在阿里地区有极大的影响力，是当时众多教派中最盛的一支。当时有句话叫"山是止贡山，坝是止贡坝"。蒙哥汗在分封中亲领此派，不难看出借势扶持的心思。得到支持的止贡派属地行政长官一时间也威风起来，在萨迦派法苑里跑马，在大铜锅中贮水饮马，拆毁萨迦寺舍改为街市，加深了两派之间的隔阂。

此时，与止贡噶举师出同宗的嘎玛噶举也务实地走近了蒙哥汗。噶玛拔希，本名却吉喇嘛，意为法师，亦称朱钦，即大成就者。1204 年，生于西康止垄丹巴却秋地方一统治家族，后从喀脱巴出家，学成后在西康传法，在当地颇有影响力。1247 年，至楚布寺，住寺六年，声名远播。1253 年，忽必烈曾遣使持诏至楚布寺召之，同年，噶玛拔希谒见远征大理的忽必烈于今四川西部嘉绒地方的绒域色堆。当时，忽必烈命他随侍左右，噶玛拔希不肯，遂自四川西部北上游方传教。1256 年，他打算返藏时，接到蒙哥汗的诏书，他前去谒见，并为之所留。蒙哥汗赏赐金印给噶玛拔希，封为国师，还赏赐他一顶金边黑色的僧帽，这也是噶玛噶举派黑帽系的由来。噶玛拔希中的"拔希"二字，为蒙古语中的借语，意为博士或法师，是藏文却吉喇嘛的直译。噶玛拔希这个名字，大概也始用于此时。

八思巴和萨迦派面临的形势不容乐观。摆在八思巴的面前有两条路，一条路是平淡地返回萨迦故地，另一条是实现萨迦班智达所托。

这时，伯父以民族大义为重、勇于直面挑战、善于权衡局势的形象又浮现在八思巴心头。这位年轻的萨迦派首领与他伟大的伯父一样，在重大历史关头和考验面前，选择了自己应该面对的命运。

中国革命的先驱孙中山先生曾根据当时的革命形势和需要，将人群分为三大类：先知先觉、后知后觉和不知不觉，主张革命应该以先知先觉唤醒后知后觉，从而带动不知不觉。现实生活中，置身事前、事中、事后，所思所断都有极大的不同，就像此刻面对变幻的局势，即使选择暂时不回家乡的八思巴面临的选择依然不是那么容易的，他要在复杂的蒙古宫廷斗争大局未定之前找到与自己志同道合的合伙人。

该如何站队？

几经思考之后，八思巴坚定地选择了忽必烈。

他从康区折回，奔向正从大理返回的忽必烈。

此时的忽必烈日子也并不好过，虽在远征大理之路上，却日渐遭到汗帐当中蒙哥汗的猜忌，命他即刻北上返回驻地。1254年，在匆匆北返的路上，追寻忽必烈的八思巴与他心中真正的领袖再次相遇。

但，此时的八思巴与忽必烈加强联系，似乎不是一个明智的决定，因为当时的忽必烈在接受解除兵权的处置后，正受着长兄蒙哥汗的进一步打压。蒙哥继汗位后，命二弟忽必烈掌漠南事务、三弟旭列兀率军西征、幼弟阿里不哥镇守和林祖庭。

忽必烈在这段时间内任用了大批汉族幕僚和儒士，儒士元好问和张德辉还请求忽必烈接受"儒教大宗师"的称号，忽必烈悦而受之。忽必烈尊崇儒学，"圣度优宏，开白炳烺，好儒术，喜衣冠，崇礼让"。特别是随着忽必烈封地渐渐扩大至京冀、陕西、河南等大片中原之地，他也因俗而治地采取了亲儒、重农、兴学等深植于中原汉地的理念和举措，得到了中原北方汉族地主阶级拥护，许多大地主都聚集在忽必烈的身边，当时许多地主也是地方豪强，甚至是连人带兵奔赴忽必烈。中原本是物产、人才和文化资源历久弥深的一块宝地，忽必烈受封于此，犹如一粒品种优良的种子掉落在肥沃的田野里，使忽必烈可调度资源和军事实力迅速壮大起来。

然而，忽必烈以学习汉制、广交汉族、举用儒生等改革苗头，以及笼络中原武装势力、借力中原人力物力，快速壮大起来的经济和军事势力，引起了奉行保守主义、遵祖宗之法、不蹈袭他国所为的蒙哥汗忌惮和不满，他解除了忽必烈的军防兵权，专门巡视查核他封地的税赋，并将他的重要臣僚拘押拷问。所有的一切，用意都很明显，那就是"先除羽翼，后治魁首"。

汗庭的态度像草原的天气一样多变，而草原上也从来不缺会看天气的人。负责查办忽必烈的阿蓝答儿甚至罗织出忽必烈的罪责一百余条，忽必烈身边的人一个个被革职了，他也不得不把亲口送往和林充当人质。随着大汗亮出底牌，忽必烈身边风声鹤唳，许多识时务者另择高枝。当众追随者都再择良木而飞的时候，八思巴却选择落在了忽必烈的枝头。

八思巴需要有一双慧眼，在蒙古宫廷复杂的权位争搏中获得支持，以挽回萨迦派的颓势；忽必烈也需要一颗明心，在微妙的实力角逐中得到八思巴的支持，以巩固他发展的基础。这除了在被蒙哥猜忌的岁月里寻求内心平衡的精神需要，也有通过对藏传佛教首领的怀化以巩固属地的政治需要。

在最艰难的时刻，他们都选择了彼此，走向了共同的未来。

此后，八思巴一直追随忽必烈，不论是蒙哥汗的不满，还是蒙哥死后，忽必烈与其弟阿里不哥夺位大战等等变局，八思巴都坚定地选择在忽必烈身边，成为他宗教上的导师、精神上的指引和最亲密的朋友。

1255年，八思巴接受比丘戒，完成了成为正式佛教僧侣的全部仪式，并在新年之际向忽必烈敬献《新年吉祥祝辞》，称忽必烈为"尊胜人主"，祝愿他"胜于各方"。

由于噶玛拔希的不从，并转而投向了蒙哥汗，成为忽必烈身边唯一重要的西藏宗教与政治势力代表的八思巴于次年跟随忽必烈，来到了汇聚着中原各地谋臣辅士的开平府。

1257年，蒙哥与忽必烈兄弟之间的矛盾公开化，忽必烈解除兵权，并被检视钱谷出入。当大家都在战斗第一线攻城拓地时，被冷落排挤的他只能以患足疾为由，在家里闲呆着，处境十分困难。

八思巴始终在身边宽慰着他，并为他朝拜五台山，举行祈福宗教仪式，写诗诵赞，禳灾祈福。这个历史文化积蕴深厚的名山古刹，见证了八思巴对忽必烈的忠诚，也在其后的岁月洗礼中始终连接着汉、满、蒙、藏等各族人民的情谊。

七月的五台山，植被青幽，尤显殊胜。八思巴写下了《在五台山赞颂文殊菩萨——珍宝之鬘》，他在诗中赞颂道："如须弥山王的五台山，基座像黄金大地牢固，五峰突兀精心安排；中台如雄狮发怒逞威，山崖像白莲一般洁白；东台如同象王的顶髻，草木像苍穹一样深邃；南台如同骏马卧原野，金色花朵放射出异彩；西台如孔雀翩翩起舞，向大地闪耀月莲之光；北台如大鹏展开双翼，满布绿玉一般的大树。"

历史上，有不少文人墨客曾到过五台山，并留下了诗文，多是描写风景，兼有感悟心得。但，藏传佛学修养底蕴深厚的八思巴以诗颂为喻，根据文殊等诸菩萨说法经传，按照藏传佛教密宗的世界观，以中台白莲座赞颂大日如来，以东台象王座赞颂阿閦佛，以南台骏马座赞颂宝生佛，以西台孔雀座赞颂阿弥陀佛，以北台大鹏座赞颂不空成就佛。虽然藏传佛教，特别是密宗观点并不为广大汉地民众熟知，但由于八思巴的特殊地位，及其在藏传佛教界深远的影响，他所赞颂下的五台山虽远屹汉地，却自此成为藏传佛教界心中向往之地。

对五台山来说，八思巴将近一年的祈福、修行、传法活动，更是奏响了藏传佛教落户五台山的序曲，是五台山汉藏佛教文化交流的开道者。在八思巴其后受封"国师"之后，还选派与他们叔侄一同前往凉州的旦巴驻锡五台山寿宁寺，使此寺成为五台山首座藏传佛教寺院。由此亦可见，八思巴不仅是藏传佛教发展史上的一代宗师，也是一位社会政治活动家。他一生的活动，无论是对蒙、藏、汉文化的交流，还是对多元一体民族融合，都立下了不可磨灭的功勋。

书归正传，这一年冬，在八思巴和察必等人的抚慰和劝导下，忽必烈以宽和之心前往汗庭朝见蒙哥，恰逢当时蒙哥亲自挂帅的攻宋之战中，负责东路的诸王孛儿只斤·塔察儿在进攻襄、鄂地区时无功受谴。蒙哥终于明白了，他需要真正能开疆拓土的人，而不是些背后嚼舌根子的人。兄弟释嫌，重修旧好。蒙哥授命忽必烈代总东路军，已经在"冷宫"久居的忽必烈在开平东北行祭旗礼，再度披挂上阵，出兵南下攻宋。

八思巴以行动换取了信任，而随着忽必烈处境的改善，也意味着八思巴地位的相应提高，他也将在辅佑忽必烈的事业中继续展示出不凡的才华。

就像他的伯父曾经说过："两个学者一起商量，就会有更好的主张；姜黄和硼砂配合好，会变成更美的颜色。"这两位胸怀广阔的智者，将一起商量出什么更好的主张？

河山一统：忽必烈统合南北

大一统的进程，既是国土空间统合的过程，也是不同文明交往、交流、交融的进程。如何找到一个文化模型或理论体系治理不断拓展的疆域，是从成吉思汗开始就思考的问题。

早期，最早和蒙古大汗接触的并不是佛教，而是道教全真派。究其源头，在成吉思汗还活着的时候，蒙古骑兵灭掉金朝，占有中原半壁江山。当时，金朝倚重和扶持的就是道教主流派全真教，自然也把此教作为遗产之一留给了蒙古人。对此非常感兴趣的成吉思汗曾发布数道诏令，想与全真教掌门丘处机见一面。此时，成吉思汗正在征讨西域。公元1220年元宵节刚过，73岁的丘处机从山东莱州启程，历时2年长途跋涉，终于在公元1222年四月与成吉思汗相会今阿富汗的兴都库什山。丘处机在赴大雪山途中，目见蒙古军西征所过之地，尸横遍野，一片焦黄。曾作诗赠予成吉思汗，诗云："夹道横尸人掩鼻，溺溪长耳我伤情。十年万里干戈动，早晚回军望太平。"在金庸小说《射雕英雄传》当中，这位被描写为志向高远、豪迈奔放、武艺高强的丘道长劝说下，成吉思汗下止杀令、立戒酒纪、编定军籍，成吉思汗也下令让丘处机掌管天下道教。他们之间在蒙古大帐中的谈话，也被当时负责记录的耶律楚材整理为《玄风庆会录》一书。

就在忽必烈夫妇及子女以俗家之礼，奉藏传佛教萨迦寺主八思巴为上师的同时，道教等其他不同派别的宗教也在蒙古传播，佛道之争日渐炽烈，双方常发生辩论，并且发生了道教信徒毁灭佛塔、占据佛寺的激烈冲突事件。

不同信仰体系的激烈冲突，不利于对属地有效的统治。为妥善解决佛道之争，蒙哥大汗在命丧钓鱼城前一年，令忽必烈在开平府大安阁举办一场盛大的佛道大辩论。于是，便有了1258年在上都的佛道辩论会，由于这一年是农历戊午年，这场辩论又被称为"戊午佛道之辩"。

辩论的核心问题只有一个，讨论《老君八十一化图》和《老子化胡经》的真伪，即道家创始人老子有没有"化胡"。

为什么双方要辩论老子胡化的问题呢？因初期佛教传入中国，被认为是神仙方术的一种，时人混老子与佛为一人。三国魏国郎中鱼豢于《魏略·西戎传》沿成其意说："《浮屠》所载，与中国《老子经》相出入，盖以为老子西出关，过西域，之天竺，教胡浮屠属弟子，合有二十九，不能详载，故略之如此。"到了西晋惠帝时，道士王浮为了与佛教斗争，编出《老子化胡经》。道教传说老子在天竺乘日精进入净饭王妃净妙腹中，出生后自号释迦牟尼，建立了佛教，并开始对印度人实行教化，这就是所谓的"老子化胡"。据此说，释迦牟尼是老子的一个化身。

两派各参加十七人，佛教方以少林寺为首组成，二十岁的八思巴以观摩者身份出席，在前三次辩论未能分出胜负，道教以《老子化胡经》为论据驳斥佛教正统，佛教方一时无以应对的情况下，忽必烈派出了八思巴。八思巴引用道教的论据进行阐述并列举出道教方的论据自相矛盾，终结了辩论。当然，这场辩论与吐蕃时期有名的僧诤之辩一样，作出最终决策的都是统治者。选择的依据，除了辩论双方的口才与义理，最终的依据是哪一个更符合统治者的需求。最终，辩论以道教一方承认自己辩论失败而告终，十七名道士削发为僧，少许道观也随之改造成佛教寺院。

从此，道教一蹶不振。直到朱元璋建立明朝后，为了显示与蒙元的不同，朱元璋对道家稍作扶持，道家才得以逐渐恢复元气，但也很难达到宋金时代的辉煌，从此再也难以与佛家相抗衡。

就在选定了信仰体系之后，蒙古又开始了新一轮征伐。

自窝阔台去世，蒙古内部陷入汗位之争，无暇全力南顾。此时，蒙哥稳定政局，内部无忧，西征大业将成；又已攻伐淮北，筑城屯田，建立攻宋基地；忽必烈战川滇，攻取大理，统合吐蕃诸地。自北向西的战略合围态势已成，蒙哥汗始谋大举攻宋，而他本人亦亲征蜀地，以图占领全蜀，领兵顺江而下。同时，派忽必烈进攻荆鄂，与他合破长江门户，进逼临安，攻取南宋。

1259年，蒙哥汗战死于今重庆合川东北钓鱼城下，汗位将又陷入一场新的争夺。蒙哥虽然没有来得及留下遗嘱，却在发兵南下之前将儿子托付留守蒙古本部的阿里不哥，这说明蒙哥对保守派的信任，以及对改革派先锋忽必烈的保留态度。

此时，国都的一众王公谋臣准备拥戴阿里不哥，并已经开始往忽必烈的虎穴开平城调兵，这一切明显是针对着忽必烈而来，可忽必烈仍然按照既定战略部署，全力猛攻湖北，以通长江天险。开平来的使者劝他北返，可忽必烈认为："吾奉命南来，岂可无功遽还？"一边继续围攻长江中游的鄂州，一边分兵接应从云南北上的战略合围军队。

此时的忽必烈方才从冷落赋闲的状态中走出来，阿里不哥既符合蒙古幼子继位的传统，又长期占据着蒙古祖庭稳固的根据地，身边有一帮早年跟随成吉思汗的老臣拥立身侧，这帮顽固的保守派对忽必烈亲向中原的政策极为不满。如若阿里不哥继承大统，忽必烈必被贬抑，难以保身立业。

八思巴与忽必烈贤后察必几经商议之后，再遣使人将北边严峻的形势通知忽必烈，忽必烈才与南宋暂议和，与八思巴等在中都会合，一起北上返回了开平府。

此时，南宋权臣贾似道以右丞相兼枢密使的身份在领军增援鄂州之时，擅自答应向蒙古割地纳币称臣。在忽必烈因为争夺大汗之位而暂时退军后，又隐瞒真情，谎报战功，不但不思固边，反倒专擅朝政。

1260年，忽必烈在开平府召集支持自己的部分王公大臣召开忽里勒台大会，继大汗位，是为元世祖。忽必烈建元中统，以承继中原皇统自命。没有了蒙哥的牵制，忽必烈即位后发诏推行汉法，以适应统治中原汉地的需要，并定内外官制，设立中书省，管理全国政务。分中原为燕京路，河南路，西京路等十路，设十路宣抚司为地方最高行政机构，各任宣抚使，并设汉人幕僚。同时，又委派重臣以都省官"行某处省事"系衔，到各处署事，行使中书省职权，简称行省。至此，中国自秦始皇设郡县制之后千余年，方有行省一名。

随后，任命22岁的八思巴为国师，颁赐玉印，八思巴由此有了全国佛教领袖的地位，他不再只是忽烈家的宗教导师，而是统领天下释教的大元国师。

不管是在蒙哥汗支持下的止贡噶举派、投奔阿里不哥的噶玛噶举派，还是追随忽必烈的萨迦派和八思巴，谁也没有预料到，在他们投出自己的票后，仅仅几年时间，蒙哥汗死于战场，忽必烈称帝尊汗。其后，因在夺位之争中帮助阿里不哥，噶玛拔希被忽必烈囚禁，一直过了四年才被释放，他的两个弟子也被处死，噶玛噶举派遭受打压，直到元末才翻过身来。止贡噶举也失去对西藏地方的主导权，不得不选择放低了些姿态，却不时与萨迦派挑起纷争。此二派对在忽必烈治下遭遇的削弱一直憋在心里，就像被强力按下的弹簧，早晚会趁着松劲儿反弹。元末，直至有明一代，延至明末清初，他们都成为与地方势力结合，并搅动藏地不安局面的主因。

西征的旭烈兀正筹备用兵叙利亚各地时，亦得蒙哥死讯，随即引兵东返。旭烈兀回到波斯后，获悉忽必烈已经即汗位，并与幼弟阿里不哥发生了汗位之争，于是不再东返蒙古，立意经营波斯诸地。忽必烈为取得旭烈兀的支持，遣使传旨，把今阿姆河以西直到埃及边境的土地军民划归旭烈兀统治，并暂时保留旭烈兀在蒙哥时期获封的藏地所属封地。《朗氏家族史》记载："嗣后，在蒙哥汗升天后忽必烈承袭汉地王位时，撤退了警卫西藏地方的所有蒙古军队。因为忽必烈和旭烈兀兄弟之间特别亲密，所以守卫我们地方的蒙古军队全部留驻。"旭烈兀遂向争位双方派出使者，表示拥护忽必烈为大汗，指责阿里不哥。后，忽必烈又遣使至波斯，正式命旭烈兀为此域国王，旭烈兀自称伊利汗，所建汗国称伊利汗国，其领土东起阿姆河和印度河，西面包有小亚细亚大部分地区，南抵波斯湾，北至高加索山与里海。

忽必烈另一个弟弟不会轻易顺服。在阿里不哥的眼里，他所在的蒙古高原腹心之地和林大城才是汗庭，回不去草原的忽必烈在边地称汗，使得驻守草原祖地阿里不哥不服，在忽必烈继位两个月后，阿里不哥也宣布继汗位，并发兵南下，讨伐忽必烈。

忽必烈速灭支持阿里不哥的秦蜀等地蒙古将台，并与南下的阿里不哥主力军大战今甘肃山丹，大败阿里不哥，悉平关陇之后，忽必烈又亲征和林，阿里不哥败退北境。

在与阿里不哥半余年的战争初胜后，忽必烈返回中都，他把自己的根据地开平升为上都，下诏把原来的金中都燕京（今北京）改名为中都，作建都的准备。忽必烈发布《至元改元诏》，取《易经》"至哉坤元"之义，改"中统五年"为"至元元年"。后又取《易经》"大哉乾元"之义，将国号由"大蒙古国"改为"大元"，忽必烈成为元朝首任皇帝，易蒙古尊号为"薛禅汗"，大意为"大贤之君"。

1272年，忽必烈采纳刘秉忠的建议，改中都为大都，宣布在此建都，标志着新王朝的政权建设已全部完成。而北遁后的阿里不哥一直处于东西夹击之中，犹如笼中困兽，部众纷纷离散。忽必烈又下诏禁绝汉地输往漠北的物资供应，加上连年饥荒，阿里不哥难以支撑。四年后，阿里不哥走投无路，向忽必烈投降，后病死。忽必烈取消了和林作为都城的地位，设宣慰司都元帅府直接管辖。

漠北与中原终归于统一。

不负重托：八思巴奉命理藏

忽必烈继位后，一方面北防叛乱，一方面治理中原，下令不许征儒士为奴，将已征奴的儒士赎归。设翰林国史院、编修国史，设劝农使、恢复生产，设提学校官、培养人才，北方经济秩序很快得到恢复。

成为蒙古大汗的忽必烈在与八思巴朝夕相处中，也渐渐加深了对国师家乡的了解，而这种了解不再只是个人的好奇。如何建立一整套理藏制度，稳固这个新生的统一政权，成为忽必烈放在全国大一统格局下全面治国理政的重要一环。

1264年8月，忽必烈颁布《建国都诏》，改燕京，即今北京为中都路，设总制院作为管理全国佛教和吐蕃行政事务的专门机构，后改宣政院，与枢密院、中书省、御史台并列。按《元史》记载，该机构"秩从一品，掌释教僧徒及吐蕃之境而隶治之。遇吐蕃有事，则为分院往镇，亦别有印。如大征伐，则会枢府议。其用人则自为选。其为选则军民通摄，僧俗并用。至元初，立总制院，而领以国师。二十五年，因唐制吐蕃来朝见于宣政殿之故，更名宣政院"。

忽必烈命八思巴以国师的身份兼管这一"军民通摄，僧俗并用"的总制院事，封八思巴的弟弟恰那多吉为白兰王。依照忽必烈的想法，八思巴掌管宗教，恰那多吉掌管世俗，政教合一集于萨迦派一身。

此时，藏地在经过近400年的各自为政后，蒙哥汗又在藏地实行分封制，使得本已复杂微妙的各种势力斗争中又加入了蒙古贵族利益，寺院、庄园、官属等经常因利益不均而产生矛盾纠纷，这不符合大一统方向的理藏制度要求。于是，忽必烈断然收回分封制，在藏通行大一统的体制，并由八思巴兄弟统摄政教事务。

1204年，成吉思汗亲征乃蛮时，欲伸张势力于外蒙古，在授任各级军职时，特别从亲贵军官子弟中挑选体格才能皆优之人，组成怯薛组织。据《元史·兵志》载："怯薛者，犹言番直宿卫也。"八思巴仿照蒙古宗王的怯薛组织，为自己设立拉章组织，由一批侍从官员组成，这一藏语意为"佛宫"的制度为许多宗教首领效仿，演化成为掌管一方政教权力的宗教领袖必配的侍从组织或团体。

之后，在八思巴的提名下，任命释迦桑布为第一任萨迦本钦。但是，这位首任萨迦本钦的工作并不好做。

本钦之职是萨迦法座之下负责管理乌斯藏十三万户行政事务的官员，由帝师先提名，元廷颁诏任命，实际职位是乌思藏宣慰使，官阶从二品。如此大权独揽，引发各派不满，特别是萨迦派在元朝的扶持下，瞬间一家独大，独任萨迦本钦，受元廷委派掌握全藏治理之权。不仅如此，元朝对萨迦派在政治上信任、工作上扶持、经济上优抚，萨迦昆氏家族更是多人受封，前后相望，荣宠无比。其余各派则需要派遣子弟前往萨迦服事执役，萨迦本钦甚至可以调动各万户资财及属民前来修筑萨迦寺院。

这种结局，让当年把萨迦派推到会谈前台的噶举派始料不及。特别是止贡噶举一派，自恃发展多年的大派，本与萨迦派多有不和，再加上早被划为蒙哥大汗封地，寺主还被蒙哥汗赐封为万户长，授封领地从拉萨以东直到工布江达，早已扬言：藏地"木门人家"全归本派管辖。现在，却在忽必烈的扶持下，不得不低头于后来居上的萨迦一派，大小事务都得听萨迦本钦节制调度。因而他们屡屡抗命不遵，事事消极抵触，简直是把萨迦本钦手里的令箭当鸡毛。

面对这样的挑衅与为难，萨迦本钦难以落实中央号令。难以独立应对的萨迦本钦选择了一个特别的方式，他为自己打制了一幅木枷，戴着它前往大都御前申诉。

听闻这一情况的忽必烈陷入了深思，一个地方经过了数百年自然发展,各地方政教势力早已经根深蒂固,远不是一纸诏令就能解决的问题。

如何建立一套新的理藏制度,纳入大一统的有效治理体系?忽必烈决意诏遣八思巴返藏,建立一整套完善有效的治理体系,支持并维护萨迦派和本钦的权威,以确保中央指令完整有力的落实。同时,复任止贡万户长,加以平衡和安抚。

在以国师之尊、兼领总制院之职后的次年,八思巴携弟弟恰那多吉返回萨迦,这是兄弟二人阔别家乡21年后的第一次返乡。临行前,忽必烈为八思巴亲自送行,并赠予镶着珍珠的诏书,传达着对在藏地建立全国统一行政体制的高度期待和重视。诏书写道:"对遵依朕之圣旨、懂得教法之僧人,不分教派一律尊重服事。"

迎接他们的,除了夹道欢迎的僧俗仪仗,还有当时以教派、家族、地域各自为政的混杂局面。而且,八思巴所处的昆氏家族也牵连其中,这使得八思巴统一藏地行政体制的工作举步维艰。

八思巴毅然完成了使命,没有辜负忽必烈的期望。四年后,八思巴调理出十三个地方势力和宗教势力集团,分别划定了各自明确的辖区、属民。它们和元朝治下的其他行省一样,成为元朝统治西藏的地域性行政组织,史称"十三万户",实现了西藏在元朝大一统的治理体系中行政区划全覆盖,各级官员在中央政府的统一规范任命下,各领其事,有序理藏。同时,在元朝的统一安排下,配合元朝派至西藏的官员,第一次系统在藏地完成了户口清查、人口统计、驿站设置等工作。

元朝的地方行政体制共分三级,在这当中,隶属中央政府的宣政院由八思巴领使,基层地方组织十三万户由八思巴划分,居间协调总领的宣慰司由八思巴主导。

初回萨迦,为理顺西藏政教事务管理,八思巴推荐释迦桑布作为萨迦本钦、首任藏地宣慰司,单独管理西藏的行政事务,而宗教事务则仍归国师掌管,获得了忽必烈的正式批准。1268年,当八思巴奉忽必烈之命返回大都时,他还授意本钦任命了13个万户的万户长,报请中央审核批准,实现了由中央到地方一元治理体系下的分级而治。

蒙哥汗在位期间曾封过一些地方首领为万户长,比如前面所述的止贡万户，但并没有明确界定属地属民边界，万户的机构和职权也不完全明确，领地分布多因袭传统，或予大概的指定范围，有的领地散布在其他家族封地之间，所以才引发了较多复杂的矛盾纠纷。八思巴时期划分十三万户的依据，是按照元朝的制度调整各万户的辖地和属民，使各万户开始走向地域性的行政组织。

从本质来看，十三万户是西藏地区十三个大的地方势力集团，其主要分布在雅鲁藏布江及其支流年楚河、拉萨河、雅隆河流域，都集中在西藏的腹心地带。经过多年的自主发展，这些地方势力各有不同的属地，并且性质不同、权属不清、相互交叉，有着扯不清的各种问题。一方面，萨迦等万户是在各教派势力的占地和民户基础上划分和调整的；另一方面，曲弥等万户不属于控制政教权力的教派，其行政机构的地域性就更为明显。

八思巴在分别划分俗人户"米德"和寺属户"拉德"的基础上，调理确定了"十三万户"，分别为后藏地区的六个：萨迦（万户府设于今日喀则岗巴一带）、夏鲁（万户府设于今日喀则东南夏鲁寺一带）、曲弥（万户府设于今日喀则市南部一带）、拉堆绛（"绛"即北面之意，万户府设于今日喀则昂仁一带）、拉堆洛（"洛"即南面之意，万户府设于今日喀则市定日县协噶尔一带）、绛卓（又称"香"，万户府设于今日喀则南木林一带）；前藏地区的六个：帕木竹巴（万户府设于今山南市乃东一带）、止贡（万户府设于今拉萨市墨竹工卡一带）、蔡巴（万户府设于今拉萨市城关区蔡公堂一带）、雅桑（万户府设于今山南市乃东县亚桑一带）、达隆（万户府设于今拉萨市林周县前达陇一带）、嘉玛（万户府设于今拉萨市墨竹工卡县甲玛沟一带）；以及位于前后藏之间的羊卓（万户府设于今山南市浪卡子一带）。

13是藏族视为具有吉祥和神圣寓意的数字，在史诗《格萨尔王传》中就出现了一系列这样的数字：格萨尔王在降生时手执13朵白花，向前走了13步，并发誓13岁时成为菩萨；另外，他有13位王妃、13位保护神，他所在的岭国有13座雪山、13个湖泊、13位天神等等。苯教神话里，天有十三层，苯教的祖师辛绕弥沃13岁时被鬼神牵引游遍全藏，

13年后才返回人间传教。吐蕃的王子在13岁能骑马时就接替父王登上王位，牧区的男孩儿长到13岁时要举行成人礼。显然，八思巴希望13这个数字能为他的改革带来吉祥顺意。

十三万户的建立，既维护了各教派和地方势力的势力范围，也确立了元朝在藏行政建制及领导地位，各万户都在元中央政府和萨迦本钦的领导下开展工作，而元中央政府和萨迦本钦则处于领导和矛盾调解地位，这为萨迦政权的建立及其治理的便捷、权威的树立奠定了基础。在割据时代，各庄园主依势力范围和财资而立。而在统一行政区划基础上，就需要一个机构统一管理，这个机构的负责人自然落到了萨迦派的头上。

完成了划分万户建立行政体制的工作之后，随即着手更进一步的籍民括户。大乱之年，中原各地郡县民户已被战乱搅乱，忽必烈十分注重各地户籍的典括，以重新确立国家征发赋役的根据。这次户口清查，也把西藏属地纳入全国一盘棋。

1268年，元朝派遣金字使者阿衮和迷林进藏，他们和首任萨迦本钦释迦桑布，一起对乌斯藏地区进行了户口清查。当时的调查不仅有统一的领导，还有有序的安排和明确的分工，据《汉藏史集》载，"首次在乌斯藏清查土地户口，从上部纳里速古鲁孙到夏鲁万户的辖地以上，是由阿衮与迷林二人清查的，从这以下到止贡万户辖地以上，是由司徒阿什杰等清查的"。这次清查，主要清查统计了阿里和前藏、后藏地区所置各万户属下平民。清查结果，乌思藏平民总数为三万余户。

自从秦始皇荡平六国、一统中原之后，便统一度量衡，修建通衢驰道，设置驿站通传。此后，历代王朝都十分重视在疆域内对驿站的设置，在当年那个交通通讯极不发达的时代，驿站既担负确保信息畅通的重要职能，也是一个统一王朝实现有效治理的重要标志。

元驿规模可以说是个国际工程，甚至可以说是国际邮政的先驱。其驿站以大都为中心，东连高丽，东北至奴儿干，北至吉利吉思，西达伊利汗国和钦察汗国，南接安南、缅甸。而统辖西藏如此遥远的地方，驿站的设建更加是不能除外的。忽必烈建立元朝后，继承并进一步确立了驿站制度，他发令："自萨迦以下，可视道路险易、村落贫富，选择适宜建立大小驿站之地，仿照汉地设立驿站之例，立起驿站来。使上师八思巴前往吐蕃之时，一路顺利。"由此可见，这一驿站不仅纳入汉地驿站体系，而且直通当时藏地政教中心萨迦。

其实早在蒙哥汗分封西藏时期，就开始在藏设置驿站以掌管，但规模还比较小。在忽必烈和八思巴的定调下，一条从青海通往萨迦地区的驿站建设工作很快推进。至元元年（1264年），按照皇帝的诏令，答失蛮带着随从、往来用度和对各级僧俗首领赏赐之物，踏上了前往山宗水源的藏地之行。从元大都（今北京）一路奔波，答失蛮先来到朗达玛灭佛后，点拨起藏传佛教后弘期"下路弘法"的青海丹斗寺。从这里再出发，翻越唐古拉山，一路踏查、一路宣诏、一路布施，终于来到具祥萨迦。

答失蛮亲自踏勘西藏地区的地质地形、风土人情和道路情况，以城镇的分布、车马的脚力、地形的险易等为标准，选择适宜建立大小驿站的地点，建立自后藏萨迦通往汉地的驿站。八思巴也向各地颁了法旨，要求全力配合建设。此后，从青海到萨迦，一共建了二十七个大驿站，其中朵思麻七大站、朵思甘九大站、乌思藏十一大站。其中，分布在如今西藏辖区的大驿站有：索驿站（那曲市索县县城）、夏克驿站（比如县夏曲镇）、孜巴驿站（此地名早已失传，应在那曲镇附近）、夏颇驿站（色尼区香茂乡）、贡驿站（拉萨市当雄县公塘乡）、官萨驿站（当雄县羊八井温泉附近）、甲哇驿站（尼木县麻江乡）、达驿站（意为达地方的渡口，日喀则市南木林县大竹卡）、春堆驿站（日喀则市区附近，古为年楚河下游商贸中心）、达尔垅驿站（桑珠孜区曲美乡）及仲达驿站（意为仲曲河谷，流经萨迦寺前）。

古时中原驿站平均50里设小站、100里设大站，如有紧急事务，可日通八百里，俗称八百里加急。藏地高远，但也保持了100公里左右的距离设置大站及若干小站。除此之外，还参照全国统制，专门设置急递铺，把藏地纳入全国性的专门官方通信体系，传递紧急公文的驿差腰系革带，悬铃持枪，昼夜疾行，不因藏地高远而有疏怠，保证西藏地方政令畅通。

驿站建成之后，设同知之职，遣往藏地，是为驿官。除此之外，视水陆不同分别齐备马、牛、驴、车、舟，设驿令、提领、脱脱禾孙等官员，这些官员除了管理驿站事务，也有权管理当地行政事务。驿站是军民兼用，其下又设相当于兵站的"马甲姆"。这些驿站分设在不同万户管理辖区，运营工作需要大量的人力物力支撑，在沿途各驿站建成之后，还制订了运营管理办法，由各个万户负责支应驿站的相关事项。

驿站的建成投入使用，使往来的使臣和僧俗人员等在途中"止则有馆舍，顿则有供帐，饥渴则有饮食"，对政府管理、军队后勤供应以及商旅往来都带来了极大的便利。除了方便商贸和信息往来，更主要的还是通传公文，上情下达，下情上达，使中央和地方之间的理政关系更加便捷有效。这条从元大都通往当时西藏萨迦地方政权的古驿道，不但将藏地与京城首尾相连，而且京藏之间途经河北、宁夏、甘肃、青海等地，通过大小驿站运行，保障了驿道的通畅，也将西藏纳入了祖国内地的驿传大体系，更加紧密地融入了汉藏及各民族交往、交流、交融的历史进程。应当说，除驿站发挥的现实功用来看，元朝在西藏设立驿站的意义显然是元朝集政治、经济、军事乃至文化意义于一体的综合性治藏举措，是联结中央政府和西藏地方之间重要的政治纽带，也是西藏纳入中央政权统一治理的重要标志之一。

"援藏干部"答失蛮进藏，在完成驿站的建设和运营方案制订之外，沿途还详细考察风土人情、慰问僧俗各界、宣谕大汗诏书。答失蛮返回之后，奏明经办情形，得到了忽必烈的认可，不仅与忽必烈共宴，还得到了许多封赏，并发挥他熟悉藏地各项情况的优势，任命他为宣政院衙署主要负责官员。

朝廷派来的金字使臣阿衮与迷林二人对藏地清查户口二十年后，由于乌斯藏地区驿站支应办法的改变及人口变化，元中央政府再派和肃与乌努汗二人，与本软宣努旺秋一起，进行户口统计。这一次统计的基本资料随即就编成口诀记录下来，并得以保留。这是元朝对西藏实施括户的第二阶段，而之前清查户口的主要任务是按照蒙古户的划分进行统计，并进一步落实差役征发任务，确定驿站支应办法。

1287年的这次括户，计算户数的单位和方法是用蒙古制的"霍尔都"。"霍尔都"即蒙古烟户,"霍尔"指蒙古,"都"即烟囱、烟户或民户,意为按蒙古人的方式所建的灶和炊烟的含义,为了表示清查人口是按蒙古的制度和计算方法进行的,故将户译为"霍尔都"。"霍尔都"是以土地、人口、牲畜的数量为基础进行统计的单位,如果是一户富裕人家,则一户可能相当于几个霍尔都,如果是贫穷的人家,虽然财产等不足一个霍尔都,也要及其所有,将每一户折算成一个霍尔都的二分之一、三分之一、四分之一或六分之一,这样才能比较合理地确定每户人家应负担的乌拉差役和赋税。"霍尔都"的计算法虽然在理论上与人口、耕地、牲畜乃至房屋财产有关,但实际上并非人口与耕地的统计,至少"霍尔都"数并不等于户数,而且释迦桑布的登记册中还不包括数量很大的拉德部分。直到西藏地方掌政时期,被称为"岗顿"差税的计算,也是元代计算"霍尔都"办法的某种延续。这说明,西藏的赋税也已纳入全国统一标准计量和征收范围。《萨迦世系史》记载:"蒙古的薛禅皇帝,治下有十一个行省。虽然吐蕃三区不足一个行省,因为是上师的住所和佛法弘扬之地区,所以还是算作一个行省奉献。"

1345年,司徒达玛坚赞、多杰江副使和阿山薄卡知院等人带着判案任务,为建立"夏降木"、稳定阿里地区的局势和清查藏地三区户口与贡赋,再次莅临西藏。

元代,由于西藏正式纳入中央政府有效治理,元朝对西藏的诸多具体施政,以及西藏和祖国内地之间官员、僧人、商贾的相互来往,进一步推动了西藏和祖国内地经济、政治、文化的全面交流发展,共同促进和繁荣了包括藏族、蒙古族在内的统一多元的中华民族文化。元代的建筑技术、造船技术、陶瓷工艺、雕版印刷技术及器材等文化相继传入西藏,对藏族的科技文化和经济发展起到了巨大的推动作用。由于元代佛学的发展,各种译经、注疏、著述学风的形成,带动了其他诸如历算、医学、天文、艺术、文学、历史等各个学科领域学术活动的开展。元朝时期,萨迦地方政权也十分注重文化建设,八思巴往来于萨迦和大都之时,注意收集各种古籍和经典。与此同时,一些印度、克什米尔、尼泊尔等地的僧人前往西藏或萨迦讲经听法,也带来不少佛经典籍。八思巴每得到一种新的图书,总要命人抄写、译校,并保存在萨迦寺。一些重要的佛经,往往还要用黄金、宝石研成粉末和汁液书写,以期长期保存。这些佛教经典都珍藏在萨迦寺内,萨迦南北两寺当时都有数量众多的藏书,仅萨迦南寺的藏经墙,保存至今的佛教典籍多达六万多函,其中还有不少旷古稀世的贝叶经文献,以其抄写精美、规格宏大而著称于世。也正因如此,萨迦被誉为"西藏小敦煌"。

在藏居留期间,他还奉忽必烈之命创制"蒙古新字",又称"八思巴蒙文"。八思巴向忽必烈呈献蒙古新字后,忽必烈极为高兴,并下诏,凡是诏书及各地方公文等均必须使用蒙古新字,在全国范围内推行这种新文字。遗憾的是,这种以表音功能为主的新创文字,在与其他文字译意方面有所欠缺,在颁布公文等书写之时,往往还需附以他族文字,以免引发理解上的偏差。后来,伴随着元朝的覆灭与明朝的建立,八思巴文也不再通行。

可喜的是,由八思巴主导制定并实施的一系列理藏制度,一直施行到元末,并且被后世沿用。

获封帝师：八思巴身后的时局

在忽必烈派八思巴入藏建立新的理藏制度的同时，他本人也在紧锣密鼓地筹备着攻宋至为重要的襄樊之战。

襄樊是扼守长江的屏障，地处汉水中游，古来兵家重镇。忽必烈接受南宋降将刘整的主张，调整了蒙哥主导的以四川为主攻目标的攻宋战略，转命阿术、刘整督师进攻襄樊（今襄阳），以期攻占此地，沿汉水入长江，顺江而下，直捣南宋。在襄樊被困五年不破后，元军先破樊城，迫使襄樊有唇亡齿寒之忧。在权相贾似道不肯全力救援的情况下，守将吕文焕倍感孤绝无助，遂举城投降。襄樊既失，南宋之咽喉为元军所得，南宋大门洞开。

此间1267年夏，完成理藏制度建设的八思巴按照忽必烈的诏请，返回元大都。然而，就在八思巴即将回京时，一个意外情况发生了。八思巴的弟弟——白兰王恰那多吉病死，年仅28岁。面对自幼一路走来的弟弟忽然离去，八思巴的心痛是任何人都难以理会，更是任何人都无法替代的，但此刻容不得他沉浸悲伤。心痛之余，八思巴整理心情，任命伯父萨迦班智达曾经的侍者释迦桑布出任萨迦本钦，执掌萨迦印钮，负责管理藏地。

也许是返藏之后，他真切感受到了不同教派间裹挟着地方势力的明争暗斗，在受命返回大都之前，他令释迦本钦修建萨迦南寺。这是一座寺堡合一的建筑，高大宽厚的城墙四角都修有哨垒，在通往寺内的主门外设有瓮城，门楼其上设有可以放箭的暗哨，寺内大院有供久战守卫用的四季水井，在青灰色的石墙上刷着红白两道颜料，这一切都使萨迦南寺迥异于其他寺院，它是当时作为家族、寺院和全藏行政中心的特殊历史产物。

3年后，八思巴第二次向忽必烈授予密宗灌顶，忽必烈晋升八思巴为帝师，并更赐玉印。封号全称为"普天之下，大地之上，西天佛子，化身佛陀，创制文字，护持国政，精通五明班智达八思巴帝师"。

随后，忽必烈把西藏地区十三万户指定为八思巴的供养地，可见对八思巴的信赖与尊崇。由此，也说明萨迦派已经在元世祖忽必烈的扶持下，成为受元朝委派在西藏实施治理的掌权派，这一后弘期的后起之秀一跃而成当时显贵。

5年后的1275年，元军攻破临安门户独松关，宋廷向元朝大将伯颜呈交传国玉玺和降表，南宋王朝灭亡。

次年，八思巴异母弟亦邻真监藏继承帝师之位。八思巴则在太子真金的护送下再返萨迦。抵藏后，八思巴自任萨迦法王。

太子真金是忽必烈最宠爱的贤后察必所生，由他亲自护送八思巴入藏，可见忽必烈对藏地的重视。真金在藏地驻留两年，并于1277年担任施主，于后藏的曲弥仁莫举行盛大集会，由八思巴向七万多名喇嘛供饭食及一钱黄金，每三名喇嘛发一套袈裟，并现场讲经，参与者加上民众共有十万之多。当然，通过集会，也消除了不同意见，宣诏了大皇帝恩德，巩固了藏地行政体制及萨迦派的地位。

其间，八思巴还对真金讲授佛教的基本教义，在真金多次请求下写了《彰所知论》一书，献给真金，使真金在儒学之外也受到藏传佛教的影响。当然，真金在藏地并不只是关心佛学，还负有内政外交的重任，他调查了藏地和北方边情，详细了解通往西亚的道路。彼时的忽必烈虽为王，但藏地北有察合台汗国、西为伊利汗国，其西北方面亦有钦察汗国和窝阔台汗国，不得不令忽必烈有所防卫。

1280年，元朝在西藏设立"乌思藏纳里速古鲁孙等三路宣慰使司都元帅府"，管理西藏军政和驿站。元朝建立后，这个宣慰使司都元帅府所辖地区与今西藏自治区大致相等。这一连串的名字是元朝设在今西藏地区的政区，其实是由以下几个部分组成："乌思"指前藏；"藏"指后藏；"纳里"即阿里，"速古鲁孙"意为三部（即古格、普兰、芒域阿里三部或三围），纳里速古鲁孙大体相当于今阿里地区。时设宣慰使五员，同知二员，副使一员等，有纳里速古鲁孙元帅二员。当时的阿里之北，是蒙古四大汗国之一的察合台汗国，最初由成吉思汗封赐与二子察合台，再向西是忽必烈封与三弟旭烈兀的伊利汗国。而阿里之西南地，是位于今巴基斯坦国的德里苏丹国，由信奉伊斯兰教强悍的突厥人所建。在阿里地区设置军事管理机构和元帅职位，说明连通中西亚的阿里地区为军事管辖区，也说明元廷对西藏的重视、对阿里的重视，是放在整个地缘政治大视野当中来统筹谋划的。

在藏期间，真金还掌握了本钦贡噶桑布与八思巴不和的信息，回京后就启奏忽必烈。

当时，白兰王恰那多吉去世后，八思巴举荐释迦桑布任萨迦本钦。其后，又举荐贡噶桑布接任本钦一职，就是这个贡噶桑布，获得权力后与八思巴作对，对八思巴下达的指示闲置一旁，对八思巴推举的任命不予理睬，培植小团体，建立小圈子，私相授受，谋权图利。这哪儿是在跟八思巴一人作对，这是跟忽必烈的治藏大略作对。

听闻此情，震怒的忽必烈派总制院使桑哥率军入藏。

这位桑哥和八思巴也有很深的渊源，八思巴第一次回萨迦的路上，经过朵思麻时遇到青年桑哥。当时，他还是个身无长物的白丁，但八思巴见他精通蒙、汉、藏、畏兀儿等多种语言，便带在身边培养。八思巴返回大都时，桑哥相伴来到大都，被推荐给了忽必烈，一起被推荐的，还有另一个弟子旦巴。这两个年青人在后来，一个成了元朝宰相，另一个成了国师，这也从侧面说明八思巴慧眼识珠，以及忽必烈对八思巴的信赖有加。

《汉藏史集》中记载，忽必烈"派大臣桑哥前往查究"，如此无组织纪律、不顾全大局、以下犯上者，必须要严"查"深"究"。

桑哥带着皇帝召谕，启程奔向河州（甘肃临夏），从驻防河州的吐蕃等处宣慰使司都元帅府调军入藏，绕道江孜，攻下康马，贡噶桑布拒绝投降，盘踞在甲若仓城里。不待几时，隆隆几声炮响之后，夯土的城墙便崩塌，贡噶桑布被成肉泥。

自此，桑哥以护卫萨迦政权为由，开始在西藏长期驻军。在蚌波岗留驻了160名兵士。又从七个蒙古千户中，抽调700人，负责警戒西蒙古汗国。同时，他在各战略要冲，分别驻扎了蒙军，也就是从这一时期开始，达木（今当雄）成为蒙古驻军的重要地点之一。

同时，桑哥还巡察了各处驿站，并改革了驿站管理体制。按之前的惯例，各地驿站的供应和差役均由辖地的万户负责。但藏地区域差异较大，环境好点的地方还好，但在藏北苦寒之地，驿站差役多有逃亡。桑哥入藏平叛后，命蒙军留驻人马负责驿站运行，各地万户只负责物资供应。军方运营下的驿站，效率得以极大提高，而身边便驻扎着蒙军，也让各地方势力都有所收敛，中央政令的贯彻得到了保证。

藏历第五绕迥之金龙年，一代帝师八思巴在萨迦寺拉康拉章圆寂，忽必烈赐封号"皇天之下一人之上开教宣文辅治大圣至德普觉真智佑国如意大宝法王西天佛子大元帝师"。

八思巴去世后，元朝中央的帝师制没有改变，帝师职位一直由萨迦派高僧继任而延续十几位，直至元朝灭亡。

八思巴身后，因忽必烈对八思巴的信任，以及对萨迦派的大力扶持，元朝皇帝认为帝师必须出自昆氏家族，只有昆氏没有男性继承人时才由其他人担任帝师。

萨迦派一直都是伯侄传承关系，年长的出家为僧，小儿子繁衍后嗣，这也效仿了古格王朝的承继安排。这样做，虽然可减少兄弟阋墙的事情发生，但同时也带来了男丁稀少的隐患。

恰那多吉与蒙古之妻并无子嗣，在他忽亡之后，夏鲁万户之女，也是他苦命的遗腹子达玛巴拉继承伯父八思巴的帝师之位。但他没有兄弟，忽必烈又诏命他迎娶宗室女，阔端子启必贴木儿之女贝丹。忽必烈希望通过血脉永固蒙藏之好，稳固元朝中央与西藏地方政权关系。在冷兵器时代，城下之盟与和亲联姻是政治生活中常用的两大法宝，这是由当时划地而居、分族而治、交通不便的社会生产力条件所决定的，随着治理水平的不断提升，一体化和制度化不断加深。贝丹生了儿子达玛巴扎，不幸的是，这父子俩一个早亡，一个夭折。在这样的情况下，从第四任到第七任四位帝师都不是昆氏子弟，直到元成宗时，把流放在江南的昆氏家族唯一后裔达尼钦波桑波贝召回，把妹妹门达干公主嫁给他。达尼钦波桑波贝结束了16年的流放生涯，并受命多娶妻妾，为昆氏家族续命。

达尼钦波桑波贝生了十几个儿子，第八任贡嘎洛追坚赞贝桑布、第十任贡嘎勒贝迥乃坚赞贝桑布、第十二任帝师贡噶坚赞贝桑布都是他的儿子。

没儿子闹心，多了更闹心，各个争权夺利，相互纷争不断。1322年达尼钦波桑波贝去世后，家族内部矛盾又有发展。于是，1325年，在达尼钦波桑波贝的儿子、第八任帝师贡噶洛追坚赞的主持下，将他众多的异母弟兄们划分成了细脱、拉康、仁钦岗和都却四个拉章系统，把萨迦昆氏家族从元朝得到的权势和封爵分配给了他四个庶母的儿子们。细脱拉章得到了萨迦寺的法座，拉康拉章得到了帝师的职位，仁钦岗拉章似乎是与细脱拉章分享萨迦法座的继承权，都却拉章得到的是白兰王的封爵。在萨迦寺总的法座之下，各个拉章又有自己的座主，父子相承。在经济上各个拉章拥有各自管辖的属民、庄园和城堡。萨迦派尽管与往昔一样得到元朝的大力支持，各个拉章也都有显赫的官职，仍凌驾于乌思藏十三万户之上。但在后来遭到帕竹万户强有力的挑战时，内部分治松散的弱点均暴露无遗，造成萨迦派的权势迅速瓦解。

分配完成后，虽在萨迦法座下新设一议事会。但贡噶洛追坚赞高估了人性，这一议事会形同虚设，拉章间矛盾愈加激烈，这种变相分裂萨迦政权和权威的行为，将导致萨迦政权后来被帕竹政权取代。这，大概是贡噶洛追坚赞贝桑布始料未及的。

环环相扣：忽必烈的挑战

12世纪末到13世纪初，蒙古族在中国北方草原兴起。1206年，成吉思汗在统一蒙古各部建立蒙古汗国后，走上了创建大统一的新王朝的道路。在这一历史巨变过程中，广大藏族地区先后汇入统一的洪流，西藏地区也加入这一中国走向新一轮统一的历史进程，这是藏族地区与中原、北方草原民族长期经济、文化和政治交往带来的必然结果。

当忽必烈坐镇元大都之时，作为四大汗国的宗主，这里是远至多瑙河、幼发拉底河和波斯湾的世界之都。但是，忽必烈面对的也不是一个消停的世界。而这挑战，也来自黄金家族内部。

成吉思汗身后，曾将征讨的广阔领地分为窝阔台汗国与察合台汗国、钦察汗国、伊利汗国这四大汗国。四大汗国本是大蒙古国的组成部分。作为大汗宗藩，各汗国封疆由大汗划定，君主废立亦由大汗指定，大汗有权对其军队和属民进行调遣，对各封国军政事务具有最高裁定权。

与其他三处汗国不同，最早的窝阔台汗国不过只是分给窝阔台的一小块儿驻牧之地。这并非对窝阔台偏心，恰恰本意是出于厚爱，是由窝阔台在蒙古西征前就已被确立为大汗继承人的特殊身份导致。按蒙古习俗，小儿子被称为"斡赤斤"，意思是"看守火和灶的人"，这也是"幼子守产"的传统，叔伯兄长得凭征战获得领地，作为未来的大汗继承人，他驻跸在首都哈剌和林。所以，并没有像察合台、术赤和阔端在凉州的兀鲁思一样，在受封之地形成了一个相对统一有力的军政组织。

按道理说，这一体制是有合理性的，年长的先打先得，年幼的坐镇祖庭，既有利于开拓，也保护了血脉，是很好的激励机制，而作为大汗继承人，这一系也是最终能对新征服土地享有唯一分封权力的，也自然不必为子孙的发展空间担忧。只可惜，窝阔台暴毙之后，他的子孙发现自己尚未建立一个稳固的根据地。而随着之后汗位由窝阔台系转到拖雷系后，蒙哥又以阴谋政变为由，严厉打击窝阔台系势力，分其封地，流放诸王，收其军队。运气好点的，就是和蒙哥私交较好的阔端，还保有西凉兀鲁思封地。

蒙哥在以重封的名义，分化瓦解窝阔台系子孙的过程中，重新封窝阔台的孙子海都于海押立（今巴尔克什湖和伊犁河之间）。就是这个年轻小伙儿，未来将成为忽必烈肩头的马蜂窝。

当年，窝阔台即大汗位时，全体宗王曾立下"只要是从窝阔台合罕子孙中出来的，哪怕是一块臭肉，我们仍要接受他为汗"的誓言，窝阔台的儿子贵由汗即位的忽里台大会上，诸王也有类似的宣誓。因此，海都认定蒙古大汗位就该是他窝阔台家的，拖雷后人占据大汗之位是非法的。就在窝阔台系诸王人人惶恐，但求自保之时，海都站了出来，他一边纠集窝阔台王系部众，一边拉拢钦察汗国为后援，形成了反拖雷系同盟。

就像《英雄本色》中"小马哥"那段经典独白："我有自己的原则，我不想一辈子被人踩在脚下。我等了三年，就是要等一个机会。不是为了证明我了不起，而是为了证明，我失去的东西，我一定要亲手拿回来！"当年蒙哥继位时，海都才是个十几岁的少年。等到1260年，忽必烈与阿里不哥暴发夺汗之战，狡诈的海都站在了阿里不哥一边，打着这一旗号在内战中扩张自己的实力。待持续四年的争位之战结束之时，海都已经成为窝阔台系诸王的首领，并不断把势力范围向南方的察合台汗国纵深。

阿里不哥终于投降后，海都却成了新的麻烦。当忽必烈稳定了关内局势，再准备转头控制中亚时，这支本来七零八落的窝阔台系，在海都的混水摸鱼下已经日渐壮大，并坐拥着横亘于西亚与东北亚之间的疆域。无疑，忽必烈与阿里不哥的争位战致使了大蒙古国内部的分裂，忽必烈虽然最终在争位战中获胜，但他继承的已不是大蒙古国旧疆，除据有包括蒙古在内的中国之地外，虽能号令支持他的东道诸王，四大汗国已游离于大汗统辖。伊利汗国的旭烈兀父子虽一直是忽必烈的铁杆支持者，但忙于建国，亦无力东返。在这样的情形下，忽必烈开始招安这位亲侄儿，但海都并不接受这位堂叔的好意。他拒不入朝，借口是"牲畜瘦了，等养肥了之后，我就遵命前来。"可这一养，就是三年。这期间，海都又控制了东起伊犁河上游，西至今乌兹别克斯坦境内阿姆河东岸，南疆喀什、和田一带，已与西藏阿里接壤。

到了至元五年（1268年），海都进攻别失八里，正式举起了叛乱的大旗，别失八里又称北庭，在新疆吉木萨尔附近。《元史》记载："至元五年，海都叛，举兵南来，世祖逆败之于北庭，又追至阿力麻里，则又远遁二千余里。上令勿追，以皇子北平王统诸军于阿力麻里以镇之，命丞相安童往辅之。"

于是，忽必烈不得不收起了好脸色，不再对海都的顺服抱有幻想，与海都在西域之地多次交战。

1267年至1269年间，海都又南下打败察合台汗国八剌，占领伊犁河流域和喀什噶尔，留给八喇的只是河中地区。八剌的继承者们不过是海都任意废立的属臣。

至元六年（1269年）春天，海都召集三系王裔相会于塔剌思河（今称塔拉斯河，在哈萨克斯坦共和国境内）畔，召开忽里勒台大会，一致决定：划分三个汗国在河中地区的土地，其中三分之二归八剌，其余分属海都和蒙哥铁木儿；保持游牧生活方式，保护城市和乡村；三国相约共同反对拖雷系的元朝大汗廷和与忽必烈站一队的阿八哈（旭烈兀之子）治下伊利汗国。一个共同反对元朝中央政府的反叛联盟在西北形成，海都作为中亚的君主公开采用"汗号"，扼守西侧伊利汗国，切断了忽必烈后援，并开始攻击忽必烈。

1271年，八剌死后的几年中，海都逐渐控制了察合台汗国，使其沦为自己的藩属，海都成了名副其实的中亚蒙古诸王的宗王。

当年，平定阿里不哥之乱以后，元朝致力于消灭南宋，没有在西北投入更多兵力。但塔剌思大会没有征得大汗同意，私相瓜分河中，结成敌对联盟，强烈地震撼了忽必烈，他果断调兵奔赴中亚。

至元八年至十四年（1271－1277年），为扭转天山南北的局势，元朝设阿力麻里大本营，以畏兀儿地区为大本营的后方基地，并于至元八年，"敕往畏兀儿地市米万石"，加强战备物资的屯备保障。同时，从察合台汗国手中收回塔里木南沿绿洲，至元八年六月"招集河西、斡端（和田）、昂吉呵等处居民"；至元十一年，"立斡端、鸦儿看（叶尔羌）两城水驿十四"。上述活动表明，元朝此时几乎控制了新疆全境，与海都的交界线已推至伊犁河与楚河之间。

尽管海都控制了察合台汗国，但是，由于元朝阿力麻里大本营的强大实力，使窝阔台汗国的势力仍然无法越过伊犁河，天山南北都处在元朝控制之中。然而，这种大好局势只持续到至元十四年（1277年）。这一年，北平王的部下诸王昔里吉（蒙哥子）、脱黑贴木儿等人劫持北平王安童，发动叛乱，元朝苦心经营的西北防线倾刻崩溃，西域形势立时逆转。海都乘机重新占领伊犁河谷，向南北疆发动进攻，和田、喀什都被窝阔台汗国占领。至元十四至十五年间前后，元朝与窝阔台汗国对和田展开激烈争夺，至元十七年"也罕的斤进征斡端"，至元十八年，"命（刘）恩进兵斡端，海都将玉论亦撒率兵万人迎战"，至元十九年，"元帅忙古带军至斡端，与叛王兀卢等战"。可见，截止至元十九年（1282年），双方交锋前线在临近阿里的和田一带，塔里木西部已全部被窝阔台汗国控制。

至元十九年（1282年），海都任命都哇为察合台汗。都哇接受以前因反对海都而不断招致其打击的教训，完全听命于海都。从此，以海都为宗主的西北叛王联盟势力更甚。"海都、都哇"两个叛王的名字不断出现在各种史料中，元朝的西北边患更为严重。直到大德五年（1310年），海都被元军击败，死于退军途中，子察八儿即位，向元朝称藩。十年，元廷乘其内乱发兵进攻，察八儿投奔都哇，汗国方亡。

不难想象，在略述忽必烈建立元朝，并以蒙古汗王身份坐在大都龙椅之时，他所要考虑的格局是战略全局范围的，对西藏的治理也是纳入这一范畴之中，当忽必烈与八思巴讨论西藏事务之时，一定不会忽视北方局势。

1264年，忽必烈打败阿里不哥之后，海都就像锤老鼠游戏一样，为接手反叛政治力量，迫不及待地冒出了头，特别是接过了与忽必烈争夺察合台汗国的斗争。此时，忽必烈即命八思巴及其弟白兰王恰那多吉动身返藏，建立行政体制，划分十三万户。这是一个军事和行政合一的社会组织，被编入户的臣民不能随意迁动，平时放牧生产，战时从军出征，十三万户的万户长首先是明确的军事首领，这等于为战备的组织动员做好了领导准备。十三万户的建立，编民入户的划定，变割据时期的教派政治为统一时期的地域政治，使此前藏地以教派和地方首领为主的庄园管理，转变为在中央政府统一领导下的地方行政区划，更加便于实施统一集中的军政之令。这也意味着，吐蕃王朝崩溃后近400年之久的分裂局面得以结束。

此间，忽必烈命八思巴创蒙古新字，亦与海都提出的挑战有关。海都正是打着忽必烈推行中国化，背离蒙古传统的名义，才获得北方诸部支持。而支撑正统的几个核心要素当中，忽必烈出身黄金家族的血脉无可质疑，接下来就是要在文化属性上竖起大旗。这一点，好比当年辽、金、西夏等国一样，为证明自己的正朔，都积极地创立文字。这也是为什么虽然蒙古新字只是并不十分完善的表音文字，在实际应用中并未得以普及，在行文中也须注明其他文字，以避免表意的理解产生歧义，但忽必烈仍然坚持在元朝公文中标以蒙古新字的原因之一。此时的忽必烈内心是纠结的，一方面为了治理中原地区，不得不推行汉文化；一方面为了对付西北宗室质疑，不得不推出蒙文化。文化属性既有鲜明的标识性，也有极强的开放性和包容性，正是在这样的融合中，中华民族多元一体的格局从文化、制度的层面被反复揉捏在一起。汉语中也吸收了许多的蒙语词汇，至今仍被广泛使用。

1271年前后，海都集合周边汗国，结成新的反忽必烈联盟。忽必烈在今新疆霍城县西北的克干平原设阿力麻里大本营，"阿力麻里"是防卫海都的前哨阵地。冷兵器时代的军镇关口都是按点状布局，但成条线联防拱卫的，临洮大城便再度启用。

1272年，忽必烈命八思巴离京，至临洮居住，建临洮大寺。并命其弟子在今甘肃甘南卓尼县建卓尼寺,这两个地方都是扼守关陇的门户。不但与"阿力麻里"大本营连成从西北至东南的防线,也是"阿力麻里"大本营最稳定的人力物力保障基地。八思巴师徒在这里驻留到1274年，才接到新的命令，与太子真金会合后，再度返回萨迦。之所以把设关与建寺结合，是缘于一旦战事来临，当地百姓将远避兵祸，通过建立寺院，能够安抚军民，这是元朝善用宗教怀化治理的统驭手法。

1277年，由真金太子代表忽必烈任施主，八思巴召集卫藏僧俗10万人在曲弥（今日喀则市南）举行大法会。这期间，正是忽必烈与海都在西域和西北战斗最为集中和胶着的几年，忽必烈把他最杰出的将领伯颜从中原召回，可见当时形势对忽必烈的严峻性。由此看来，真金以太子之尊、八思巴以国师之位，二人同返藏地，共推理藏制度，抚化僧俗二众，意义远不止于藏地事务。此时，无力把持四大汗国的大汗忽必烈，更是加深了对中国皇帝的身份认同，将西藏作为中国治下的重要一方，统筹安排其对内对外的一盘大棋。

1277～1282年，海都丢失了察合台汗国东部地方，但却顺势移军占领了西南部地方，双方交锋的前线逐渐由西北转向和田一带。和田与阿里两地之间地域相接、道路相通、边民相熟，从象雄时期，一直到后来，此地都是西域与西藏交流较为密切的地方。吐蕃时期，于阗僧人常南下跑到拉萨避难；古格时期，两地就因防卫突厥而互相拱卫。据说，文成公主在藏地感染天花就是被于阗人带来的传染源，金城公主还为被突厥赶跑来的僧人建寺收容。难以被消灭，一边被挤压，一边在转战的海都已经在拉达克和靠近和田的阿里地域有军事活动，这不得不引起忽必烈的高度重视。所以，太子真金除了亲送八思巴返藏的任务之外，最重要的任务就是巡查边情边防、勘查道路情况、置身前哨阵地、以备不时之需。

在这一历史大背景之下，1280年，元朝在西藏设立乌思藏纳里速古鲁孙等三路宣慰使司都元帅府，直接在原来的行政职能上，扩展为军政驿站管理机构，并在面向和田的阿里设元帅府，大大提升了整体战备统筹能力。年底，八思巴在萨迦圆寂之后，桑哥率元朝军队入藏攻破甲若宗，处死本钦贡噶桑波，并在卫藏设立骑兵驻军。

也正是在这样的情况下，1285 年，止贡贡巴衮多仁钦与上部蒙古勾结，扬言要让全藏人口成为属民，并宣称："现在的萨迦派能够这样当权，……是过去我们止贡派所挣下来的。"此时的元朝，已是一个大一统的强悍之国，如何能容得下如此分裂之言。1290 年，忽必烈派大军入藏，斩杀西蒙古王子和直贡贡巴，将止贡梯主寺付之一炬，并斩杀叛乱僧俗万余人，清理了其在康区的寺院。《五世达赖喇嘛传》记载，"止贡请来上部霍尔的军队进攻，大皇帝派铁木耳不花率领的蒙古骑兵进藏援助，与萨迦本钦的十三万户军队配合行动，一举歼灭了上部霍尔的军队。"这就是震动全藏的"止贡林洛"事件。经此一战，忽必烈虽然仍保留了止贡万户的名号，但在前藏经营已久的止贡派一蹶不振，也让前藏与后藏的平衡发生了进一步变化，此后的后藏一直都是全藏的政教中心，直到清初固始汗入藏，再建甘丹颇章政权。

从八思巴参与忽必烈处理类似事务高度契合的节点来看，有理由相信，八思巴不但受忽必烈委托，全面主持并亲自担负了元朝中央政府关于西藏治理制度的建立与执行。也带动西藏参与了忽必烈治下，对西域和西北等地的战略防卫，特别是八思巴以其宗教领袖的特殊身份，及时出现并坐镇临洮、卓尼等西北关防要地，彼时此处皆为藏传佛教属地，也是多民族汇合聚居的地方，对于激励将士、抚慰民心、安定后方，乃至紧急征兵等都具有不可替代的特殊作用。

忽必烈对八思巴的重视、对藏地的重视、对藏传佛教的重视，以及对其作用的发挥，从他在中央政府设立总制院（1288 年改名为宣政院）的职能也能看出一二。这一作为掌管全国佛教事务和藏地行政事务的中央机构，由国师八思巴领总制院事，国师之下设总制院使掌管日常事务，院使之下还有同知、副使、佥院等官员。《元史》释老传说："其为使位居第二者，必以僧为之，出帝师所辟举"，百官志说："其用人则自为选，其为选则军民通摄，僧俗并用。"可见宣政院自己有一定的人事权，其官员中有僧人，也有俗人，有蒙古贵族，也有藏族。宣政院使作为朝廷重要官员，是由皇帝直接任命的，这就确定了八思巴建立的西藏行政体制从一开始就是与元朝中央的行政体制相联系的，是元朝行政体制的一部分。而且，八思巴的领天下释教特别是统领藏传佛教各派寺院和僧人又同时领总制院事的这种身份，标志着忽必烈和八思巴对西藏行政体制的设立是政教结合、僧俗并用的一种行政体制。元朝在藏族地区设置的各级机构的高级官员，由帝师或宣政院举荐，上报皇帝批准，授与金牌、银牌、印章、宣敕。从藏汉文史料看，藏地僧俗官员任职，多由帝师举荐，宣慰使、都元帅、达鲁花赤等官职，多由宣政院举荐。宣政院还要管理西藏地方的法律执行情况，派员进藏清查户籍，审理万户之间的纠纷，复核案件。另外，宣政院还要配合枢密院负责元朝在涉藏地区的军事行动。

神在人间：从噶举派视角看元末明初的教俗纷争

在距离西藏山南市所在地泽当34公里处，有一个风景秀美的小村庄——桑日县桑日镇日岗村。爬上村子北侧的山坡，俯瞰四周，视野开阔，绿草幽幽，鸟鸣声声。

在这半山腰的草木繁茂之处，掩映着一座红墙金顶的古朴寺院，依山而建，错落有致，犹如依偎于大山的怀抱之中。这里，便是在藏传佛教后弘期早期，活跃在卫藏地区，并在古格王国后期远播至阿里，分生出"四大八小"诸多派系的噶举派祖寺——丹萨梯寺。这里，也是曾经辉煌一时的帕竹政权中心。至今在寺庙大殿南面保存有一坐灵塔殿，殿内有两座灵塔高于殿墙，其中有一座灵塔便是帕竹·多吉杰布的。从灵塔的高度就能看出此人的地位不一般，他又是谁呢？

帕竹·多吉杰布本生于康区南部，幼丧父母，9岁出家，后来到卫藏之地，师从噶举派三祖塔布拉杰，学成后返回康区传法。5年后，帕竹·多吉杰布再回卫藏，并于1158年来到此地，见群山环抱之中，有一幽静的山洞，静坐其中，不闻人语，只听鸟鸣，日望金轮西沉，夜见玉盘斗转，便决意在此地修行，并在洞前搭设茅棚，取名丹萨梯。自此，创立名传一时的帕竹噶举。

帕竹噶举只是噶举派诸多传承体系之中一派。而要说起帕竹噶举，不得不说起噶举及其渊源。

当古格王朝正在轰轰烈烈推进佛教弘发事业之际,玛尔巴、米拉日巴、塔布拉杰师徒三人,也在践行探索着他们的佛学修行。与有着王国力量为支撑的古格不同,他们的努力是本植民间、自发形成,且各有不同的。

一祖玛尔巴原名却吉洛追,西藏洛札人。15岁时到牛古坞寺师从卓弥·释迦益希学梵语,后变卖家产,多次赴印度、尼泊尔,修学密法和诸般经典。返藏后,便在卓窝坞定居,授徒译经,兼营农商。一生未出家,因其精通梵藏语,致力于翻译典籍,故有译师称号。不难看出,这是一位得道在家居士的形象。他效仿印度瑜伽士,身着白衣,神情超然,白色僧装遂成为噶举派世代相传的袈裟式样,后人也因此把由他始创的噶举派俗称为"白教"。

二祖米拉日巴生于贡塘(今西藏吉隆以北,靠近阿里地方)。原属藏北琼波家族,自其祖父定居贡塘后,称米拉家族。在他出生两年后,阿底峡来到阿里古格,使阿里成为名震一时的西藏佛教中心。米拉日巴成年后,专程到阿里求法修行。米拉日巴的父亲颇为精干,除了务农之外,还兼经商、行医,家境富有。当年,正在绛达孜(现昂仁县北)地方做生意,忽闻小儿出生,喜出望外,故取名脱巴噶"闻喜"(即米拉日巴俗名)。可是好景不长,米拉日巴7岁时丧父,家产俱被伯父霸占,随母过着贫困生活。成年后,为报仇雪耻,习苯教咒术,据传曾咒杀伯父及其眷属、亲友30余人,并毁坏全村庄稼。后因忏悔"罪孽",改宗佛教,拜噶举派始祖玛尔巴为师,矢志习受密法,注重实际修持,以苦修著称。故人称他为"米拉日巴",意为米拉家族中穿布衣者。在追随玛尔巴的日子里,米拉日巴种地、牧羊、修房等,无不任劳任怨,以虔行砺顽心,以苦毅磨大志。经过六年多的修习,玛尔巴看到米拉日巴劣性已消、罪障尽除、犹如脱胎换人,并念其"根器"可成就,向他口传全部密法。米拉日巴是一个彻底的出世主义者。他从维护佛教的立场出发,反对和抨击那些借佛教之名以图富贵、贪鄙虚伪、欺世盗名的宗教上层人物。终身坚守佛教的清规戒律、遁迹山林、潜心苦修,足迹遍及今西藏日喀则市吉隆县、聂拉木县、定日县和阿里地区冈仁波齐附近的修行洞。他的传教方法独特,常以歌唱教授门徒。后由其弟子收藏整理成《米拉日巴道歌集》,不仅富有宗教哲理,还有文学欣赏价值,咏叹世道人心,赞叹自然风物,颂扬家乡美景,抨击宗教上层的贪恋狡诈和虚伪做作。

三祖塔布拉杰本名为索南仁钦,今西藏隆子县人,"拉杰"意为神医,因其早年行医、通晓医理、治病救人而得名。他最初是噶当派的门徒,后随米拉日巴大师学法。他把噶当派的显法同米拉日巴的密法结合起来,形成了自己的体系,在今西藏加查县境塔拉岗布建岗布寺,形成了塔布噶举派,也由此改革了噶举派不建寺院、隐修苦行的传统。塔布拉杰的门徒众多,其中四大高徒也分别在卫藏建寺收徒,形成噶玛噶举、蔡巴噶举、拔绒噶举和帕竹噶举。

至此,噶举派系当中的"四大派系"已经形成分布于卫藏地区,其中帕竹噶举的创始者帕竹·多吉杰布,便是塔布拉杰的高徒之一,由于此人既擅学、又擅教,桃李成蹊,一脉多枝,其门下又分出"八小支系",分别为止贡、达隆、竹巴、雅桑、绰浦、修赛、叶巴、玛仓噶举。

当帕竹·多吉杰布49岁时,自康区弘法5年后再度返藏,并于丹萨梯寺开宗立派之后,他便常居于此修行、收徒、说法,直到圆寂于此。而"帕木竹巴"这个地名后来不仅作为人名、家族名、教派名,在元末时,取代萨迦政权成为西藏最具影响力的地方政权,即帕竹政权。

帕竹·多吉杰布圆寂之后,便把法脉和寺主之位传给弟子止贡觉巴久曲贡波,此人便在丹萨梯寺之外的卫藏,今拉萨市墨竹工卡县新建一座止贡丹萨梯寺。由此,便有了两座丹萨梯寺。

其间,止贡觉巴久曲贡波收了一个弟子,便是出身朗氏家族的扎巴迥乃。在追随师父学经的17年间,他与上师形影不离,随侍左右,所以别人称为"京俄"(意为眼前的人)。有此表现,扎巴迥乃在34岁时,被委派掌管丹萨梯寺,到他72岁时,兼任止贡寺的法台。从此以后,朗氏家族即负责掌管、守护和发展帕木竹巴兴建的丹萨梯寺,将其教派传承和朗氏家族血缘关系结合起来,称为帕竹朗氏家族,而京俄也成为朗氏家族中担任丹萨梯寺法座和止贡派宗教首领的一个称号。

有了帕竹地方势力与朗氏家族的结合,丹萨梯寺法座便由朗氏家族成员世相承袭，形成了强大的政教合一势力。1268年，设帕竹万户（乃东万户）之后，万户长由丹萨梯寺的法台京俄推举，万户长实际上也成了丹萨梯寺和寺属庄园的管理人。经过一段时间的过渡期，扎巴迥乃干脆直接出任万户长，不再另行推举。于是，扎巴迥乃便集寺主、家族族长、官吏于一身，世称"喇本"。

从此，帕竹一直沿袭政教合一体制。至元末时期，帕竹·绛曲坚赞于1354年推翻萨迦派在西藏近百年的统治，建立帕竹政权。1434年的一次战乱中，官居帕竹大臣的仁蚌巴诺布桑波乘机取得了谿卡桑珠孜等后藏地区的几个宗，直到1618年完全丧权，帕竹政权当权长达264年。

为什么在吐蕃灭亡之后，后弘期之始，会在阿里古格及萨迦、帕竹等地方和教派中广泛出现这种政教合一的格局？这源于其当时特定的社会环境和历史渊源。

早在吐蕃之前，西藏就分布着诸多小邦，分别有各据一方的大族统领。在吐蕃统一各小邦的过程中，虽然也付诸武力统合，但上层贵族之间通婚，并定期举行会盟仪式，成为维系奴隶主军事部落联盟政权的惯常方式，并将"一年一小盟，三年一大盟"的盟誓定立为制度。由种姓居大的原始氏族社会到奴隶社会的转变，发源了西藏贵族世系的几大源头。随着吐蕃崩解，吐蕃王族离散，分别在卫藏和阿里建立小政权。那些曾经与吐蕃世代联姻的地方家族势力也纷纷抬头，他们也可以和王系后裔一样，依托历代传承的政治经济资源，建立起属于自己的势力范围，但非王族的他们内心当中仍存有危机感，需要不断为自己的统驭赋予神性的光环。于是，他们一方面不断壮大自己势力，一面通过攀附王族一脉给家族光耀门楣。而此时，阿里已经在古格王国的庇护支持下，形成了强有力的宗教复兴之势，但从卫藏地区底层和民间自发兴起的宗教传播却难以成势，那些在宗教上修成正果的宗师们也需要考虑组织发展问题，以及寺院修建、译经印经、僧人生活等事无巨细的教务发展过程中无法回避的经济问题。于是，他们一拍即合、各取所需、相互依止。这一点，从噶举派三祖放弃在家或隐修的方式，开始建寺、聚众、依附当地贵族和庄园主的做法便可知一二。

据宣奴贝《青史》记载，没有什么大家族背景的帕木竹巴噶举派创始人多杰吉布在建立丹萨梯寺后，虽然"自奉节俭，凡有所得都纯用来作抚育僧众之用，而决不拿来作美饰茅蓬寝室以图快乐之用"。为了能够解决寺僧生活费用，多杰吉布可以说是殚精竭虑。但自多杰吉布去世后的几十年间，寺院便因财力不济而日见颓衰，即使有止贡巴仁钦贝（止贡噶举派创始人）这样的高僧大德来担任寺主，也因无力维持僧众生活而遭寺僧非议，不得不悄然离职。直到出身朗氏豪族的扎巴迥乃出任寺主后，丹萨梯寺才因得其家族支持而转衰为盛。

在这样的情况下，不论是出自吐蕃王系的赞普、还是出自世袭贵族家的族长，他们都采取族内分工或身兼一职的方式，来保证政权、血统和法脉不乱。事实上，在当时的吐蕃社会中，不论是普通民众的社会生活、还是贵族把持的宗教生活，皆"以种族为贵贱"，"尊大族，重故主"。后来，帕木竹巴地方首领绛曲坚赞所撰《朗氏家族史》中，一再引述其历代先辈有关重视所谓"族系"和"血统"的言论，声称其朗氏家族具有优越的"天神血统"，处处强调每一个家族成员都要竭力维护家族利益。清初，五世达赖在其《西藏王臣记》中也指出，讲究"出身"和所谓"族谱"是藏族社会自古以来的传统风气。

就像学而优则仕一样，聪明的孩子出家也能出人头地。如达隆噶举派创始人达隆塘巴所属的家族原来并没有什么势力，但他创建达隆教法后，通过各种宗教活动，不但积累起了一笔极其丰厚的财富，还取得了对三个地方的统治权。在家族意识和既得世俗利益的驱动下，达隆塘巴生前就将其侄子仁钦贡召至身边着意栽培，他去世后，仁钦贡便继承了达隆寺主的职位。元时，达隆已成为西藏地区较大的政教合一的地方势力。

但是，宗教教团既已成为世俗家族的附庸，宗教神权也就必然屈从于世俗家族的权威，受到家族血缘关系和利益范围的制约。因此，也容易诱发一些现实问题，在现实生活引发一些混乱。比如，萨迦派为夺取帕竹噶举的封地，在谈判交易不成之后，便毒杀了他们的首领，并在其后被翻旧帐时诱捕绛曲坚赞，却被萨迦派系四大拉章之一放走，引发了其后帕竹政权夺取萨迦政权。

事实上，教派与世俗间争权夺利之事层出不穷。帕竹噶举与雅桑噶举之间便长期为领地争斗不息，绛曲坚赞为此边打边申诉。1345年，绛曲坚赞向巡察的十八任萨迦本钦旺秋贝提出申诉，再次败诉的他不服气地提出抗议，却被投入监牢。十七天后，不得不低头的绛曲坚赞与雅桑噶举签订了和解书。萨迦本钦判决直、秋斯地方归雅桑，纳木、哲木和赛卡等地归帕竹。虽然作出了评判，该给帕竹的领地却被萨迦本钦提出代管，可一年代管期到期之后，萨迦本钦仍无意交还，绛曲坚赞不得不以80两黄金赎回了本该属于自己的赛卡之地。

不依不饶的雅桑噶举在蔡巴噶举的支持下，鼓捣萨迦本钦收回绛曲坚赞的万户之印，并设鸿门宴诱捕了绛曲坚赞，想一了百了地解决掉这个刺头。当时的萨迦政权已经被分为细脱、拉康、仁钦岗、都却四个拉章。虽由细脱拉章的甲哇桑布出任本钦，但其他三个拉章也各有封地、属民和势力范围，其中拉康拉章的旺尊大人更是跃跃欲试，这位夺关者成功地说服元廷任他为本钦，被撤换掉的甲哇桑布心怀不满，便悄悄释放了被拘的绛曲坚赞。

看到了狐狸尾巴的绛曲坚赞再也不会去赴他们的宴会，而是坚守在自己的城堡里，这让旺尊一伙儿坐立不安。于是，他们干脆放下伪装，直接联合发兵乃东。足智多谋的绛曲坚赞一边让人在城楼假扮自己坐阵指挥，一边带着一小队精锐绕到背后，偷袭并烧毁了他们的后勤库营。在前后夹击之下，联军大败而逃。

绛曲坚赞绝地反击，一鼓作气拿下了琼结，俘获了旺尊父子。毕竟旺尊是朝廷命官，在这些年他们又不断向元廷诬告绛曲坚赞谋反。绛曲坚赞留下夺回的领地，放归了旺尊父子。

但这并没有让旺尊感恩，而再次召集雅桑、蔡巴两派，他们在萨迦法台面前继续排挤绛曲坚赞，意欲再集兵力，攻打绛曲坚赞。这次，绛曲坚赞采取了主动，他出兵萨迦拉康拉章、攻取并占领了雅桑大部，迫使蔡巴万户割地求和，并把蔡巴万户的儿子押到乃东为人质。出身名门、知识渊博、颇有作为的万户长——蔡巴·贡噶多吉万念俱灰，禅位之后，不问世事，专心修佛，并撰写了西藏历史上第一部通史著作《红史》，拉萨河谷少了一位万户长，多了一位著述颇丰的学者。蔡巴·贡噶多吉还曾往内地向元朝朝贡。以编纂藏文大藏经甘珠尔部目录知名，与西藏佛学大师布敦·仁钦珠有过往来。蔡巴万户世居如今拉萨城东的蔡公堂地方，曾重金修缮布达拉宫、大昭寺等古迹，随着蔡巴·贡噶多吉出家为僧，研习学问，专心著述，他也成了最后一任蔡巴万户长。如今，那些达官贵人早被历史的风尘湮没，但蔡巴·贡噶多吉的著述仍在给后世传递着智慧和教益。对于蔡巴家族来说，这是政治斗争中的不圆满，却是文化史上的一件幸事。

在吊打卫藏对手之后，绛曲坚赞与萨迦细脱拉章达成合作协议，兵退后藏。1357年，藏地的万户长召开了一次集会，会议地点不在萨迦，而是在山南贡嘎，会议内容也不再是绛曲坚赞的申诉，而是研究本钦投降和权力交转。会上，细脱拉康代表萨迦愿意臣服，这引起拉康拉章极大的不满，萨迦四大拉章内斗日益激烈化，他们甚至直接囚禁了甲哇桑布。其子扎巴坚赞向绛曲坚赞求援。绛曲坚赞以此为契机，在与元朝驻官商量后，组织一支联军，攻取萨迦大殿。

拿下萨迦大殿的绛曲坚赞并未自任本钦，他留下主事之人配合扎巴坚赞和200名士兵，返回乃东及时向元中央汇报工作并请封。终于在新年刚过之时，拿到了"大司徒"的封号和印钮。此后不久，细脱拉章的甲哇桑布及其子扎巴坚赞等萨迦主事之人先后离奇死亡。第二年，拉康拉章的旺尊发兵围攻萨迦寺，被绛曲坚赞生擒后流放，并处决了一批顽固分子。

1360年，绛曲坚赞再次请封，再获赐虎钮印章和封诏，以及贡嘎、仁布等前后藏均为其辖地。并在乃东驻地，在蒙古都元帅和乌斯藏宣慰司的见证下，举行了宣诏仪式。按帕竹旧俗，在丹萨梯寺举行了虎钮印章启用仪式，这意味着，帕竹政权的印章从此替代了萨迦政权的印章。

在元朝的治理下，逐步建立了"米德"和"拉德"制度。米德是世俗领主所占有的农牧，在人身上依附自己的领主，并世代保持这种关系。米德向自己的领主承担劳役和贡赋，还要为元朝廷服劳役缴税。拉德是寺院和宗教领袖的农牧，人身依附在寺院和宗教领袖，但是因为成吉思汗的札撒善待僧侣，僧侣免除各类役和赋税的同时，拉德也往往被免除。通过米德跟拉德制度的划分，确立了封建领主跟寺院宗教领袖对领地占有及对属民剥削的法律基础。

藏传佛教后弘期也正是在这样的社会背景下开始和发展的。

当然，藏传佛教教团的家族化以及家族性政教合一体制所产生的消极影响，绝不仅仅局限于对藏传佛教本身的发展的限制，它也进一步加深了在分散的家族专政的背景下，社会内部自我封闭和相互排斥的程度，从而严重阻碍了社会的发展和进步。因此，打破这种以家族血缘为主的传承关系，争取其组织上的独立性，实际上也成为社会发展和进步的一种历史要求。16世纪后期，蒸蒸日上的格鲁派效法噶玛噶举派确立了活佛转世系统，此后，随着格鲁派在藏族社会的全面得势，活佛转世成为藏传佛教教团最为重要的组织特征，藏传佛教教团的家族化特征由此而逐渐淡化，家族性的政教合一体制无形中趋于瓦解；西藏社会持续了几个世纪之久的由世家大族分散主导政治生活以及由此而造成的自我封闭隔绝的状态也逐渐得到改观。

艺术之光：从托林寺、夏鲁寺到白居寺的嬗变

吐蕃覆亡后的西藏大地，没有了号令四方的王权，没有了征服的铁蹄滚滚，除了边境的军阀混战，还有零星的王权之争，似乎陷入了沉寂之中。苍茫空旷的草原只有牛羊悠闲地啃草，辽远开阔的河谷只有江河日夜地呜咽，帐蓬里的妇人安静地搓着缕缕羊毛线，她的儿孙在开满野花的草地上撒着欢。

一切似乎都回到了从前，但一切又不再是从前。吐蕃之前的部落各安其所土，牧区放养着壮实的牛马，河谷种植着大片的青稞，半农半牧区的人们，会利用青黄的草皮，家家散养几只羊子。经过吐蕃诸王多年的统治，他们适应了礼敬赞普和佛，并按苯教指引的习俗生活。如今，却像刚刚断奶的孩子一样，不得不面对着未知的世界。

不论是凝固的建筑艺术，仿生的雕塑艺术，浓墨的绘画艺术，它们都是当世政治、人文和社会形态的投射。此际，文化之脉该如何传承？艺术之光又如何绽放？

高原的风，一吹就过了上百年。在时光的雕磨中，一缕绚烂的艺术之光照进了雪域⋯⋯

公元996年，托林寺的第一铲土被铲起，随着一块块石头被堆砌起来，古老的寺宇建筑也开始成形。为了装饰佛的居所，益西沃不惜重金，从印度、尼泊尔、克什米尔、中亚等地聘请了大量画师，他们从四面八

方来到位于象泉河谷的这片台地上，在太阳和酥油灯的点亮下，日夜描绘着佛、菩萨、金刚的庄严慈悲之相。

待到完工之时，益西沃急步来到了这里，在推开大殿之门那一刻，他被眼前的景象所震憾。《佛法源流》这样记载：托林寺是按照桑耶寺的格局建造的，太阳升起时，阳光照耀在佛殿内，所有的佛殿都金碧辉煌，因此就取名为托林金殿。据说，拉喇嘛益西沃在朝拜桑耶寺时很自豪地说过："我边地小王国的事业也不比我祖先统治全藏的丰功伟绩小。"

殿堂四周的墙壁上，五彩的颜料覆满了原先粗陋的土墙，似乎一墙之外才是真正的凡尘俗世。克什米尔风格的壁画色彩浓艳鲜丽，菩萨天女的造型身姿曼妙，线条流畅，构图灵动，艺术变形后的造型夸张，却恰能呈现其艺术想象。佛像下方供养人的画像，服装和装饰性图案又呈现波斯艺术的影响，表明在寺宇修建和艺术赋彩过程中，宫人、臣属和属众也广泛参与其中。

一幅幅造型各异的主尊之后，装饰简约，留白之处，更显空灵。几何对称的树纹勾勒，飘逸游走的裙摆丝带，庄严肃穆的力士金刚让你不敢直视，扭动身姿的伎乐天女似乎弦音出墙。完美的比例，婀娜的造型，营造了一种介乎神与人之间别样殊胜的风姿！度母们体现着道德的感染力，同时又兼具着世俗的亲和力。在那满月般的面庞之上，弯眉细目之间、浅笑微扬之唇，都在庄严中透着华美，亦在古典中透着静雅，浅藏着穿越千年的谕示，待你用心体验和领悟。当你站在她的面前，臂间轻扬的丝带，仿佛由你们之间的一缕清风扬起，即便是双跏趺坐，也丝毫没有呆板程式的束缚之感。一串串造型简约，或写实、或抽象，或对称、或灵动的花草图纹，把诸佛菩萨的画像联缀起来，形成了一整条艺术长廊。

寺中杜康大殿与拉康嘎波于15世纪下半叶时期扩建，殿内壁画体现了经典的古格风格美学，并在早期多用留白等简化处理方法的基础上，通过浓重晕染表现明暗以彰显身躯的立体感。其画风在承袭了喜马拉雅以西克什米尔传统，强调自由写实与自然流畅之感，通过姿态进行动态表现的同时，融入了大量早期西藏地区西部本土风格元素。这也从一个侧面说明，当地画匠不断参与到创作之中，并提练融入了藏西的本土元

艺术之光　从托林寺、夏鲁寺到白居寺的嬗变

素。其顶棚处的飞天造型，又赋予了后期形成的江孜画派中的汉地审美情趣，彰显了当时古格艺术风格的开放性和多元性。

古格，仿佛打开了一扇天窗，让一束阳光透过本灵动的圣洁高原，洒下一道绚丽的虹。

阿里，仿佛跑进了一只神鹿，在一片本就充满无尽想象的高天厚土，向东一路飞奔而去。

在古格形成的传统，在阿里汇聚的艺术，渐渐向东边的西藏腹心地带传袭演变，并不断形成属于藏地自己的艺术风格。

公元1027年，时北宋年间，早春时节，青苗初生。从印度学成归藏的杰尊·西绕迥乃请求大师洛敦·多杰旺秋射箭选址建寺。箭落青苗之地，夏鲁寺的第一块石头就从这里垒起。

石起壁立，画师便以虔诚之心，勾描殊胜庄严妙境。于是，一幅幅精美的壁画凝神其间，悠悠过了千年。

如今，这座寺院依然座落于西藏日喀则市桑珠孜区东南，年楚河拐弯处南岸的小村庄。

犍陀罗时期，受希腊风影响，佛教造像大兴。后经笈多王朝、波罗王朝的印度本土化，宽脸圆目等带着明显印度人种面部风格的佛像造型艺术传入早期西藏。阿里古格时期，诸路工匠汇聚藏地，带来多元之风，对艺术有着别样感悟力的藏地艺人开始在参与的同时，渐渐融入自己的民族审美和艺术想象，夏鲁寺壁画如同他立志为佛教后弘起心发愿的创始人一样，迥异于前。他引入尼泊尔风格，又以藏民族的纯厚朴实摒弃了尼泊尔的艳丽妖娆，以铁线走底、高光线挑光，迦楼罗高立宝座、卷草纹回旋其间，诸佛菩萨慈悲穆静，力士天女形态各异。单重佛冠、莲瓣、耳环，一切简单而传神，没有密宗造像的繁复装饰，没有宫廷画风的浓艳细巧，没有度量规制的千篇一律。

最早的画师没有商品之念、功利之心，用心领悟传递着佛的胜妙。他们知道什么地方该精描细画、什么地方该点到为止。就连配饰也是如此，只有认真看，才能看到未来佛阿弥陀佛宝座的孔雀。对于那时佛的境界，他们自有心之所现、比例安排。画作的过程，也是他们皈依、礼佛、学法、悟道的过程。

五方佛就那么悠悠端坐了千年，以他弯眉弓目的独特示现望着你。千百年后，当你再次走近，仰视的已然不仅仅是佛法。看，那嘴角浅含的一抹微笑，已然淡过千年的风霜……他用点线面的三维构图、加上时间的四维语言、再加上从过去走到现在再往未来去的五维空间，默默告诉你这个千百年间偶然经过并有缘与他相逢一笑的人：该如何观照功名利禄、尘缘俗世、当下未来……

公元1320年，该寺请当时著名佛学大师布敦仁钦珠到夏鲁寺主持，使寺庙名声大振，信徒逐渐增多，寺院规模不断扩大，兴盛时期共有四大经学院，僧众三千八百多名，并形成了史家称为"布敦派"的宗派体系。

正是山不在高、有仙则名，水不在深、有龙则灵。夏鲁寺并不很大，却自成夏鲁风格，这种风格结束了外来风格的简单植入，塑造了藏民族的艺术构想，见证了藏民族的精神变迁，并为标志着藏民族佛教艺术风格成熟的江孜白居风格诞生奠定了重要的基础。

这座寺庙刚开始建设的时候，整体规模并不是很大，也是纯粹的藏式风格，后来融合了汉藏风格。这座古寺当年位于年楚河下游南岸商业中心，元朝在此设立夏鲁万户长，其万户长也由吐蕃末代赞普的后代担任。当时，阿麦钦波桑杰益西万户长为了和萨迦派攀附关系，巩固自己的权势和地位，便把女儿嫁给了八思巴的弟弟恰那多吉，生子达玛巴拉。后来，达玛巴拉继任元朝第三任帝师之后，便向忽必烈为自己的舅舅请求封赏，忽必烈欣然应允，并说："既是上师的舅舅，也就与我的舅舅一般，应当加以照应。"并赐给夏鲁家世袭万户的诏书，以及白银一百五十八锭等财物。

元朝统一西藏后，该寺寺主扎巴坚赞被元帝受封为夏鲁万户长。公元1329年夏鲁寺在一次地震中遭受毁灭性破坏，当时寺主扎巴坚赞正在北京受元帝召见，即命他返藏重建修复，并赐给大量的钱财做修复之资。后来，由汉藏工匠共同完成的改造，形成了汉藏结合式建筑结构。

扎巴坚赞后被元廷封为"乌思藏纳里速古鲁孙宣慰使司都元帅"，掌管二等虎头宝印，秩从二品，准予世袭，高于其他万户长。在夏鲁寺三门殿壁画中还见有题写"都元帅"藏文题记的肖像画，据考证，画像中的人物就是扎巴坚赞。

夏鲁寺再向东南方向几十公里，过白朗县、到江孜县城，三面环山的怀抱中，矗立着一座规模较之更大的寺院。在蓝天白云的映照下，寺中一座通体洁白的塔状建筑格外引人注目。

这，就是江孜白居寺。藏语称"班廓曲德"，意为"吉祥轮大乐寺"。白居寺始建于明宣宗宣德二年，也就是公元1427年，历时10年方竣工。它是一座塔寺结合的藏传佛教寺院建筑，寺中有塔、塔中有寺。其中白居塔亦称"十万见闻解脱大塔"，是迄今西藏境内保存完好，雄伟华美的塔状建筑珍品，塔高9层，高42.4米，由塔基、塔腹、覆盆、塔幢等组成。

仓央嘉措有诗："那一世，转山转水转佛塔，不为修来世，只为途中与你相见。"转山转水转佛塔，是藏传佛教信众表达虔诚之愿力的一种行为，在塔寺合一的白居寺，不但可以在塔外转经，塔内也可以转经，甚至一层层由向上转，建筑意向完美传达了一颗向佛之心的修行之美。

白居寺由江灵敏度法王饶丹贡桑帕和一世班禅克珠杰于15世纪中叶的前半期共同主持兴建。它的兴建过程，既凝结了汉藏文明，特别是艺术交流成果，并在这电光火石般的碰撞中产生了独具藏民族风格的藏传佛教艺术风格，也在近现代见证了历史沧桑和欣喜的时刻。

白居塔四方殿堂内，绘有十余万佛像，因而得名"十万佛塔"。塔内亦有千余尊泥、铜、金塑佛像，堪称佛教造像和绘画艺术博物馆。尤为亮眼的是，佛像除了本来常见的跏趺座之外，在佛像背光和宝座常见造型多样的中原明代高靠背木制家具和脚凳；除了南亚常见的卷草状花蔓枝叶冠样式，壁画中也出现五花冠等大量汉地花卉和文样；受汉工画风影响，人物的衣裙、褶纹、飘带等服饰比夏鲁风格更加繁多宽松，中原式"吴带当风"的圆转飘逸之风渐替南亚式"曹衣出水"的衣衫紧贴之风；人物面貌在继承印式波罗风、夏鲁风典型的扁圆形基础上，更为修长柔和，波罗式的方形。同时，画面构图打破棋格排列式布局，造型活跃多变，曲线富于律动，各式花卉云霞连接主尊周边的附属人物，衣饰和配景中的图案装饰更加繁复华丽，华贵浓郁中见典雅沉静，藏汉结合创民族画风。

由此可见，此时汉藏交流已为常态，特别是艺术往来交流密切，且汉地审美风格已渐压南亚风格，一种全新的审美理想站到了前台。这种审美创造，告示着外域风格起主导的时代在这里、在那时的结束。这是在从14世纪到15世纪之间的100年间，经萨迦、夏鲁艺术的影响和汉地艺术的渗透，并由此形成了在消化外来影响之后，具有西藏本土风格的绘画风格。

这一在后藏江孜地区形成的绘画样式，也被称之为"江孜风格"。这一风格，对后来勉唐派艺术的创立提供了启发。是14、15世纪藏传佛教艺术成熟期的代表，与夏鲁风格一起标志着藏族绘画史走入鼎盛时代。

艺术之光　从托林寺、夏鲁寺到白居寺的嬗变

收复西北：打通入蕃最后一公里

1368年春，明太祖朱元璋在南京登基，继皇位，建立明朝。

秋天，大将军徐达兵至元大都，元顺帝妥欢帖木儿仓皇北遁。为了纪念平定北方的功绩，朱元璋将元大都改称北平。

但，此时的蒙古仍占据着蒙古高原，以及西、北亚等地。此后，蒙古贵族虽分分合合，但仍保有其政权，直到1635年被后金所灭，存在了近270年，几乎与明朝相始终。

正式取代元朝中央政权统治的明朝肇始之际，因朱元璋本从南方发家，其南方根据地已然稳固，但元廷北遁游奔漠北，西北也尚未完全归附，旧元残兵仍盘距西北，兵勇仍驻守甘青等地。如何统纳西北，进而使包括西藏在内的地方归顺，彻底解决蒙古诸部对明朝的威胁，成为安定中原之后朱元璋必须深入思考的一个重大问题。

由此看来，尽快完成新旧王朝政治资产交接，使大明政令通行青藏高原，并不是朱元璋一时拍脑袋决策的，而是有着统盘考虑和深远之谋略。

位于东亚大陆板块腹心地带的西藏，地处出入南亚、西亚、西域的丁字路口。西高东低的地势，更利于与中原在政治、经济、文化方面沟通交流。

随着蒙古帝国横扫亚欧大陆，并将西藏正式纳入元中央政府统一辖域，西藏与中原有了更加密切而广泛的政治、经济、文化等多元联系，这深刻影响了后世中原王朝对亚洲内陆地缘格局的认知，而我们熟悉的中国疆域和地理认知从那时便被基本定型。元灭明兴，西藏自然就成为元朝留给明朝的西南边疆遗产，如何继承这一遗产？

朱元璋先将战略视野投向了西北。

当年，蒙元西征南讨，便是以西北祁连山为集结地，一路西征、一路南下，收藏地、灭大理，终对南宋形成合围之势，使西北处于蒙古汗国的亚欧中心地带。不速剿抚西北，北控西域，南收青藏，切断蒙古高原与青藏高原的联系地带，将为新生的大明基业带来极大的隐患。更何况，从汉武帝经略西北，打通河西走廊之后，中原至东向南海防已固，西北便是边疆治理重地，后世帝王若想以文治武功双全名留青史，更是纷纷以此回望对标。于是，明朝建立之初，明太祖派遣徐达率军在西北地带对残元势力进行打击，迫使其向北、向西逃窜，但仍有部分故元残部盘踞于西北甘青地区。

河西走廊见证了半部中国镇武治边的历史，新生的大明君臣通过分析两汉王朝与匈奴战和关系的历史记忆和历史经验，认为汉朝对匈奴采取先防后战进而占领西域，以达到断匈奴右臂的策略是行之有效的。对明朝来讲，控制了此地，既可隔绝蒙藏间联系，又可进一步进兵河西，即所谓"原夫太祖甫定关中，即法汉武创河西四郡隔羌、胡之意，建重镇于甘肃，以北拒蒙古，南捍诸番，俾不得相合"，此乃明朝经略西北的最佳战略选择。

建国后的第二年，明朝便第一次颁敕谕招抚西蕃，但是并没有得到青藏地区各部族的响应。究其原因，除了地处偏远，还有一个重要的原因是元朝势力多年经营，仍在甘青屯驻相当的蒙古贵族和军事力量，甘青地区的各部族以及西藏地方内部各政教势力对元明战局判断不明，仍然对故元抱有幻想。

洪武元年（1368年）八月，明军主帅徐达率主力攻下元大都，兵锋继指山西，十二月入太原。次年三月，徐达军攻入陕西，从西安追击元军主将李思齐。当时，陈兵黄土高坡的大将军徐达在凤翔会诸将，皆以庆阳易于临洮，欲先攻取庆阳之地，徐达力主攻取临洮，他的战略判断是"临洮之地，西通蕃夷，北界河湟，我师取之，其人足以备战斗，

收复西北 打通入蕃最后一公里

181

其土地所产足以供军储。今以大军蹙之,思齐不西走胡,则束手就降矣。临洮既克,则旁郡自下"。

临洮县,古称狄道,今属甘肃省定西市,地处黄土高原与青藏高原的交汇地带,因黄河上游最大的支流洮河穿城而过,而得名临洮。当年,忽必烈便在此处建军寨,并命八思巴建临洮大寺,进而遥控西北。

徐达抚城已多的大手轻扫作战地图,旋即在临洮城位置停下。他说,临洮这个地方,既通西藏之地,又与青海相接,对方目前在这里的兵力部署不如我们强大,而这里的物产又足够支应转战周边的军需储备。如今,我们集结兵勇,却不发兵西攻,谁会束手受降?如果攻克拿下了临洮,周边各郡地自然垂手可得了。

谋定而后动。于是,不动如山、动如雷霆的明军,很快于四月收复临洮。刚奔逃到这儿的元将李思齐投降,明军俘虏10万人。徐达制定攻取临洮,以通蕃夷的策略,为下一步建立斩断蒙、藏联系的西番诸卫体系奠定基础,使得残元势力在西北地区再无援手,只能被迫向西、向北遁入大漠。

在冷兵器时代的古代中国历史上,传统政治中心多居北,而且北方多蕃育良马,自古弓马得天下,都是自北而南下,明朝龙兴之时,却是自南向北。此番破元,由南而上,一路追杀,徐达首开先河,打破了这一定势。

然而,在统一之策中,战争只是手段,不是唯一目的。明军攻取临洮仅十七天后,史料中明确记载的第一位出使西藏的明朝官员许允德带着明太祖的诏书,再一次遣使诏谕吐蕃,诏曰:"昔我帝王之治中国,以至德要道,民用和睦,推及四夷,莫不安靖。向者,胡人窃据华夏百有余年,冠履倒置,凡百有心,孰不兴愤。比岁以来,胡君失政,四方云扰,群雄分争,生灵涂炭。朕乃命将率师悉平海内,臣民推戴,为天下主,国号大明,建元洪武。式我前王之道,用康黎庶。惟尔吐蕃,邦居西土,今中国一统,恐尚未闻,故兹诏示使者至吐蕃。"

朱元璋的诸多诏谕都是出了名的大白话。这一通宣谕下来,其实就是一句话,现在天下我是大当家的,只有吐蕃地儿远,可能没听这事儿,所以安排特派员来告诉你们。

结果顺利吗？史载"使者至吐蕃。吐蕃未即归命，寻复遣使陕西行省员外郎许允德往招（诏）谕之"。派许允德前往藏地进行第二次诏谕，"令各族酋长举故官，至京授职"。

就是说，诏谕中提及的"吐蕃"，不但没有立即归附明朝，反而对新生的明朝政权进行挑衅，入寇临洮，屯兵河原，河水未成冰封，两军隔河对峙。恰好风至河封，韦正直捣虏营，虏大惊，以为神。这位守城指挥韦正善于招徕，"时土酋赵琦弟同知赵三及孙平章、祁院使等皆先后来归，正悉与衣冠，厚遗而遣之。自是诸部土官相率来降"。

什么意思？

明朝收复临洮招致吐蕃部族的进攻，明朝随即对甘青各部族进行征讨。由于指挥韦正"善于招徕"，使吐蕃诸部土官"相率来降"，这是史料记载中最先降服明朝的吐蕃部族。从这时开始，明朝以剿抚并用的策略经略西藏。

但此时，由于对吐蕃政治、文化、宗教等方面情况仍缺乏深入了解，明朝还没有充分认识到藏传佛教对各部族的感召力量，也没有通过宗教领袖来积极争取吐蕃诸部的归附。所以，明朝对吐蕃的试探性接触，大体只对吐蕃基本情况有了一定认识，并未深入到乌思藏，这在《明太祖实录》洪武三年（1370年）诏谕中有所表述："册封诸皇子为王，诏天下曰：'朕荷天地百神之佑，祖宗之灵，当群雄鼎沸之秋，奋起淮右，赖将帅宣力，创业江左。曩者，命大将军徐达统率诸将以定中原，不二年间，海宇清肃，虏遁沙漠，大统既正，称庶靖安。欲先论功以行爵赏，缘土蕃之境未入版图，今年春复命达等帅师再征，是以报功未及举行'。"

这则诏谕主要展示了朱元璋对自己丰功伟业的炫耀，但遥远的藏地有待收服治理，仍然是洪武帝内心中的遗憾。

如何将剿抚并用的策略灵活运用于西北战局，朱元璋与徐达君臣之间有着不同意见。洪武三年四月戊寅，上遣使敕谕大将军徐达就表达了他的意见："尔将兵在外，军中事宜与诸将佐熟计行之。"五月，"大将军徐达分遣左副将军邓愈招谕吐蕃，而自将取兴元"，一手军事，一手招谕，修正了太祖的军事征伐计划。不久之后，"左副将军邓愈自临洮进克河州，遣人招谕吐蕃诸酋"。

显然，徐达的战略意图是敲山震虎，远交近攻，既让吐蕃各族看到明朝兵威，又对之加以安抚，以此来达到不战而屈人之兵的效果。

古城河州位于今甘肃省临夏市西南，这里世代生活着元朝随蒙古大军迁徙而来的东乡和汉、回、土、撒拉等民族。元朝时，在此设宣慰使司都元帅府治所，以节制周边甘青之地，扼住通藏北边门户。洪武三年（1370年）正月，徐达领军入甘南，与残余元军的主力扩廓帖木儿（王保保）军决战，在甘肃定西一带大破元军主力；同时，派李文忠率军北伐，进攻元顺帝盘踞的应昌（今内蒙古克什克腾旗达里诺尔湖两岸），唇亡齿寒的河州也随即告破，管辖今青海省东南部、甘肃省南部及四川省阿坝一带的故元陕西行省吐蕃宣慰使何锁南普等降明。

没过多久，元顺帝又病殁，这下安多地区的首领坐不住了，眼看着元军不堪一击，明军又已经兵临城下，原先忠于元朝的西北藏族首领陆续归附明朝。1371年，元世祖忽必烈直系孙、西藏的世袭封主镇西武靖王卜纳剌携带着元朝颁发的印信，率吐蕃诸部首领到南京向明朝归顺。

明朝按例收缴了元朝授予他们的印信，授予他们为河州卫指挥同知、靖南卫指挥同知，并准予世袭，属下官吏也授千户、所镇抚等职。

随着，甘、青、阿坝藏族地区的元朝最高首领的投降，河州（今甘肃临夏）、临洮（今甘肃临洮）、岷州（今甘肃岷县）等地归附明朝。

洪武四年，朱元璋命汤和为征西将军，收复四川，与藏地相接的阶州、文州、茂州、威州、松潘等地的蒙藏官吏望风而降。

拿下四川后，明朝设河州卫和朵甘卫，正式在甘南、川西北驻军，管控两地军事、政务和民生。

次年二月，又设置四川等处茶盐都转运司和秦州茶马司，进一步在经济领域管理涉藏事务，分别从四川和甘肃东部掌控了与藏地的茶马贸易。

从这时候起，明朝的马蹄和诏谕皆已从东、北两面抵达了藏地的大门口。

不难看出，洪武初年，明太祖朱元璋在处置藏地事务中，退强元、断辅翼，取甘青、下川西，行招谕、促和谈……短短两三年间，对陕甘、川西和吐蕃的战略部署清晰，行动迅速有力，稳扎稳打地逐步接收元朝在西藏的权力。在未取藏地之前，朱元璋甚至不举行封赏，"缘土蕃之境未入版图，……是以报功之典未及举行"。在朱元璋的眼中，收服藏地，安定边疆，不仅是圈定明王朝版图的定鼎之举，更是隔绝蒙元残余势力的战略选择。因此，当徐达战胜王保保，甘、青、阿坝藏族地区归顺之后，朱元璋才安心地随即"大封功臣"。

《明史·西域传三》记载："洪武初，太祖惩唐世吐蕃之乱，思制御之。"朱元璋显然有备课，一开始就思制御之，他对唐朝与吐蕃之际的世情有深入了解，也深知元朝与西藏宗教上层的密切关系，经过元朝中央政府疆域观念的新转变，他对西藏和其他藏族地区的战略筹谋，始终是在稳定全国政局的基础上作出的，也是为了彻底消灭元朝残余力量，巩固明朝新生政权统治，建立一个大一统的王朝。

诏谕吐蕃：不战而屈人之兵

当年，朱元璋征战江南之时，曾经乔装借寺而宿，兵荒马乱之际，寺僧见其相貌非凡，便问其人是谁，朱元璋笑而不语，于寺壁题诗一首："杀尽江南百万兵，腰间宝剑血犹腥。老僧不识英雄汉，只管哓哓问姓名。"

藏地遥远，民风殊异，是战？是抚？让朱元璋这位长期奉行征讨政策的硬汉陷入了深思。

反思之前广西、贵州等地部族时有零星之乱，最初也是"当临之以兵，彼始畏服"，结果越压越乱，暴乱此起彼伏。民族问题不同阶级矛盾，若一味用强硬武力手段，必将激化"民族矛盾"，压缩"促和"的空间，放大"对抗"的属性。造成民族矛盾激化的原因正是因为文化差异以及风土人情不同所致，民族间关系的本质是平等的，并不存在什么种族优劣之分，政策制订和执行是否有效且适度，直接关系着矛盾的消解还是激化。打了半辈子仗的朱元璋明白，战争只是手段、不是终极目的，更何况，在多年的混战之后，他要的是大一统，而不是再造乱世。

已经怀拥大都、定鼎中原、掌驭全局的明太祖深知，此时他面临的主要矛盾既不是早期各义军之间抢山头，也不是传统中原地区对北方残元势力之间的汉夷之争，经过之前数代的民族大融合进程，中国一体多元的现状大格局已成，明朝未来要完成的建国大业应当是一个"统一多民族政权"的建设进程，如何招抚包括蒙古在内的周边各民族、实现最大范围疆域治理才是最紧要的。于是，朱元璋化百炼钢为绕指柔，着重强调"凡在幅员之内，咸推一视之仁"，就是只要接受明朝统治，就会一视同仁，中原百姓所有的，少数民族百姓也同样可以拥有。说到做到的朱元璋在立朝后的第一年便安排编修《元史》，客观评价历代元帝，优待遗留在大都的故元旧族，以实际行动证明他的天下一家、汉夷平等、思远怀来的思想。

此时，明太祖朱元璋面临的形势比元太宗窝阔台要好得多。经过近百年的有效治理，西藏地方与中央政权的关系已经基本理顺，双方在政治、经济、文化等方面的往来密切。再加上，元朝统治者扶植藏传佛教、礼遇僧人、统计户籍、治衙遣官、整修驿站等治藏理藏策略为新立的明朝提供了可资的借鉴。

分析完局势后，朱元璋意识到，对少数民族和边疆地区的有效治理，既要重"武备"，更加善"文治"。决定"抚之以安静，待之以诚意，谕之以道理"，并定下了恩威并济、广行招谕、多封众建的策略。一边命大将徐达征讨旧元余部，一边派许允德等"诏谕吐蕃"，宣布元朝已灭，明朝新立，中央政权业已更替，要求僧俗归顺新朝。

虽然招抚工作前期小有挫折，但随着甘青地区平定和招抚，朱元璋很快明白了藏地深受藏传佛教影响的社情民意，在优待和封赏先前甘青地方投降的僧俗首领，发挥典型的示范带动作用的同时。于洪武三年六月，"命僧克新等三人往西域招谕吐蕃，仍命图其所过山川地形以归"。

从派遣的使臣身份来看，朱元璋已经开始利用宗教情感联络西藏内部的藏传佛教势力，并深入西藏腹地搜集相关社情、进行详细踏勘、以备决策参考。

谋定而行，朱元璋以僧俗并举，敞开怀抱，欢迎新归附官民。对元属旧官，分别保留原封地的同时，属地不迁、级别不降、待遇不变，并且大加封赏，甚至都细致到考虑当地生活习俗的银碗等物。在赐赏十八族元帅及部族都管的衣物中，不但有古代行礼时穿着的袭衣，连靴子、袜子都给配上了。

如此细算下来，可不是小数目。因为前来归附的代表虽少，可代表的不仅是一人一家，他们受托和代表的是周边若干地方、家族及其从属。比如，早在洪武六年，元朝末代摄帝师喃加巴藏卜、以及元故国公南哥思丹八亦监藏来朝时，除了讨得自己的封赏之外，还向新朝举荐了六十名故元土官，朱元璋毫不含糊，立即安排设置相关行政机构，并提名他们举荐的土官继任。对于喃加巴藏卜个人的封赏，甚至由朱元璋亲自过问，《明实录·太祖实录》有如下记载："初，玉人造赐喃加巴藏卜印，既成，以进。上观其玉未美，亟命工易之，其制：兽钮、涂金银印池。仍加赐喃加巴藏卜采段表里二十匹。"皇帝在百忙之中，御审玉质不好，都要打回重做，足见其重视程度。

史载，故元摄帝师喃加巴藏卜带领六十多人赴南京朝见归降明太祖，被明太祖封为"炽盛佛宝国师"，朵甘行都指挥同知锁南兀即尔等亦派人使朝，一次便奏举当地土官五十六人。朱元璋再派员外郎许允德带着诏书和官印一一前去颁赐。

面对如此大方施予，有的大臣坐不住了，他们提意见说，来的人就给予赏赐，不来的就不给了罢。

朱元璋怎么说？他首先摆正态度说，我用诚心待人，别人不诚心，问题在他们。其次，分析义理说，代表们不远万里，来到朝会所在地，如果等到未能亲自来的人再请封赏，那岂不是辜负了边远之地归向之心。于是，遂皆授之。并降诏："我国家受天明命，统御万方，恩抚善良，武威不服。凡在幅员之内，咸推一视之仁。曩者摄帝师喃加巴藏卜率所举故国公、司徒、宣慰、招讨、元帅、万户诸人，自远入朝。朕嘉其识天命，不劳师旅，共效职方之贡。已授国师及故国公等为指挥同知等官，皆给诰印。自今为官者务尊朝廷法，抚安一方。僧务敦化导之诚，率民之善，共享太平，永绥福祉，岂不休哉。"不但如此，朱元璋还做到虚心纳降，并对来降故官一视同仁，"以吐蕃来降院使马梅为河州卫指挥佥使"。

公元1371至1390年间，明朝先后向西藏地区派出了许允德、克新、宗泐、智光、贡嘎索南和何琐南普等人。这豪华阵容里，有明朝大员、礼部主事、甘青降部等。不难看出，之前招抚甘青的陕西行省员外郎许允德发挥经验优势，成为了这个"招谕天团"中的核心人物，也是早期出使团队中惟一的朝廷命官和全权代表。

许允德借以统战民宗和协调，在较短的时间内，不劳师旅之征，不费一兵一卒，替新朝成功招抚了一大批旧元委任的甘青地方吐蕃首领，为明王朝在河、湟、洮、岷一线建立西番诸卫所铺平了道路，在促进明初大一统局面形成和藏汉民族团结方面作出了巨大的贡献。

当年，故元蒙古在此设军镇，屯兵洮河两岸，以期南征西讨；如今，许允德在此兵威之地，施恩临洮大城，招谕怀化四方。历尽艰辛，恪尽职守，不辱使命，前后在涉藏地区各地盘桓五年之久的许允德终在洪武七年十二月，最后一次完成安抚西宁等处任务后回到临洮，积劳成疾，客死当地。

埋骨何须桑梓地，人生何处不青山。他便葬在了临洮这个他工作、也是生命的最后一站。

由于藏地地域辽阔，各部分散，互不统隶，对其僧俗首领的招抚不是一件容易之事。加之，此时的藏地腹心之域本属藏传佛教后弘期重点地区，加上萨迦等派多年治理，藏传佛教再度弘传藏地，各地普遍施行政教合一。于是，在朱元璋诏谕西藏的政策里，和甘青之地办法又有所分别。这一点，从他先后派往西藏地区的诏谕专使就能看出一二。

这样的情势下，在"招谕天团"里，出现了三位元末明初的汉地高僧：宗泐、克新和智光。

这三位中的前两位，都出自金陵（今南京）"大天界寺"，且是师出元末高僧释笑隐和尚同门。

此寺是何来头？

此寺原为"大龙翔集庆寺"，最早由元文宗潜邸改建而成。朱元璋军队攻下南京后，进驻大龙翔集庆寺，僧众纷纷逃散，只有住持慧昙靠拢新朝，朱元璋便诏改寺名为"大天界寺"，亲笔御书"天下第一禅林"悬于寺门，续命慧昙担任主持。

有了新朝皇帝的加持，天界寺于是名重一时，四方远近学徒，闻风奔赴而来。

前文有交代，在元朝时期，曾设总制院，专门负责佛教事务及藏地事务。明朝初设，朝纲初定，并未沿用旧朝衙府。因大天界寺初设元时，有着藏传佛教的背景，朱元璋便让该寺兼管全国佛教事务，并仿效元朝，在洪武元年的正月，授慧昙"演梵善世利国崇教大禅师"封号，统领各地佛教，视为从二品，赐予紫方袍。并取劝化世人为善之意，籍此寺设立善世院，这也是明朝初设的第一个僧官机构。

所以，明初朝廷便委派寺中高僧担任赴藏宣谕专使。

若说起这些高僧，又如何担此重任？细数下来，个个身怀绝技，来头可都不小。

克新，是宋左丞余襄公之九世孙。初致力科举，朝廷罢进士，便改修佛学，是笑隐和尚十大弟子中最年轻的。虽然入了佛门，但文辞才华毫不褪色，既精古文，又通外典，被委任大天界寺文书。在洪武三年，被明太祖亲命招谕吐蕃，并命绘制所过山川地形。

再说宗泐。此人出自浙江临海，俗姓周，字季潭，别号全室。与半路出家的克新不同，自幼学习梵文，精通梵汉佛典，早已成就为元末江浙一带高僧。本自佛院熬过早年艰苦日子的朱元璋在立国后，十分重视僧人在社会上对普罗大众的教化功用，听闻江浙有此人物，便下人才引进诏书，成功在洪武四年招聘宗泐成为大天界寺住持，二人还穿透身份之别建立了密切的个人关系。每当宗泐升座讲法，太祖皇帝便时常带着御膳房的吃食前去听讲，不管是不是明太祖在故作姿态，课不好可未必有学生天天愿听，由此可佐见宗泐并非浪得虚名。

宗泐是在克新使藏之后七年才奉旨出使，他的任务是"搜求遗书"，实则是远行"招抚吐蕃"。宗泐直奔如今的旅游胜地"俄力思"，即阿里地区，并深入印度等地，回朝复命已是五年之后的洪武十四年。

或许是出于宗泐佛学功底深厚、特别是通梵文、熟悉各类佛典，加上出色的工作能力，他超额完成了任务，并在当年12月，随行带回了俄力思军民元帅府使者和贡物。

按照以往惯例，都是朝廷招谕在先，服从招谕才来朝贡，待双方商议之后，才建立行政机构。但西藏阿里地方主官不但主动派人来朝，也是该地第一次派人入朝。

不论是一个人，还是一个团队，想成就一件大事，除了必备的才能，若无坚定的信念，将很难达成所愿。领袖毛泽东曾说："人是要有一点精神的。"遥想当年，宗泐马驮步行，以一己之力，以跬步丈量祖国万里之外边陲，不远万里远赴阿里宣大皇帝谕，在漫长之旅的无数日夜，心中所怀当是诏谕信念，脑中所念当是统一大愿。

第三位僧人智光曾师从元末来华宣法的迦湿弥罗国（今尼泊尔）班智达萨诃咱释哩国师，精通五明之学及汉藏双语。知人善任的朱元璋先是让这位双语人才驻锡钟山寺翻译其师班智达所携经典，后命智光出使西藏。此后，智光又两次出使西藏招抚，并远涉尼八剌（今尼泊尔）开展外交工作。

智光于洪武二十年还朝述职。同他一道入朝的不仅有尼八剌使者，还有乌思藏及朵甘地方的使者。据《明实录》载："洪武二十年（1387年）十二月庚午，西天尼八剌国王马达纳罗摩、乌思藏、朵甘二都指挥使司都指挥搠斡尔监藏等各遣使阿迦耶等来朝，上表贡方物、马匹、镔铁剑及金塔、佛经之属，贺明年正旦。"

在此之后的第二年，尼泊尔和灌顶国师吉剌思巴监藏巴藏卜、乌思藏卫俺不罗行都指挥使司等各地僧俗主官便例行进贡贺岁。

"吉剌思巴监藏巴藏卜"即"扎巴坚赞"，是继元朝萨迦政权弱化后，明代乌思藏地方最有影响的地方势力，同时也是帕木竹巴政教合一的领袖人物，在元代就是乌思藏十三万户之一。至明时期，帕竹政权更是异军突起，其他较小的地方势力及教派组织皆望其马首是瞻。它对朝廷的向背，直接影响着乌思藏地区大局。除此之外，当时分领各地的"羊卓""蔡巴"等较大地方政权僧俗首领都曾派遣使者随同智光一同到南京朝贺进贡。

这说明，智光在多次奉命前往乌思藏等地宣谕招抚的成绩卓著，他不但与各地方政教首领交往，还邀请并陪同他们或遣使晋京，普遍密切和加强了明中央政府与西藏地方之间的联系。同时，他还沿着藏尼通道南下，一边宣谕明朝国威，一边结交当地上层，周游佛教圣迹，寻访高僧宝经，驻地讲经说法。通过多次出使梵天竺国和尼八剌（即印度和尼泊尔）等国，为发展中国与喜马拉雅周边诸国的友好关系作出了贡献。

由于智光法师卓著的功德，明宣德十年（1435年）初受封"西天佛子大国师"名号，后被追封为"大通法王"，这是有记载的汉族高僧被封为法王的唯一一人。这些高僧的作为，以及行程之艰辛，对中华民族融铸之功业，虽无玄奘西行流传之广，却丝毫不逊于玄奘西行。

除了有计划地派中原地区高才入藏，在明廷邀请或出自于自发之愿，也渐有许多藏族僧人常驻京城，他们多次往来于藏地与内陆，越来越熟悉中原与藏地两方面情况，也越来越多加入入藏封赐宣抚事宜。

历史事实证明，明太祖对藏地的招谕政策是行之有效的，这种招谕，不仅是一时之计，更是经久的工夫，并由前期的招抚为主转化为其后日常交流的重要方式。十余年间，藏地各部僧俗首领纷纷来朝，接受朝廷的封号、官秩、印诰等，而明王朝也基本上迅速而顺利地完成了整个藏地的行政建制。

设岗定责：明初对藏地的改制

元明两朝更替以后，通过明朝有针对性地遣官入藏活动，初步实现了对西藏的全面掌控，并继承了元朝宣政院辖地统治范围，进而也确立了明朝西部疆域的大体范围。《明史·地理志》记载："东起朝鲜，西据吐蕃，南包安南，北距大碛，东西一万一千七百五十里，南北一万零九百四里。"

对于新的疆域，又该如何进行行政区划，并设置机构编制呢？

在地方行政建制上，明朝政府实行州府县体制，而在藏地则推行军政合一的都司、卫所制度。"一郡者设所，连郡者设卫"，洪武七年（1374年）八月又"定兵卫之制，大率以五千六百人为一卫，而千、百户、总、小旗所领之数则同。遇有事征调则分统于诸将，无事则散还各卫"。

卫所制发源于隋唐的府兵制，在京师和地方军事战略要地设置卫所，约五千六百人为一卫，其长官为卫指挥使。卫下辖五个千户所，每千户为一千一百二十人，设千户负责统领。千户所下辖十个百户所，约一百一十二人，设百户负责统领，其下还有总旗及小旗等单位。卫所大部分军队在各地屯田耕种，称为屯军，少部分驻守操练，称为旗军，定期轮换。除在京的上直卫等为皇帝亲军外，各地方卫所都分别受各省都指挥使司统领，隶属于五军都督府，亦隶属于兵部。同时，还配备了一套能保障军队数目的军户制度，来维持卫所制的运行。

明朝在安多涉藏地区的行政建制主要是军事性质的卫所，一方面承认世居其地的土官酋豪的世系特权，另一方面派遣汉族流官，以流管土，以土治番，土、流官员皆为武职，听命于兵部调遣。

洪武三年（1370年），明军攻克河州。这处被《河湟赋》载誉为："维雍州之西陲，壮矣哉，得地势之形胜！"的地方，是元朝统治西北藏族地区的重镇要地，故元吐蕃等处宣慰司都元帅府所在地。次年，便在此设河州卫，这也是明朝在藏行政设置的开端。

对于西北涉藏地区的行政机构设置，明朝先后设立洮、河、岷、西宁四卫，在今甘、青、川部分藏族地区以及卫、藏地区设置"朵甘卫"和"乌思藏卫"。1374年，复于河州设置"西安行都指挥使司"，同时升"朵甘卫"为"朵甘行都指挥使司""乌思藏卫"为"乌思藏行都指挥使司"。

太祖为此下诏晓谕诸部："朕自布衣开创鸿业，荷天地眷佑，将士宣劳，不数年间，削平群雄，混一海宇。惟尔西番朵甘、乌思藏各族部属，闻我声教，委身纳款，已尝颁赏授职，建立武卫，俾安军民。尔使者还言，各官公勤乃职，军民乐业，朕甚嘉焉。尚虑彼方地广民稠，不立重镇治之，何以宣布恩威。兹命立西安行都指挥使司于河州。其朵甘、乌思藏亦升为行都指挥使司，颁授银印，仍赐各官衣物。呜呼！劝赏者，国家之大法；报效者，臣子所当为。宜体朕心，益遵纪律。"

同时分别任命管招兀即儿和锁南兀即儿为乌思藏、朵甘都指挥使司同知，并赐银印。后又升"行都指挥使司"为"都指挥使司"，下设若干行都指挥使司、万户府、千户所、百户所等。

因阿里地方北邻西域、西接中亚。而且，故元北遁之后，在草原还有一定实力，其西方又接伊利汗国，必须加以防范和固守。1375年在阿里设立"俄力思军民元帅府"，以大军区制管理。颁布册封俄力思军民元帅府元帅诏书，诏云：

奉天承运皇帝圣旨：

朕君天下，凡四方慕义来归者，皆待之以礼，授之以官。尔搠思公失监，久居西土，闻我声教，能委心效顺，保安境土，朕用嘉之。今设俄力思军民元帅府，命尔以元帅之职，尔尚思尽乃心，谨遵纪律，抚其部众，使疆土靖安，庶副朕委任之意。可怀远将军俄力思军民元帅府元帅宜令搠思公失监。准此。

由此可见，以上各级官吏的官阶品第由明中央统一规定，颁给印信、号纸，令其"绥镇一方，安辑众庶"，并直接向明中央负责，事无大小，均可启奏"大明文殊皇帝"。

明朝在确定西藏地方的都指挥使司、卫、所的行政体制后，陆续委任藏族首领担任都指挥使司和卫所的官职。最初，明朝是封蔡巴、羊卓、止贡、噶玛等故元万户府首领为乌思藏的行都指挥使或都指挥佥事等职，对帕木竹巴家臣中的内邬宗、桑珠孜宗的宗本则称为寨官。

后来，在了解帕竹政权在当地势力较大的情况后，明朝就开始任命帕竹政权的主要宗本为乌思藏行都指挥使司的官员，并且进一步在内邬宗（今柳梧新区）和仁蚌宗（今仁布县）这两个最大的宗设立了行都指挥使司，以分化帕竹政权的势力。这说明，明朝既完整继承了元朝的政治遗产，并在参考元行政机构设置的基础上，又充分掌握并根据当时藏地的情况，设置行政管理机构。特别是通过上述行都指挥使司的设立，在原有十三万户的基础上，顺应了帕竹政权崛起之后，藏地政教中心东移的形势，进一步增强了对前藏地区的平衡把控，不同于元时对十三万户的扁平化管理。

统治的逻辑当中，越是边远的地方，"统"的意义要大于"治"，中央政府把握"统"的权限，地方政权享有"治"的权力，扶持当地豪门，准予世袭，累世感恩，统治风险越小。明朝在西藏地方封授的指挥使、都指挥使佥事、千户、百户等官职都准予世袭，但是重要官职的袭职要经过皇帝的批准，并换发敕书和印信。在当时，敕书和印信是对其职权进行确认的法定仪式和信物，从明初"元陕西行省吐蕃等处宣慰使何锁南普等上缴元朝所授金银牌印宣敕等来降"。便可以看出，即便是政权更迭，受降仪式的时候，也是以上缴并更换敕书和印信为标志的。

由此来看，明朝对藏政策主要形式为洪武年间在藏内设置羁縻性质的都司、卫所等军政机构，封授当地僧俗首领担任官员，永乐至正德以册封僧俗首领为主，受册封者定期朝贡，明朝则给予丰厚回赐。

行政区划方面，吐蕃等处宣慰司辖地一部分为明朝时期河州卫都指挥使司管辖，另设朵思麻万户府管辖青海湖以西及藏北地带；朵甘思都司管辖南部辖地；乌思藏纳里速古鲁孙等路宣慰司辖地为乌思藏都司管辖，其中俄力思军民元帅府管辖阿里三围和后藏地区。前藏除乌思藏都司管辖外，还划分出三大法王、五大教王管辖区域，前藏地区原有的十三万户领地也分置其间，这种政教区域的行政区划体系继承于元朝。地理区划方面，以藏族传统地理观念为基础，分成"乌思藏地区""朵思麻地区""朵甘思地区"三块，其东部藏族地区的北方为朵思麻地区（安多）、南部为朵甘思地区（多康），西部为卫藏。藏文典籍《安多政教史》中称这三大区域为卫藏"法区"、安多"马区"、多康"人区"。以上这两种地域划界，既遵循了藏族地区传统的文化分区，也继承了元朝的行政分区，并对西藏地方僧俗势力进行了重新划分，充分体现出明朝对西部疆域的重视，也展现出明朝对西藏内部政教状态的包容，两种划分方式呈现出互补交融的特点，促使西藏成为明朝西部疆域版图的重要组成部分。

明朝建立以后，政治、经济、军事相关的重大决策无不与蒙古有关。蒙古势力在宗教方面皈依藏传佛教，崇信萨迦派。明朝在控制中原地区之后，把战略重心转移到西北蒙藏交界地带。不仅以武力隔断蒙藏之间的联系，而且多次派遣使臣入藏诏谕吐蕃归附明朝。直到洪武四年（1371年），河州卫设立，明朝基本控制了甘青地区，开始了明朝对青藏道的经营。从入藏使臣的活动情况中可以大略看到，明朝前中期至正统四年（1439年）之前，使臣大多经由青藏道入藏，不仅包括对西藏僧俗的任免官职，册封法王、高僧，也包括派遣使臣到甘青地区进行茶马贸易等经济交流活动。正统以后，明朝政府强化川藏道，并调整以河州卫为中心的西番诸卫军事体系，以洮州卫取代河州卫的战略中心地位，加强松潘卫的军事布防，其中也包括对长河西（今泸定大渡河以西打箭炉、木雅等地）、鱼通（今四川康定地方）的控制。这样做可以保障川藏路沿线的畅通安全，确保明朝政府与西藏地方之间政治、经济、文化联系不被中断。明朝中期以后,河州卫设二十四关,筑边墙对甘青边界一带加强控御,转攻为守。总体而言,明朝对西藏的统治和控驭,也是放在"切断蒙藏"的西北边防总体策略中加以考虑的。

特别是在恢复设置大量的驿站之后,明朝虽然没有将军队直接派驻到西藏腹地,但在甘青地区建立西番诸卫,防卫青藏道。在川藏边界地区,设置长河西鱼通宁远宣慰司、董卜韩胡宣慰司扼守川藏道。甘青地区与川藏边地区有松潘道连接,这样就形成了一个沿着青藏高原边缘地带构建的军事防御体系,并以此构成联通西藏地方与祖国内地的道路交通网络。

明朝在藏地广泛推行卫所建制,保证了内地与藏地关系的畅通,从而使中央政令能够及时地传达到西藏地方。以至清代明兴后,张廷玉在总结明代治藏经验时,也不由赞叹道:"西陲宴然,终明世无番寇之患。"

多封众建：稳藏治边的政治智谋

明朝治理少数民族地方时，多采取设学堂、兴儒学、派训导等方式，以加强中原文化的认同感。但是，在广袤的雪域高原，藏传佛教深入人心。加之吐蕃之后，数百年的自然发展，西藏各地庄园主渐次壮大并形成政教合一势态，做好宗教事务管理成为明代治藏工作的重要内容。

元朝独尊萨迦一派。建元伊始，忽必烈不仅从宗教层面尊八思巴为帝师，行政层面命其掌领总制院（后改称宣政院），更封其胞弟恰那多吉为白兰王，并使其及后人与蒙古王族联姻，从血缘方面建立亲属关系，不断扶持萨迦昆氏家族，巩固元朝对藏地的统治。这种把鸡蛋放在一个篮子里的做法，源于早期萨迦派与元朝统治者接触较早，且一直保持着密切联系、高度信任和执行能力。明代元兴，并不是建立在同某一教派的合作基础上，继承的已然是一个相对有序的治理体系，其从元朝承接的政治遗产当中，既有萨迦地方政权主导划分十三万户等政绩，亦有萨迦与噶举等教派之间纷乱的利益冲突，面临的情况与元初已然大不同。

明朝治藏多沿用元朝的政治制度，在汲取元朝正反两方面的经验基础上，一方面优待藏传佛教及高僧，同时还采取多封众建，进行政教分离的策略。这是明朝与元朝治藏方略的根本性区别。

朱元璋、朱棣父子俩成功走出了一套"三步上篮"的组合动作。

首先是"接球"。充分尊重西藏世俗，对藏传佛教仍然尊崇并礼遇高僧，使其"率民为善"。新生的明代中央王朝接替元代对西藏及其他藏族地区的统治主权，藏传佛教作为西南边疆少数民族地区的基本信仰得到继承和承认。但是，这种接盘，并不是全盘接受。明太祖虽然重新封赐了故元摄帝师喃加巴藏卜，亲自过问制作玉印细节，给予其极高的尊崇和礼遇,但喃加巴藏卜的地位实际上由元代的"帝师"降为明代的"国师"，明廷不允许再出现像八思巴那样"皇天之下、大地之上、西天佛子、化身佛陀"，几乎与皇帝比肩"辅治国政"的特殊人物。喃加巴藏卜的权力被定位为"务敦化导之诚，率民为善"，明廷不允许再把西藏地方的行政和宗教大权统统交给一个人、一个家族或一个教派掌管。在元代曾经具有崇高地位和权力的"帝师"，它的名号连同权力、地位在明代治藏过程中一并被取消了。不但如此，明代还设立专门机构，委任专门的僧职人员，加强了对僧人的管理，将僧人由上至下分法王、西天佛子、大国师、国师、禅师、都纲、觉义、讲经、喇嘛等若干等级，规范有序管理将宗教事务和各级僧人。对于委任僧官的诰敕，明朝礼部专门立文簿逐一登记，以备查对，以防冒滥。

其次是"转身"。明代从稳定边疆的需要而继承和发展了元代尊崇藏传佛教的做法，对藏传佛教既在其利于国家边疆治理的基础上给予尊崇和优礼，又逐步建立起藏地的职官体系，陆续设置乌思藏、朵甘指挥使司以及宣慰使司、安抚司、招讨使司、万户府、千户所等军事行政机构，依照明代职官制度在藏族地区建立起军政统治秩序。明廷不再把西藏地方封给任何地方"王侯"，而是作为相当于省的行政区直辖于中央。董卜韩胡宣慰使司辖区是在现在的四川小金、丹巴、马尔康一带，驻地位于宝兴县境内。正统七年（1442年）八月，四川董卜韩胡宣慰使克罗俄监粲欲求敕封王爵。这个"王爵"在明朝获得认证的不过是朝鲜、琉球、安南和南洋的那些进贡岛国，而终明之世，西番和草原诸部的蒙古人不过只有忠顺王、忠义王、安定王、顺宁王、贤义王、安乐王、顺义王、忠勇王、和宁王九位，以及朵甘、乌斯藏的九王。这次的敕封王爵被明朝严词拒绝，但是明朝也没有太过吝啬，而是给了一个"升镇国将军、都指挥同知掌宣慰司事，给之诰命"。在对土官豪酋严加管治的同时，对高僧和佛教事务也抚治结合。佛教在入中原之前，中国已有儒、道、法等理论体系，建立起了环环相扣的严密封建政治治理体系，皇权高居权力金字塔结构的顶端，僧侣集团不得不按照"不依国主，则法事难立"的生存发展的法则行事。在中国历代帝王之中，即使梁武帝和武则天那样痴迷佛教的皇帝，也从没有把行政大权交给僧侣或道士。朱元璋更加重视行政与宗教事务分离的边界，他曾于17岁出家为僧，25岁参加白莲教发动的红巾军反元起义，曾经迎奉过白莲教主、"龙凤皇帝"韩林儿，深知宗教与政治结合对于明朝统治的巨大威胁，开国之后即严格限制宗教的发展。因此，明太祖对西藏僧俗首领主要授予官职而不是封给僧人首领以封号。洪武六年（1373年），故元摄帝师喃加巴藏卜等率众来归，朱元璋在各授官职玉印后，诏谕勉励大家说："自今为官者，务遵朝廷之法，抚安一方；为僧者，务敦化导之诚，率民为善，以共乐太平。"清晰地对故元僧俗旧吏做出了政、教两个方面的安排，使二者各司其责。对待藏传佛教上层人士，同样按照政教分离的原则处理。例如，洪武六年十月，"阿撒捏公寺住持僧端月监藏乞降护持，从之"。朱元璋还特别发布敕书，明确、严厉地要求官员们必须支持和保护端月监藏的宗教活动："凡（端月监藏）云游、坐禅，一听所向，以此为信。诸人毋得慢忽其教。违者，国有常刑。故敕。"但是，当端月监藏向朝廷提出行政和民事权力的要求时，立即遭到回绝："端月监藏又请收集散亡之民，廷议以事属有司，不许。"

再次是"投篮"。设僧纲司，明确设官以理庶务，僧官率修善道，阴助王化，寡欲澹泊，广佛功德，化人为善。永乐皇帝更是将其父以授官为主的分封改为授予藏传佛教首领以崇高封号为主的分封，以更进取精神和更加有力的举措推进明代对藏传佛教的治理。永乐至宣德时期在短短八九年的时间里册封了"三大法王"和"五教王"。明成祖尽管对噶玛巴（得银协巴）给予很高尊崇，把忽必烈曾经赐予八思巴的"大宝法王"封号封授给他，并将其中的"西天佛子"升格为"如来""西天大善自在佛"，但却把"大元帝师"直接取消。通过这样的一升一降，成功实现了明代藏传佛教政策的转换和推进，强化了"领天下释教"的宗教职能，削夺了"辅治国政"的行政权力，实现了对元代以来西藏地方势力政教两种权力的剥离。之后，对于"大乘法王""大慈法王"等法王的封赐上也坚持上述做法。

多封众建并不是单纯数量层面的多多益善，而是因时、因地、因俗治藏的历史选择。元末明初，是藏传佛教后弘期在经过经典翻译、人才辈出和义理辨析等沉淀之后，开枝散叶的重要历史阶段，特别是噶举诸派逐渐兴盛，这与元时独尊萨迦一派有所不同。随着各教派与地方势力的结合，并深度参与当地社会生产生活，各大宗派与地方势力之间互为表里，多点开花地影响着立足的周边区域。在这样的情形下，如果要依靠当地势力，有效管治好一方水土，势必要采取多封众建的办法。以明"三大法王"为例，大宝法王、大乘法王、大慈法王分别出自噶举派、萨迦派、格鲁派，其主要活动和影响地域在康区、后藏和前藏，明朝的逐一分封，既统筹考虑了新旧发展教派的实际，特别是故元萨迦与新兴教派的实际，又统筹考虑了不同地域之间的平衡。通过对僧俗势力的分而治之，也实现了平其权、分其势、化其俗、导其力的效果。从这个意义来看，多封众建的施政举措，符合各地的实际、平衡各派的利益，是一种务实平衡的政治智慧。

分封制本就是中国传统的政治举措，明朝改变元朝独尊萨迦一派的做法，既是因俗以治的需要，也是既定的政治之道。据《明实录（附录）·太祖宝训》载，太祖谕廷臣曰：

昔者，元失其驭，群雄并起，四方鼎沸，民遭涂炭。朕躬率师徒以靖大难。黄天眷佑，海宇宁谧。然天下之大，必建藩屏，上卫国家，下安生民。今诸子既长，宜各有爵封，分镇诸国。朕非私其亲，乃遵古先哲王之制，为长久长治之计。群臣稽首对曰：陛下封建诸王，以卫宗社天下万世之公义。太祖曰：先王封建所以庇民，周行之而久远。秦废之而速亡。汉晋以来，莫不皆然其间。治乱不齐，特顾施为何如？耳要之为长久之计，莫过于此！

从太祖封诸子分镇诸国的用意来看，其分封的目的并不是简单的切西瓜，而是为了建藩屏、卫国家、安生民。元廷虽已覆灭，但其残部尚存,且游荡于漠北,可谓诛而不绝,久为北防大患。朱元璋清醒地认识到,元廷残部具有高度的草原机动性,依凭中北亚广泛的战略纵深空间,难以在短时间内将其消灭殆尽,势必要构筑长期相恃战略防线,朱元璋遂定下了"守在四夷,重防蒙古"的边防工作思路,并谕命汤和等诸将:"今特命卿等率众以往,众至边上,长存戒心,虽不见敌,常若临敌,则不至有失矣。"在这样的情况下,截断蒙古余部南下挺进青藏高原,进而可能对中原腹地产生的威胁,既要在河西走廊这一古来演兵地建立关防卫所,也势必要分化蒙古王族与萨迦一派密切的关系,这恐怕是太祖、成祖慎思之处。

进一步来看,多封众建也不是单一的政策,它是一套配合着尚用僧徒、僧俗并用、因俗以治的政治构架,以及复通驿道、茶马互市、密切往来的经济构架。正是通过这样的一套组合拳,明朝政府与各地方实力派建立了更为广泛和直接的政治、经济、文化联系,促进了封闭辽远的藏地与中央政府和中原地区的多层次联系。据明朝礼部统计,在公元15世纪二三十年代,西藏各地每年进京朝贡人员不过三四十人,五十年代增至三四百人,到六十年代,竟多至三四千人之众。这些人员当中,涵盖了藏地诸王,广覆于各地僧俗,使其"俾转相化导,以共尊中国"。

在有明一朝的中原和西藏之间的关系的发展轨迹上,明太祖和永乐帝父子确定的治藏原则和推行的多项举措,符合当时的实际,具有突出的特色,是中华民族大家庭形成过程中的重要一环。特别是朱元璋明确制定的、明朝始终遵行的政教分离原则,改变了元朝将西藏的宗教和政治权力集于一人、一家族、一教派的局面,保证了中央政府与西藏地方之间的政治稳定和联系畅通。

有序治教：明代的僧官制度

源于古印度的佛教，传入中国后便适应本土社会的特点，从内容到形式等方面都发生了变化，从纯粹重修行的宗教组织演变为既有宗教特性、也有政治和经济性质的社会组织。如何管制和引导好这一社会组织，使其向护国利民的道路良性发展，是自从佛教进入中国后，历代统治者考虑的问题。

特别是随着佛教在普通民众中的社会基础和影响力越来越大，有的老百姓把出家当做逃税避役的途径，有的寺院着力于置地营产的活动，一些不法僧尼散布并滋乱于社会，等等。诸多乱象，不但不利于社会的治理安定，也不利于宗教自身健康发展。

此时，一些自觉的僧团便开始通过完善戒律来进行内部管理。比如，两晋时期，道安华北僧团、竺生朗的泰山僧团、慧远的庐山僧团等，都制定了一些管理条例或约定成俗的规定。但是，这些管理措施大都是指向团体内部的，只能在一定范围内具有柔性约束力。而且，执行过程中也更多依赖领头人的个人威望，并不能满足社会管理的要求。

于是，建立专门管理机构和管理办法便呼之欲出。僧官制度便在魏晋南北朝和姚秦时期先后正式出现。据《续高僧传》记载："昔晋始设僧司。"那么，僧司主要做什么，由什么人主事呢？比丘明所著《中国僧官制度研究》认为："僧司是专办僧务的衙门，其主事者可以是僧，也可以是俗。"比如，曹魏年间的鸿胪寺，并不是寺庙，而是官署名，就是负责礼宾接待，并兼管僧司的机构。

到了后秦时期,《高僧传》记载,国主姚兴清醒地认识到:"凡夫学僧,末阶忍安,安得无过?过而不劾,过遂多矣!宜立僧主,以清大望。"换句俗话说,就是僧人也是凡夫,会难忍常人之所难,怎么能不犯过错呢?如果有过错而不纠正,那过错就会更多了。于是,便设立僧正,并配副职名为悦众、僧录,以期通过行政干预,规范并纠正、惩治僧尼可能产生的过失,避免和纠偏教务对世俗政权可能带来的麻烦。至于隋朝时期,建立寺额制度,严格办理僧籍,如果要新建寺院,必须先向主管部门呈请准予,通过核定编制后立有额官寺,否则就被列为不合法的私寺。同时,还设立了分属中央和基层的管理机构,并分别设置委任僧统、僧都、监丞等管理职位。

历史是多维的,我们认为封建王朝一味佞佛的看法未免落于片面,即便是希望通过佛教"革凡成圣"而大肆崇佛的梁武帝,也专门设置了由俗人担任的"白衣僧正",并在看到僧正软弱无能,致使教团膨胀无序、僧尼多不自律、腐化现象层出的情况后,还吵吵着自己要兼任白衣僧正。

作为从军前曾寄身于僧寺的朱元璋更加明白这些道理。于是,明代一开始就建立了僧官制度,形成了从中央到地方一整套完整的系统。这套僧官制度,在僧官设职、铨选、职掌等方面,构成了从中央到地方的严密的僧官网络,并通过编制僧籍簿册,有效地管理了有明一代的佛教事务。明代的僧官制度,是全国统一的四级官制,简明有序,职责、品级、服饰、官印等都有规定明确。僧官管理权集中于礼部祠祭司、总枢僧录司,下辖各司,形成一个系统健全、结构完整的体系。僧录司各僧官集领导、管理、监督等职能于一身,地方僧官逐级向上级负责。在这样一个系统之下,僧司更加衙门化,僧职也更官吏化,使其所设僧官在管理佛教事务中发挥了重要作用,各僧司衙门配合礼部做好全国的佛教管理工作,明代僧官制度与世俗官僚制度相适应,也成为明代依法有序管理宗教事务的一大特色。

据明实录载,早在洪武元年(1368年),明太祖朱元璋便在南京大天界寺"立善世院",这是明朝创立的第一个僧官机构。洪武七年(1374年),明太祖"诏以西竺僧班的达撒哈咱失里为善事禅师,朵儿只、怯列失思巴藏卜为都纲、副禅师，御制诰赐之。"由此可知，都纲、副禅师等僧官在明初便出现于僧官制度体系中。后来，朱元璋认为"释道二教、流传已久、历代以来、皆设官以领之"，便又设立僧录司、僧纲司，并专门在藏地开设僧司衙门，加强宗教事务管理。洪武二十六年（1393年）八月戊子：

> 立西宁僧纲司，以僧三剌为都纲。河州卫汉僧纲司，以故元国师魏失剌监藏为都纲。河州卫番僧纲司，以僧端月监藏为都纲。盖西番崇尚浮屠；故立之，俾主其教，以绥来远人。复赐以符曰："自古帝王致治，无间远迩，设官以理庶务。稽诸典礼，复有僧官以掌其教者，非徒为僧荣也，欲其率修善道，阴助王化。非真诚、寡欲淡薄、自守者，奚足以任斯职。今设僧纲司，授尔等以官，给尔符契。其体朕之心，广佛功德，化人为善，钦哉。"

由此可知，明朝对僧官的管理严格，需要朝廷颁发授职诰敕，充其职者，有汉族，也有藏族。

除了设僧司，任命僧官外，明朝也沿用唐时成型的度牒制度，对普通僧尼也实行严格有序管理。度牒由僧录司、道录司掌颁，洪武五年（1372年）始行，二十四年定制，三年一颁牒，令僧、道赴京考试颁给，不通经典者黜之。想要获得度牒，不但要经过官方经试、地方申报、凭牒入籍等程序，还要适时查验复核。可见，宗教没有特权，对于宗教事务，历朝历代都纳入社会事务管理范畴，而不是任由其不加管束散漫发展的。《明史》记载，明太祖洪武十四年（1381年），还诏天下编赋役黄册规定"僧道给度牒，有田者编册如民科，无田者亦为畸零"。

明朝治下的西藏社会和藏传佛教又有着自身的特点，为了加强对宗教事务的管理，并发挥宗教首领的积极作用，明成祖朱棣更加是做足了调研的功夫，把民宗工作放在全局工作中统筹部署，进一步加强了明朝对西藏地方的治理。

在靖难成功后的当年，朱棣刚一坐上皇位，就把藏地纳入了自己的视野。

当时，噶举派分支噶玛噶举，因参与阿里不哥与忽必烈争位而受打压，一直入不得庙堂，但噶玛噶举却在民间深受信众追捧，特别是在朵康地区的传教，赢得了信众的爱戴。而且，当时的五世噶玛巴注重并善于调解维护地方安定和谐的局面，曾在明建文三年（1401年）前往康区，协助调解部落纠纷。明成祖在做燕王之时，便对此人此事有所耳闻。这刚一登基称帝，朱棣便想迎请过来，共商藏地治理之事。

但是，西藏地处绝域边疆，该由谁来去做工作呢？

这时，他的脑中跳出一个名字：侯显。

侯显何许人？朱棣为何会首先想到他？

说及此人，虽不大为常人所知，却是一位传奇人物。他是一位太监，而且出身藏族，也是《明史》除郑和之外唯一立传的太监。侯显出生于洮州（今甘肃临潭），据清代地方志《洮州厅志·番族僧纲》记载："圆成寺僧正侯洛札旦居城南十里，始祖侯显。"此人早年曾被明军虏获，后成阉人，投奔燕王，随伴靖难，侍入宫中，深得器重，先后担任司礼少监、司礼太监等职。后来，侯显还作为郑和的副使，在第二次、第三次下西洋时，协助郑和办了不少贸易、外交事务。《明史》称侯显"显有才辩，强力敢任，五使绝域，劳绩与郑和亚"。"亚"字仅次于"冠"字，说明侯显的辛劳和功绩仅次于郑和。

据《安多政教史》记载，侯显后来还捐出钱款，委托他在老家的亲人在旧寺遗址修建了叶尔哇寺，也称圆成寺，俗称侯家寺，供有金制大明洪武东空（藏语古籍中对皇帝的称谓，意为"东君"）皇帝牌位。因此，《洮州厅志·番族僧纲》才称其为圆成寺"始祖"。侯显告老还乡后便居于此，逝后建有石制灵塔。由此可见，其名侯显多为朱棣所赐汉名。所以，听闻并邀请藏地高僧，并选择入藏专使之时，明成祖第一个想到了这个为人诚实、善于辞令、办事干练的人。《明实录》记载，永乐元年（1403年）二月，朱棣即"遣司礼监少监侯显赍书、币往乌思藏，征尚师哈立麻。盖上在藩邸时，素闻其道行卓异，至是遣人征之"。此谓哈立麻，即噶玛噶举派五世活佛噶玛·得银协巴。清时编著《明史》也记载："永乐元年命司礼少监侯显、僧智光赍书币往征。其僧先遣人来贡，而躬随使者入朝。四年冬将至，命驸马都尉沐昕往迎之。"看来，一同前去的副使还有高僧智光。

"噶玛巴"《明史》译作"哈立麻"，本名却贝桑波。7岁时在工布地方孜拉岗受比丘戒。曾遣使进贡，并大获殊荣。从那时起，中宫宦官便争相前往西藏开展工作，所谓"自是中官衔命异域者，先后接踵矣"。只是不像精通汉藏双语的侯显，其他前去的宦官得配翻译官了。

从侯显出发时算起，好不容易等到第三年冬天快要来临之时，二十二岁的得银协巴终于经青海、甘肃、陕西、河南、安徽等地，辗转来到了南京，朱棣显得极为高兴，让命驸马都尉沐昕亲自前往迎接。等接到之后，朱棣亲自在奉天殿接见，并在第二天赐宴华盖殿。朱棣不但用隆重的礼节接待了他，据说还给他那顶蒙哥汗赐予的法帽上镶了一条金边。

最初，朱棣也想效仿元朝，像独尊萨迦派一样，使其独领藏地政教事务。但是，大宝法王得银协巴耐心为朱棣讲述了当时藏地的社会情况，由于帕木竹巴已经取代萨迦政权，如果尊噶举独大，势必引发新争端，当时已处于各派纷立时期，不如顺势而为，并可各分其势。朱棣深以为然。

谈完正事之后，朱棣命五世噶玛巴在南京灵谷寺为太祖高皇帝和太祖高皇后荐福，朱棣虔诚地躬自行香，朝中侍臣书献赋颂，以记录和祝福这一事件。其后，又赴五台山建大斋，为刚逝去的高帝后荐福，并分别给予了优厚的赏赐。明成祖还命人根据其为皇帝已故双亲举行的祈福活动绘制《荐福图》。该图收藏于西藏楚布寺，其总长度超过44米，高逾半米，共由二十二幅连续性彩绘图画构成，皆用汉、藏、波斯、蒙古、回鹘五种语言文字记录相关内容，尽收图文并茂之效。

之后，永乐帝赐以"如来"（藏语"得银协巴"）名号，并封为"万行具足十方最胜圆觉妙智慧善普应佑国演教如来大宝法王西天大善自在佛"领天下释教，赐玉印。其中"大宝法王"是最值得重视的，这可是当年元朝册封萨迦帝师的封号，现在朱棣直接将这个封号赐予了噶玛噶举派，这足以说明朱棣对其重视。终明之世，此封号遂为噶玛噶举派黑帽系历辈转世活佛所承袭。

后来，朱棣又先后赐封新兴的格鲁派代表人物释迦也失为"大慈法王"，封萨迦派首领贡噶扎西为"大乘法王"，封帕竹第五任第悉扎巴坚赞为"阐化王"，并命帕木竹巴政权把占据长达半个多世纪的萨迦大殿交还萨迦派。进而，在世俗政治上分而治之的同时，在宗教上削弱帕木竹巴的势力，促使藏传佛教各教派宗教势力的均衡分布。

活佛转世制度最早始于噶玛噶举派。1415年，大宝法王得银协巴圆寂。永乐二十二年（1424年），明朝便遣班丹扎释入藏审验五世噶玛巴活佛的转世灵童，这是中央政府派人审验敕封藏传佛教活佛转世灵童的最早的记载，班丹扎释也成为执行中央政府审验敕封活佛转世制度的第一人。

班丹扎释原籍岷州（今甘肃岷县），是藏传佛教发展史上的一个重要人物，他的家族在元末已经成为掌握岷州政教的家族，其始祖朵儿只班于洪武二年归附明朝，赐姓为后氏，委任为宣武将军，洪武十年受封为岷州卫土司。

为什么由班丹扎释入藏审验转世灵童、并成为执行中央政府审验敕封之人，这并不是凭空来的，而是有为、有职、有责、有权。明永乐二年（1404年），班丹扎释便作为仲钦巴的侍从，觐见永乐皇帝，留在京城任职。随后，他与侯显入藏，迎请噶玛噶举派黑帽系第五世活佛得银协巴，并在其进京时，随同担任翻译。两年后，得银协巴返藏之际，班丹扎释奉命护送。作为明朝的使者，他在藏地联系各地政教首领，推行明朝的政令，颇有劳绩。回京后受到永乐皇帝的奖赏，受命住持京城的法渊寺。并在此番受命入藏审验转世灵童之前的永乐十七年（1419年），被任命为明朝掌管佛教事务之僧录司的右阐教。

班丹扎释为人心慈好善，妙语精修，功德高广，是明朝与乌斯藏之间政治关系发展中重要事件的参与者。对明廷来说，他是中央对藏地政策可靠的执行人；对乌斯藏的统治者来说，又是其利益的代言人。而班丹扎释在深得朝廷倚重的同时，与当时西藏几大地方势力建立了良好的关系，较好地发挥了沟通联结上下的"桥梁"和"纽带"作用。永乐九年（1411年），班丹扎释在藏滞留期间，传言阐化王扎巴坚赞有违明廷意旨，不愿将萨迦大殿还予萨迦派，皇帝将派军兵征讨，阐化王惊恐不已，恳求他代为请罪。班丹扎释返京，恳求永乐帝的原宥，并通过耐心细致地解释工作，使谕令之事得到了妥善落实，密切了中央和地方之间的关系，维护了藏汉民族间和谐的局面。宣德元年（1426年），被敕封为"净觉慈济大国师"，赐金印、金法冠及诰命等。为了表其功绩，明朝政府还令礼部扩建北京大隆善寺（又叫春华寺）让其居住，并为其雕刻紫檀木等身坐像，在大隆善寺中树立《西天佛子大国师班丹扎释寿像记》碑。同年8月，又加封为"宏通妙戒普慧善应辅国阐教灌顶净觉慈济大国师"。

总的说来，明朝始终有效依靠并发挥藏传佛教及其高僧的作用，对他们施以厚礼并迎请入京，如遣使迎请藏地高僧大德入京为帝后祈福，招徕地方政治势力的朝贡使团入朝。一批批藏地僧俗代表团往来于汉藏之间，也有越来越多的僧人在北平城及各佛教胜地驻留，为明代中央政府有效治藏以及汉藏文化交流发挥了重要作用。除了履行宗教事务之外，这些熟悉汉藏两地的高僧，也越来越多地受朝廷委派，奉旨前往西藏各地，执行招谕、宣抚、封授、翻译等公干。

就这样，从八思巴时开始享有的、后来被帕木竹巴政权夺取的西藏地方最高权力，被明中央政府所分解，"五教王"和"三法王"共同构成明朝在西藏整体性的政治和宗教组合布局。诸王依照地域、家族和教派均衡分布，各自为政，互不统辖。虽然他们在各自统治的范围内仍然实行着家族式的政教合一制度，但直至明朝灭亡，在藏地再也没有出现一个家族、一个教派、一个人集中掌握地方最高权力的情况。

重开天路：永乐大帝的交通工程

明代，入藏之路异常艰难。由于西藏地域辽阔，自然环境恶劣，交通闭塞，尽管唐至元代在开通汉蕃通道、设置驿站方面做了许多努力，但出入藏地不便的状况还是没有得到根本改变。

特别是经过元末乱局，在元初初步形成，各万户供养管护，并派由军职运营的"汉藏金桥"几尽废黜，驿所荒废，道路失修，野草蔓延至屋舍，野兽穿行于路旁。

明代中原之地入藏道路有四：青藏道，唐、元时代的青藏大道；川藏道，由西藏进入四川（包括副道——松潘道）；西域道，西藏经由西域转道拉达克，通过古丝绸之路进入中原；滇藏道，西藏经察隅进入云南。

青藏道沿用唐、元时期形成的甘青故道入藏，是明代前期中央政府派遣使臣入藏的官道，也是西藏地方派遣使团入贡的贡道，青藏道的开通与明朝经略西藏的战略进程基本一致。

《明太祖实录》记载，洪武十一年（1378年）十二月，"遣僧宗泐等使西域"，宗泐从关西七卫向西经吐鲁番，经亦力把里（今伊犁），进入阿里和后藏地方，设立行政管理机构，宣告明朝对西藏极边地区的主权拥有。宗泐一行回程，则从前藏经青藏道回到中原。在他到达藏北高原时，留下《望昆仑》的诗句：

积雪覆层巅，冬夏常一色。群峰让独雄，神君所栖宅。
传闻嶰谷篁，造律谐金石。草木尚不生，竹产遗非的。

汉使穷河源，要领殊未得。遂令西戎子，千古笑中国。
老客此经过，望之长太息。立马北风寒，回首孤云白。

此诗读来，至今犹鲜。前述高原苍凉孤绝之景象，后面也不忘拍拍马屁，说汉武帝经略河西走廊，也不及吾皇今经营河湟，甚得要领呀！

自有中国以来，领土疆域的开拓和认同也是经过一个历史过程的。秦汉时期，以九州为中国。先秦时期典籍《尚书·禹贡》中记载的冀州、兖州、青州、徐州、扬州、荆州、豫州、梁州、雍州这"九州"，是自战国以来对古代中国的代称，随着汉朝对边地民族区域的开拓，自汉朝起成为汉族地区的代称，又称为"汉地九州"。至秦一统中原群雄，各铸一鼎，以示其威，秦灭之后，鼎失其主。所谓，秦失其鹿，天下共逐之。由此可见，秦汉时期的早期中国，对疆域的开拓基本以中原地区为主。直到元时，方才打破传统中国疆域的理解与认同感，基本铸就了今天中华民族共同体的盛器。

后来，辛亥革命时，武昌起义所用铁血十八星子旗，又以黑九角代表《禹贡》中记载的冀、兖、青、徐、扬、荆、豫、梁、雍九州，分布与九轮角上下的18颗小黄圆星，代表当时汉地18省人民，示意以血铁武力驱逐鞑虏、恢复中华。革命即成，便改旗为五色、五族共和旗，红、黄、蓝、白、黑五色分别表示汉族、满族、蒙古族、回族、藏族，所选用的五色为五个民族传统上所喜爱的颜色，象征着五族共和。

由此看来，中华民族共同体的格局是经由漫长的历史发展逐步形成的，就像积沙成塔，亦如百川归海，是经过历史的、民族的、人民的共同选择而不断铸就的命运共同体。

书归正传，明代初期，从川西到康藏的茶马古道主要从邛崃至名山、雅安、荥经、汉源、泸定、康定，然后出关经道孚、炉霍、甘孜、德格、渡金沙江进入西藏。

从邛崃至康定段俗称"大路"，由此道进入康定的茶称"大路茶"。明代时期，黎、雅、碉门成为川西茶马互市的最大市场，史书中有对"秦巴之茶"的记载：自碉门、黎、雅，抵朵甘、乌斯藏，五千余里皆用之。

为了加强汉藏地区的联系，明朝曾多次下令恢复和修建西藏通往祖国内地的驿道和驿站。如巩昌到甘肃路途遥远，"马乏而人易困"，明朝便在巩昌、凉州至甘肃途中"增置延来等二十九驿"。

明成祖登基以后，继承明太祖的治藏策略，从各个方面大力加强对西藏的管理，明成祖时期也成为有明一朝汉藏关系稳步发展的重要时期。不论是遣官入藏、打通商贸、通畅军情，都需要大规模修缮驿道。为了继承太祖对西藏的治理政策，进一步拓展汉藏交通，加强并深化中原与西藏的联系，明成祖朱棣果断把西藏与中原的交通问题提上了重要日程。

建国伊始，大明忙着巩固新朝，征漠北、下西洋，都需要花费巨资，财政十分紧张。但是，就在这样的情况下，永乐大帝还是把通藏驿路的可行性研究报告提到了诸位臣子面前。

永乐五年（1407年），明成祖下诏："谕帕木竹巴灌顶国师阐化王吉剌思巴监藏巴藏卜同获（护）教王、赞善王、必力工瓦国师、川卜千户所、朵甘、陇答三卫、川藏等簇，复置驿站，以通西域之使。令洮州、河州、西宁三卫，以官军马匹给之。仍赐阐化王等锦绮衣服……敕都指挥同知刘昭、何铭等往西番、朵甘、乌思藏等处设立站赤，抚安军民。"

臣工们一看，从雅安到西藏，要穿越崇山峻岭，克服高低海拔落差，彼时又无工程机械，全得靠人挖畜驮。该工程不但体量浩大，而且短期内看不到收益，引起了朝野上下的一致反对。

但是，朱棣是铁了心要修通这条路。

为了及早恢复前后藏以及接连汉藏地区的驿站，明廷多次派遣大臣前往藏地检查和落实。在详尽的前期工作基础上，永乐五年，明成祖开始大规模恢复驿站，动用洮州、河州、西宁三卫及道路沿途各处的物力人力，对经过甘青地区、朵甘地区的青藏道进行维护，并调动川藏各族对川藏道进行修复。此次修缮道路所涉及的地域范围广，动员了卫所士兵、地方部族，还在沿途不断"复置驿站"，其间明成祖还派遣刘昭、何铭等人入藏册封僧俗首领，强化了对西藏地方的行政管理。此后，永乐七年（1409年）二月，陕西都指挥同知何铭再次率领六十人的使团，进入卫藏，踏勘地形，分置驿站，历时两年。永乐十二年（1414年），中官杨三保再次入藏,敕令沿途各僧俗首领对入藏道路进行大规模整修。

经过前后七年的努力，汉藏金桥再次畅通，从雅安到西藏不再遥远。《明史》载道："自是道路毕通，使臣往还数万里，无虞寇盗矣。"

从恢复驿路过程中明朝颁布的诏谕看，地方教王阐化王、阐教王、护教王、赞善王都参与了建设。在众多教王中，阐化王帕竹第悉功劳甚大，朱棣特意遣使入藏表彰，"复命三保赍佛像、法器、袈裟、禅衣及绒锦、珠币往劳之。已，又命中官戴兴往赐珠币"。

路，可以通信、走车、行人，但更重要的还是通商。西藏高远，物产不丰，民众多以青稞、肉、乳制品为生计，久之胃中食物来源不够均衡，容易导致整体消化功能失衡，茶叶既可以解油腻、助消化、除热躁，也可以在缺少蔬果的情况下补充多种维生素。所以，史载，唐代之回鹘，宋代之契丹，以至夏金国之藏古，食肉饮酪之民，亦莫不好茶。《明史·食货志》谓："蕃人嗜乳酪，不得茶，则困以病，故唐、宋以来，行以茶易马法，用制羌、戎。"而陆游《南唐书》也提及："北蕃好食肉，必饮茶，因茶可清肉之浓味。今蒙古人好饮茶，可为例证，不饮茶，多困于病，无怪其常以名马与汉人易茶也。唐宋者名之团茶，蕃人尤嗜之，常以重价买之。"

历史上，茶马贸易由来已久。《封氏闻见记》谓："（饮茶）……始自中地，流于塞外。往年回鹘入朝，大驱名马市茶而归，亦足怪焉。"可知中国茶入外蕃,并以茶与外蕃易马,不始于明,实启于唐。正因如此，极大促进了茶产业的发展，茶叶走出区域化生产和食用，也不再是单一的食材和商品。至唐代中期以后，随着茶业的发展，茶就成为一种全国性的商品经济、社会文化和茶道之学，以至于陆羽专著《茶经》。而其由自发的小农经济转化为国事，鲜明的标志就反映在茶税的课征上。在唐代中期以前，种植和买卖茶，并不征收赋税。唐中期以后，由于茶叶生产、贸易和消耗都发展成为大宗化，加上安史之乱以后，征收茶叶赋税以充国库，并逐渐变成为一种定制。

如果说唐时，茶叶还是一种高档消费品；到宋朝时期，茶叶和茶文化已渐入民间。茶之专卖，不仅成为朝廷控制重要的财源，也成为与诸番贸易联系的载体。以茶易马，更是成为中原政权一项长期推行的统治政策和战略物资的调剂办法。除元本出草原，盛产良马名驹，之前的宋朝和之后明清两代，都将茶马互市作为国策施行，专门的"茶马司"至康熙四十四年（1705年）才予废止。

故至明时，由于茶是边疆少数民族生活的必需品，明统治者亦严格控制茶叶的生产和运销，严禁私相贩卖，禁止私茶擅出，以茶马为羁縻。至此，茶已非是茶叶、茶产、茶商，而是假以互市与治边的茶政了。以茶易马，在满足国家军事需求的同时，也以此作为羁縻安定民族地区的统治策略。随着官方主导的茶马互市引入常态和深化，带动了祖国内地与边疆民族地区间的经济交流发展，民间也往往突破明朝政府的禁令进行贸易。

明朝在湟源县开设"茶马司"，以为汉藏通商的"口岸"。主管经济商贸工作的户部也以陕西、四川茶叶易番马，并在各产茶地设置茶课司，分配产销额度。又特设茶马司于秦州（今甘肃天水）、洮州（今甘肃临潭）、河州（今甘肃临夏）、雅州（今四川雅安）等地，专门管理茶马贸易事宜。

于是，明代驿路，亦承载起了"茶马互市"的贸易职能。

茶马贸易不但成为汉藏民族间经济交流的主要内容之一，也为九边军事体系提供了相应的战略物资。随着明前期的战抚并举，军政之事多由河湟而入，边疆稳定之后，贸易随之繁荣，之后茶马贸易中大量的茶叶来自四川，川茶输入的数量和规模巨大，川藏线的利用越来越多起来。当政治、军事形势发生变化时，川藏道的地缘优势得以体现。川茶可以很快集中在碉门一线，避免了耗费大量的人力、物力从川蜀腹地通过松潘道将大批茶叶运往青藏道途径的河洮地区进行茶马贸易。可见，无论是官方主导的朝贡贸易、茶马贸易，还是汉藏民间的经济交流，对明代汉藏间交通道路的兴废变迁都产生了重要影响。

基于防御北方残元余部的考虑，明朝在河西地区建立关西七卫，利用甘青地区的西番诸卫截断蒙藏之联系，使得明朝前中期，蒙古各部族势力对青藏道的影响较小。由此来看，残元余部堆簇于西北之地，明于青藏北缘筑关设防，却在川藏之间开市通商，这一"关"一"开"之间，既斩断了蒙藏之间的援接，掐住了蒙元残部物资供应；也打通了藏汉互通有无，加强往来交通的大通道，亦使川藏道成为明代中后期派遣使臣入藏的主要官道，也是藏地僧俗使团入贡明朝的贡道。

明代川藏道的利用最早见于洪武二十一年（1388年）二月："礼部主事高惟善……上言……通乌思藏、朵甘，镇抚长河西，可拓地四百余里，得番民两千余户，非以惟黎、雅之保障，蜀亦无西顾之忧……碉门至岩州道路宜令缮修开拓，以便往来人马，仍量地里远近均立邮传，与黎、雅烽火相应，庶可以防遏乱略，边境无虞……"从地理形势分析，四川的黎、雅地区是汉藏门户，与入藏道路相接续。明朝政府在川藏边界地带修缮碉门至岩州道路，且均"立邮传"，形成环状的交通网络，以达到川藏连通、汉地无忧的目的。因此，川藏道作为青藏道附线，在军事战略上的意义更为重要。

川藏道成为西藏僧俗首领进贡的贡道亦是在成化三年（1467年）。川藏道从西藏到川西之碉门，明朝使臣回程则经成都沿长江东下至南京，到扬州换船经运河北上，到达北京。

一茶一马，不仅成为汉藏两地的大宗经贸产品，也成为两地之间保持友好关系的物质载体。而通过茶马贸易，既满足了明王朝对战马的需要，又提供了一笔巨额的茶利收入。

汉藏交通的开拓亦促进了汉藏民族间经济的联系与交流。汉地大量的丝绸、瓷器、茶叶、香料等生活物资从这条道路进入西藏，西藏的佛经、贡马、金银器则由此进入中原。

往来茶马古道上的，还有络绎不绝的汉藏使团。据相关统计，明朝前期，中央政府派遣使臣从青藏道入藏64次，经川藏道及附线松潘道入藏21次，经西域道入藏1次，经滇藏道入藏4次。

茶马贸易的进行，也促进了当地人口的变化，茶马贸易交换的场所都是极边要地。茶马贸易不仅促进当地城镇化的形成，还加快当地人口的流动和增加。打箭炉地区的人口与茶马贸易息息相关，据万历《四川通志》载："打箭炉元明时番人俱于此地互易茶马。自明末流寇之变，商民避兵过河茶贸易，而乌斯藏亦适有喇嘛到炉，彼此交易，汉番杂处，于是始有坐炉之营官管束，往来贸易，诸番迭经更替，历有年所。"正因为打箭炉是茶马贸易重要的交换地，汉藏商人都聚集在此地贸易，促进当地人口的增加。此外，还有商人定居于此。打箭炉地区在没有作为茶马贸易集散地之前是边外地区，随着茶马贸易的发展和当地人口的增加，朝廷才派专门的官员管理此地。洮州同样作为茶马贸易的重要地区，其"俗重农善贾，汉回杂处，番夷往来，五方人民贸易者络绎不绝。其土著以回族为多，无人不商，亦无家不农"。回族是善于经商的民族，洮州作为茶马互市的地点，大量的回族赶赴洮州贩卖茶叶，其中多数人定居于洮州，形成了回、汉杂处的居住格局，茶马贸易不仅改变当地的人口结构，同时还增加了人口数量。

除了打箭炉之外，还有很多因茶马互市而形成的商业市镇，有茶马司所处的松潘等地方。由于茶商进藏，往来贸易频繁，在青藏高原也形成了茶马市场，如巴塘、察雅、察木多等地方。在青藏高原，也开始有汉族人居住，他们在"昌多打尖，居民用木板盖屋，为人字形，颇有内地景象……此地汉番杂处，民物风景，大抵与巴、里二塘相类似"。这样番汉杂处之地，一般都是贸易市场。此资料虽然来自清人所写，但明代茶马贸易兴盛，也有"自碉门、黎、雅抵朵甘、乌思藏五千余里"之说，明代商人到青藏高原腹地贩卖茶叶也是络绎不绝，其中也不乏定居其地之民。

《明史》记载："初，太祖以西番地广，人犷悍，欲分其势而杀其力，使不为边患，故来者辄授官。又以其地皆食肉，倚中国茶为命，故设茶课司于天全六番，令以马市，而入贡者又优以茶布。诸番恋贡市之利，且欲保世官，不敢为变。迨成祖，益封法王及大国师、西天佛子等，俾转相化导，以共尊中国，以故西陲宴然，终明世无番寇之患。"由此可见，清人在总结明朝执政经验时，也清晰地看到了从明初多封众建，到后来畅通茶马贸易的政策转变。事实证明，多封众建更多指向地方势力，只有通过不断密切商贸往来，才能不断深化各兄弟民族之间交往、交流、交融。

征纳税赋：从不同于"小中华"朝贡说起

古时日本慕唐，而朝鲜思明，久与中原王朝建立藩属关系，特别与明朝有政治、经济、文化多元交融。

高丽名将李成桂派儿子设伏以铁锤击杀重臣郑梦周后。高丽倚国之柱断毁，李氏建朝鲜国，国祚五百余年。直到明洪武二十六年（1393 年），朱元璋为其赐国号"朝鲜"。朝鲜国开国功臣为此作诗颂道："东国方多难，吾王功乃成。抚民修惠政，事大尽忠诚。锡号承天宠，迁居作邑城。愿言修职贡，万世奉皇明。"

1592 年，统一倭岛的丰臣秀吉以"天下人"自居，野心通过朝鲜为跳板向西攻伐，时称"壬辰倭乱"，招架不住的朝鲜国向万历帝求助，经过长达 6 年的苦战，熬死了丰臣秀吉，换取了半岛安宁。朝鲜国念此"再造"之恩，认明朝为正统，诚心事大，大讲慕华。

此前，朝鲜便把学习大明作为立国之范，这种学习不仅是官署设置、典章制度、衣冠华服的表面效仿，更是文化思想的全面引入，并以得到中央王朝的赐号为荣，故以"小中华"自居。

明朝与西藏所分封的诸王也有贡使往来关系，但此贡非彼贡，这是明朝中央与西藏地方之间的一种联系方式和贸易方式，也是一种特殊形式的税赋关系和国内物资统筹调配方式。

税赋是一个国家的根本大计和实施有效治理的手段之一，但对于中国古代,"宗藩观念"一直主导着统治者们对周边部族的管理思维,这就催生了有别于赋税的另一种方式——朝贡!

如半岛朝鲜这些小国在政治上是独立的存在,中央王朝自然也不会向他们征收赋税,中国古代的税赋只针对自己固有领土上的民众进行征收,藩属国只要履行朝贡的义务即可。但是,明朝对西藏地区采取的却是赋税政策。

西藏环境恶劣,农业薄弱,产出不多,但草原沃野千里,多放养良马。冷兵器时代,马匹是机动部队的刚需,明朝不像元朝拥有充足的战马资源。此时,西宁卫所属西番土酋亦令真奔言:"诸番族皆野居散聚,射猎为食,请岁输马二百匹为常赋。"这是一个非常符合实际的建议,明太祖欣然从之,将西藏地区纳入中央政府的统一治理后,便要求西藏以马匹充当银两抵为赋税。

于是,明朝在认真掌握户籍的基础上,制定了向西藏地区按户征马作为"土赋"的方案。《明太祖实录·卷一百五十》记载:"西番之民归附已久,而未尝责其贡赋,闻其地多马,宜计其地之多寡以出赋,如三千户,则三户共出马一匹;四千户,则四户共出马一匹,定为土赋。庶使其知尊君亲上奉朝廷之礼也。"

很短时间内,这一政策迅速获得成效,《明实录·太祖实录》记载,"(洪武十八年)正月,四川、贵州二都司送所市马一万一千六百匹至京师"。十二月,"西番僧人参旦藏卜输马七百八十二匹于河州卫","秦州、河州茶马司及叙南、贵州乌撒、宁川、毕节等卫,市马六千七百二十九匹"。

明朝不但从西部大量征集马匹,就连自幼在马背上长大的西部骑兵也一起拉走了。洪武二十年正月,"陕西河州、巩昌、岷州、临洮四卫,土著铁甲马军二千九百余人至京听操,人赐钞八锭"。这些主要由藏族组成的骑兵,跟随蓝玉参加了洪武二十一年的捕鱼儿海(贝尔湖)之战,在这场远征中,明朝骑兵远渡大漠,彻底歼灭了北元政权。

由此看来,"输马作赋"不仅仅是一种税赋和商贸活动,已经上升到了统一的政治治理和军事后勤层面。

同时,朱元璋认为"民之有庸,土之有赋,必不可少",并没有因为西藏的特殊性，就自然地减少应为国家建设所承担的责任和义务，只是根据实际情况制订相应免税和免徭役的福利。

据《明史》记载，明太祖按照打箭炉、长河西土官元右丞剌瓦蒙"安边之道，在治屯守，而兼恩威。屯守既坚，虽远而有功；恩威未备，虽近而无益"的建议，"拨兵戍守，就筑城堡，开垦山田，使近者向化而先附，远者畏威而来归，西域无事则供我徭役，有事则使之先驱。抚之既久，则皆为我用"。同时，因地制宜，因俗定策，缮修开拓碉门至岩州道路，以便往来人马；在岩州立仓易马，倍收其税；但是，对一些民生艰难的地方则免除徭役。据《明太祖实录·卷一百八十八》记载："天全六番招讨司八乡之民，宜悉免其徭役。"

朝廷在纳贡的同时，也按照"厚往薄来"的原则，你来我往，回赐丰厚，同时也常派遣中官专使去往藏地巡视，慰问地方，考察政绩。由于贡、赐频繁，一些僧俗首领为图贡市之利，争先恐后地入朝入贡，其中也夹杂着冒贡骗赏之徒。至成化年间，对朝贡年限、人数、路线等都作了明文规定，使朝贡作为一种制度执行。

著名史学家费正清把东亚传统上以中国为中心的中华世界体系称之为"中华世界秩序"，认为这是一个以中国为中心，辐射联结周边华化地区的体系。日本学者西嶋定生把它定义为"册封体制论"，黄枝连则提出了"天朝礼治体系"。不论是侧重于册封、礼治、商贸等方面，都有一个共同的基本认识，就是宗主国不干涉藩属国内政，但是应建立一种战略联防机制。

1368年，朱元璋建立明朝，立国后，随即定下了德化外交政策，并于次年编撰《皇明祖训》，作为巩固明朝皇权而对其后世子孙的训诫，其文后来还收录于《四库全书存目丛书》。其中明确提出："四方诸夷，皆限山隔海，僻在一隅；得其地不足以供给，得其民不足以使令。若其自不揣量，来扰我边，则彼为不祥。彼既不为中国患，而我兴兵轻伐，亦不祥也。"提出"不征之策"，明确"不征之国"，其后详列朝鲜国等十五国名，这其中自然也不包括西藏在内的中国之地。

明朝，朝鲜与之往来不断，但其身份始终是"外邦"使臣贡差。西藏与明朝更是往来十分紧密，他们前来明廷的多是僧俗首领，彼此互通有无，共议大政。除了往来"见面礼"之外，更有日常"实物税"例缴。为了加强日常联系，修复驿路、驿站往来，其最原始、最主要、最明确的功能是官方性质的，以官方通行、公文转递、军政信息沟通为主，以服务商贸流通和各类人员往来为辅。

此外，明朝虽然对藏地僧俗首领亦有分封，但其分封是在建立有司基础上的分封，对朝鲜等藩属国的分封更多是名号意义上的，并没有对其疆域治理范围设置任何相关衙属。据《明史》记载："洪武初，太祖惩唐世吐蕃之乱，思制御之。"后来，在汲取过往历史经验教训的基础上，对西藏做出了以抚为主的统一规划。同时，从经济上，设置了茶马司管理涉藏经济事务；从政治上，对卫藏地区进行招抚、封赏和颁赐印信文书等。通过军事、经济和政治三方面入手，全面接手元朝中央政府对西藏的主权；从军事上，在甘肃南部和四川西部藏族地区设立军事管理机构，这主要是承接了元朝的遗产河州卫，以及在此基础上扩张的朵甘都司和其他四卫。这些驻军的卫所，不只是对当地的防卫，而是大军区制的区域防卫，其统兵用兵方向自然覆盖包括西藏在内的片区。回溯元朝，虽在萨迦、当雄等地有部分驻军，但亦是在甘青、川藏等地设关防以拱卫，称之为"宗王出镇"，即宗王受封某地，负责该地及特定区域镇戍征伐，并代表朝廷监临当地军政。这种受封并非实封，是封藩不治藩，仅取"封建之余意"，主要职责在于军事镇戍。至元六年（1269年），忽必烈封第七子奥鲁赤为西平王。奥鲁赤开府于"朵哥麻思地之算木多城"（今青海互助县松多），驻军于"汉藏交界处"，负责对吐蕃地区的镇戍。当时，藏地有乱事时，元廷派脱脱、只列、奥鲁赤子铁木而不花合兵进讨，都是从此处调兵入藏。大德元年（1297年），元成宗封铁木儿不花为镇西武靖王，于是出现了西平王系统和镇西武靖王系统共同镇戍吐蕃的体制。

众鸟争食：帕木竹巴政权的旁落

元朝末期，农民起义风起云涌，萨迦政权风雨飘摇。前藏万户长、被称为"身披袈裟的英雄"绛曲坚赞趁势而起，取代了萨迦政权，先后占据前后藏，建立起帕木竹巴地方政权。

绛曲坚赞是朗氏家族后裔。在朗达玛被杀之后，吐蕃政权迅速崩解，陷入各部族割据的局面，朗色林氏族趁机占据现今西藏扎囊县一带雅鲁藏布江河谷地区，并以朗色林寺为核心，统治着这个地区。该家族原信奉宁玛派，后有帕木竹巴·多吉杰布到帕木竹建立了丹萨梯寺，成为帕竹噶举的始祖，并与朗色林氏族合作，统领卫藏地区。

元时，萨迦派受到中央政府的支持，受命治藏理政。朗色林氏族也受策封，是止贡、帕竹、蔡巴等十三个万户长之一。绛曲坚赞便出生于这一名门望族。

帕木竹巴出生之际的西藏，藏传佛教后弘期已经进入一个快速发展的时期，萨迦派在元朝的扶持下，在诸教派当中一家独大，特别是在政务管理、人才培养、官职举荐方面享有大权。萨迦无异于全藏首府，政治、经济和文化中心。当时，想出人头地的年轻人像现今的年轻人往大都市靠拢一样，便也纷纷向萨迦奔去。作为朗氏家族的接班人，绛曲坚赞自然也不例外。

14岁的绛曲坚赞来到了萨迦寺进修，担任萨迦寺主持达尼钦波桑波贝的侍从，此人正是因第三任萨迦本钦贡嘎桑布叛乱而被牵连流放到江南，后因萨迦族后继无人，被召回后主持工作之人。也正是这一特别

221

的机会，让这位年轻人在秘书工作中，得以现场观摩和部分参与当时作为全藏首脑的一套宗教教育、政治教育和斗争教育，特别是看到了萨迦政权首领是如何与元朝中央政府积极互动、密切配合、争取支持的做法，这为他此后回到帕竹地方主政带来了十分重要的借鉴。

20岁时，绛曲坚赞离开萨迦，返回前藏属地。因不满当时担任帕竹万户长的叔父坚赞杰布的平庸无能、沉湎酒色而导致政教两误，毅然致书元朝中央，自荐出任万户长，获得萨迦寺主和元帝的支持。第二年九月，元帝赐给他金符制诰，正式任命他为万户长。从此，这位刚刚二十岁的年轻人，以雄杰的步履踏上了历史舞台。

不凡的出身、良好的教育和特殊的时机，让绛曲坚赞看到了希望，他以旺盛的精力投入到家族政教事业之中，命令所属各地植树造林，建桥修路，发展农牧业，扩建泽当寺，广传帕竹噶举教义，巩固政教合一势力。进而，将帕竹万户治理的井井有条，并趁萨迦式微，频频进行扩张，先后吞并雅桑、蔡巴、止贡等万户，前藏地方尽归属帕竹万户。

同样是因为领地归属问题，绛曲坚赞与萨迦冲突再起。心虚生怕再出乱子的萨迦一派，便诱捕了毫无防备的绛曲坚赞。只是当时萨迦派自从法王达尼钦波桑波贝圆寂后，便裂分为四个拉章、多个本钦，因而形成多个内部派系，相互之间内讧不断，绛曲坚赞两次被囚禁，都被细脱拉章的本钦甲哇桑布悄悄释放。

绛曲坚赞被对方的套路深深上了一课，逼上梁山的他在心里反复默念着："彼可取而代之也。"于是，刚脱虎牢，回到乃东，他便召集部众，攻打萨迦大殿。

恰好此时，放他出来的本钦甲哇桑布在派系斗争中落败而被抓，在接到他两个儿子的求援后。绛曲坚赞大喜，真是天助我也！于公，可营救朝廷命官、师出有名；于私，可报答放还之恩、投桃报李。随即整装出发，从贡嘎开始，一路占地盘，并直捣黄龙，拿下萨迦寺，象征着元朝在西藏设定首府政教中心的萨迦大殿便入绛曲坚赞囊中。

这一役，既兼并了原属萨迦的后藏大部分地域，又收缴了元朝赐予萨迦的世代管理权，建立帕木竹巴政权，开启帕竹政权时代。深谙西藏地方与中央政府关系的绛曲坚赞，次年便派遣使者进京朝见并请封，元顺帝只能顺势默认了他的地位，赐给万户长银印两枚。

随后，这位改革家修订法律、设置宗本、推行流官、重塑戒律，有效激发了属地活力，使帕竹政权和宗教事务管理都开创了一个新的局面。也是从他开始，"万户"制改为"宗"的制度，共设立13个宗，各宗设有宗本，每三年轮换一次。这是机构改革上的一次创新。同时，他打破过去的土地制度，将土地公平分配给农民，并根据吐蕃时期的"十善法"，制定了新的十条法规。

1358年，看着绛曲坚赞颇有章法，把西藏地区治理的井井有条，也能够妥善处理与中央的关系，元朝便敕封绛曲坚赞为大司徒，还赐给绛曲坚赞虎钮印章和封诏，命他接管西藏一切政教事务，规定贡噶、仁蚌等前后藏地区为绛曲坚赞的辖地，敕封绛曲坚赞的部下释迦仁钦为曲弥万户长。但是，务实低调的绛曲坚赞一直未以王自称，他成为帕竹政权的第一代第悉，并一直以此自称。

在受封大司徒后的第二年，自感功成名就的绛曲坚赞完成了自己和家族的史传——《朗氏家族史》。

再过3年后，大司徒绛曲坚赞因病去世。虽然此时的元朝已然风雨飘摇，但绛曲坚赞在病床上还是对继任者说："东方皇帝以前就关怀我们帕竹，若继续关怀，则应当遵守皇帝的法令，迎送和承侍宣旨钦差。"

他口中的东方皇帝自然是元顺帝妥欢帖木尔。可是，继续关心帕竹政权并对其产生重大影响的，将是四年后的明朝新皇朱元璋。公元1368年，明朝定鼎南京之时，帕木竹巴政权已经实际取代并承袭了萨迦政权，如何扶持其他教派势力，削弱帕木竹巴政权一家独大的政教权势，成为稳定西藏地方局势的重要课题。

1370年，大统已定的朱元璋把论功行赏的事情暂放了放，并曾有诏言，"缘土蕃之境未入版图，……是以报功之典未及举行"。

朱元璋惦记着西藏。

而此时帕竹政权的权杖已经交接到绛曲坚赞的侄子释迦坚赞手中，他幼年时便出家为僧，任泽当寺第一任座主，绛曲坚赞去世后，他从座主之位上顺位转任帕竹第二任"第悉",由元顺帝命其续领大司徒,并册封灌顶国师。

在听到诏言后,河州卫领会了中央的意图,洪武五年(1372年)四月,河州卫上书道:"乌思藏帕木竹巴故元灌顶国师章阳沙加(释迦坚赞)监藏,人所信服。今朵甘赏竺监藏与管兀儿相仇杀,朝廷若以章阳沙加监藏招抚之,则朵甘必内附矣。"

于是,明朝颁布册封诏书,并遣使送至乃东,"中书省以闻,诏章阳沙加仍灌顶国师之号,遣使赐玉印……"这是明朝建立后,第一次派人入藏赐予印信。

明朝已取代元朝,且已军定甘青、陈兵藏东门户,识时务的释迦坚赞立刻派人入朝面圣,接受新的君臣隶属关系。

从山南乃东到江苏南京,现今乘坐飞机只需不到四个小时的航程,帕竹的使者走了9个月方才赶到南京。但是,帕竹的使者还是没跑赢萨迦,早在一个月前,萨迦派的故元摄帝师喃加巴藏卜已经遣使来贡方物。这是西藏地区第一个入京面圣的宗教领袖。而且,他以乌斯藏最高政教领袖身份入朝,其影响力和号召力非同寻常。

释迦坚赞不久去世,他的侄子扎巴坚赞继任帕木竹巴首领,朝廷及时得报后,绵续其家族恩泽,让返藏使者带去赏赐文绮等礼物,并沿袭元朝旧制,恢复帕木竹巴万户府地位。明朝在册封帕木竹巴政权首领扎巴坚赞为阐化王的同时,随即展开了对帕木竹巴权势的分散、削减。首先,从内部开始,由于帕竹政权始于西藏设宗,并派家臣分任宗本,明朝便顺势册封帕木竹巴的家臣势力。其次,又根据当时西藏地方世俗势力分布,再封传统萨迦地区首领辅教王,让后藏地区的半壁江山脱离了帕木竹巴政权的控制;在止贡派册封阐教王,让止贡派取得与帕木竹巴政权平起平坐的政治地位,在前藏的腹心地带给帕木竹巴的统治打进一根楔子;封贡觉地区首领为护教王;封河州卫(今甘肃临夏)辖境的首领为赞善王。

明成祖大力推进"多封众建"的治藏策略,成为洪武朝"尚用僧徒、化导为善"政策的延伸。此后,因俗制宜、多封众建、册封僧俗首领、广行诏谕的策略始终贯穿明朝。

局势的发展开始越来越变得微妙，分封像是打开潘多拉魔盒的钥匙，这种外力打散的势力范围重新划定，让帕竹政权的各个势力范围从内部开始瓦解，仁蚌巴乘虚而入，掌控大权。

仁蚌家族原在帕竹政权当中寂寂无闻，直到第五任帕竹第悉扎巴坚赞当政时，南喀坚赞才崭露头角，并因驻守萨迦寺有功，被任为仁蚌宗本，以及曲弥万户长。

仁蚌宗地处今拉萨、日喀则、山南三市中心地带，把南喀坚赞钉在那儿，可有效监管江孜、夏鲁、雅隆等地，与帕竹乃东等地相比，虽然不是最大的宗地，却有重要的战略意义，也有着更大的自主权。

后来，雅隆的十个俗官发动叛乱，仁蚌巴南喀坚赞坚定站在第悉一边，迅速协助扎巴坚赞平息了这场叛乱。叛乱让扎巴坚赞开始有意识地笼络人心和巩固政权，他开始打破绛曲坚赞立下的两个规矩，一是不与外族世系相通婚；二是三年一任的流官制度。为了感谢功臣，两个家族不但开始联姻，还又放开了世袭的口子。与仁蚌巴同时获得世袭待遇的还有琼结巴、内邬巴、扎喀巴等家族，尤其是他们把琼结霍尔家族请出桑珠孜后，整个后藏地方便成为仁蚌家族的地盘。

应当说，当年绛曲坚赞还是颇有政治智慧，他并设京俄与第悉职位实现教权与治权分离，改世袭制为选任流官、激发各宗本人才活力，取属民六分之一田赋、充分调动生产积极性等制度设计，分别从权力运行的上、中、下三个层面进行了合理设置，发挥顶层设计的自我调适作用，尽可能避免人治的不确定因素。在这一点上，绛曲坚赞的作为在当时藏地应称得上改革家，和构建古格王国顶层设计的益西沃有得一比。

可是，他不曾料想后世出了个"熊孩子"。把他为帕竹政权绵延而精心设计的框架直接拆了个稀烂。扎巴坚赞种下的因，也将在五十年后结出恶果。不但为此后仁蚌巴篡权埋下了引线，也将点燃后来前藏与后藏大家族之间的争斗。

1435年，帕竹政权家族内讧，仁蚌宗本诺布桑波趁机兼并后藏部分地方势力，让五个儿子分别掌握各宗军政大权。至此，仁蚌巴家族不但以功臣、辅相、外戚等权贵身份出现，也坐拥帕竹祖业半壁河山，帕竹第悉变成了提线木偶，仁蚌巴则在幕后提着连线。

到了贡嘎勒巴担任第七任第悉时，他的母亲是仁蚌家族的，他的老婆也是仁蚌家族的。仁蚌巴既已与帕竹家平分秋色，又有累世嫁女而为外戚的身份，自然今时不同往日，连贡赋也不再缴了。当贡嘎勒巴派人催收不至，自己一肚子闷气没处撒时，却被从仁蚌嫁来的媳妇先数落一通。这妇人，拉着在泽当寺当寺主的儿子跟夫君干上了，生生把本就只把控着一半势力范围的乃东帕竹政权又分成了"妃派"和"王派"。

之后，贡嘎勒巴的运气来了，他像身子骨硬朗的司马懿一样，先后熬死了仁蚌巴、仁蚌来的夫人和不听话的儿子，但他却没有司马懿的政治智慧。此时，本应该趁机整顿秩序，淡化矛盾，调整人事，他却盲目地打击报复，不停折腾泽当寺的僧人，逼迫他们戴红色的法帽，并跟侄子——上任第悉扎巴迥乃的儿子阿格旺波也闹起了别扭。

继任仁蚌巴瞅着机会，提请在乃东开了个会，经会议表决：把在帕竹丹萨梯寺担任京俄的阿格旺波请回乃东担任第悉，贡嘎勒巴则被请回了老家养老。

从此，阿格旺波成为了仁蚌巴的傀儡。无力参与政治事务的他，一心放在宗教事务之上，但作为朗氏家族唯一的传人，他最终听从族人之劝还了俗，并在49岁之龄生下了儿子阿旺扎西扎巴。3年后，阿格旺波离世，一直由朗氏家族担任的丹萨梯寺京俄换成了噶玛噶举，仁蚌巴措杰多吉也受京俄邀请成为了帕竹政权摄政官。朗氏家族所建立的帕竹政权，就这样在看似平静中悄悄被替代。

九年之后，摄政王还政于阿旺扎西扎巴，阿旺扎西扎巴继封为阐化王，但此时的仁蚌巴已经树大根深，互相攀附的各教派也纷争不息。从1509年，第悉与仁蚌家臣、琼结巴与仁蚌巴、前藏联军与仁蚌巴、江孜宗本与仁蚌巴先后提刀理论。与此同时，前藏内部和几大教派也没闲着，1524年，帕竹噶举与达隆噶举开战；1525年，达隆巴联合托喀哇反攻帕竹；1526年，格鲁派和止贡派起了争端，夺取了甘丹寺在止贡地方的属地庄园；1530年，阿旺扎西扎巴和托喀哇和平协议的墨迹未干，格鲁派和止贡派又开始了械斗，手撕了这一纸和平协议；不久，止贡巴又和沃喀发生流血冲突，帕竹再被牵扯其中；1537年，止贡寺再攻甘丹寺，占据格鲁派18座寺庙……

在各教派争夺资源、大打出手、相互绞杀的过程中，帕竹政权也渐渐日落西山。阿旺扎西扎巴身故之后，曾经强盛一时的帕竹政权又因夺权之争分裂为乃东和贡嘎两部。

1565年，一个好消息传到岌岌可危的帕竹一派，盛极一时的仁蚌巴家族被其家臣辛厦巴·才旦多吉推翻。但，这位自称为藏堆杰波（意为"后藏之王"）的叛臣，不但反叛了自家主子，也没打算认帕竹主子，在他的侵吞之下，帕竹第悉只余祖地乃东和周边几个豁卡安身。但是，阐化王的帽子还一直在朗氏家族手里，仅万历一朝，他们便入朝进贡八次之多。

辛厦巴·才旦多吉原本只是仁蚌巴的一个侍卫，后被升为近侍官"其本"，因精明能干，被升为掌管香和年楚河下游的税务官，后任桑珠孜宗本，咸鱼翻身的他营建辛厦宫，故此后被人们称为辛厦巴。当年，仁蚌巴无名有实地控制帕竹政权长达多年，目睹了这一切的他，虽然长着一幅文艺青年的样子，却是一肚子的坏水，青出于蓝而胜于蓝。1563年，他趁主子介入萨迦和拉堆绛（今日喀则昂仁）争斗之时，火烧后院，举兵反叛，袭杀主公阿旺济格的儿子白玛噶波，并在阿旺济格折回的半路设下埋伏。

昔日风光无限的仁蚌巴·阿旺济格怎么也没料到，自己多年培养、亲手提拔的青年出手这么狠，在白朗、帕日、昂仁、定结等属地尽为辛厦巴所破后，无奈退回祖地仁蚌宗。仁蚌家族势力也随之落幕。

当年，仁蚌巴虽然架空了帕竹政权，但名义上一直从属帕竹第悉，辛厦巴家族却并不满足于从属地位。1611年，辛厦巴后人噶玛彭措南杰宣布就任后藏第悉，从此他的家族被称为第悉藏巴，清初被称为"藏巴汗"。这位藏巴汗的野心也不只是控制后藏，随后的两年里，他攻取了澎波和内邬宗等地，将势力范围由年楚河流域扩大至拉萨河流域，并于1618年占领包括帕竹乃东在内的绝大部分前藏地区。

第悉藏巴与仁蚌政权都站在噶玛噶举一边，他们的旧主帕竹政权虽出身帕竹噶举，却大力扶持新生的格鲁派，内邬宗也一直站在帕竹政权一边，并与吉雪巴一同与藏巴汗不断斗争。最后导致固始汗介入其中，终结了藏巴汗的统治。

藏巴汗家族共在位24年，他们在帕竹"十五法典"的基础上，制定了新的"十六法典"，还制定了被称为"丹次卡入"的度量衡统一标准。为了巩固政权，藏巴汗在13大宗驻扎军政人员，并拆掉了其他小宗的宗堡及险要地方的堡寨，因其宫殿仍设于后藏桑珠孜，人们便称彭措南杰为"藏巴杰布"。

回顾帕竹政权，从绛曲坚赞夺取萨迦大殿开始，共传十余位，历时260余年，但统览这一由帕竹噶举所建之地方政权，其太平之治不过几十年，其后便陷于无休无止的权势之争和教派之争，这些明争暗斗涉及父子、夫妻、叔侄、上下等等之间，全然不顾义理之道，唯有赤裸权势之争，这一乱相同样出现于后弘期，却与以善化民之道背道而驰。在这一过程中，宗教时而被当作工具、时而被当作幌子、时而被当作前锋。

在生物演进的漫长过程中，动物当然不会诞生出宗教，但宗教作为人类族群在演进过程当中，最早探索并与世界呼应的方式，伴随着地球村各个地方的人类而出现，且有着相似的产生与发展规律。比如，最早的宗教多是"巫"文化。这个字乍一听有些不太好听，因为在现代语境中，它多与女巫、巫婆等形象关联。但在那个人类以天真、质朴、纯净的眼睛，仰望着满天繁星的时期，巫是受尊重的通灵之人。

虽然早期人类远隔山海，但他们日夜遥望着同一片天空，有着共同的情感观照和表达方式，也走出了相似的人类成长轨迹。这一点，毋庸置疑。

作为人类社会生发的宗教，就像单个来看的人性一样，具有着善恶优劣的两极性和社会应用的多元性。在尊重历史的基础上，面对某一类型的宗教，我们应合理区分对宗教自身的理解，以及对它作为一种社会现象的理解。任何一种社会要素作用于某一特定的社会环境，都会有不同的功能定位、呈现方式及社会效应。比如，它可以是哲学意义上的、语言学意义上的、社会学意义上的，或政治意义上的。以明末这段时间的对照来看，它显然发挥了不好的作用。

神仙打架，百姓遭殃。这种上层统治阶层间权势的争夺，其终极目的并不是为了造福人民，生产力并未得以释放，社会民生未得以改善，西藏人口长期徘徊在100万这条线左右。

就像一枚硬币的两面，政教合一的模式虽然在后弘期促进了地方势力和宗教流派的发展，却无法建构政治治理的良性秩序，其本质仍是相互借势的共生关系。特别是其间夹杂着庄园、属地、供养等复杂现实利益关系之后，更加使这对关系变得不纯粹。这种关系似乎像是一副磨盘，上盘和下盘需要配合，否则单独磨不出豆浆，但它们之间又相互磨损，而选料、下料和推磨的手也不系于它们。所以，在这磨盘的下方，时而出现营养的豆浆，时而出现未知的毒汁。

作为一定历史条件下出现的产物，它代表着落后的生产力，也一定会被历史所淘汰。

众鸟争食　帕木竹巴政权的旁落

借势请兵：俺答汗与固始汗时期的蒙藏关系

在西藏的许多寺院、庄园、民户门口，乃至门柜等家具之上，多绘有蒙人驭虎和印人牵象，特别是对蒙人伏虎之相，因由其宗教譬喻、历史渊源、门神寓福等角度，对其出现时间、主体定位、功能寓意等，许多学者和普通人都有着不同的见解。其实，任何形态的文化产物都是具有广延性的，它自身的存在是一种精神层面的创造，对它的认识也是一种再度审美的创造，不必拘泥于某一绝对的答案。对于普遍民众来说，它类似门神的作用，驭虎图在门廊左侧，虎头对外，驱邪镇宅；牵象图在门廊右侧，象头朝内，招财纳福。艺术是社会的写照，不论人们做何解说，至少说明蒙藏文明之间的交流渊源颇深。

而这一交往将于明末之时再度走向深入。其时，明末政治疲怠，藏地纷争不断，发迹于后藏的藏巴汗更是打着教派旗号，发起了他对前藏地区和格鲁一派的打击，并向信奉噶玛噶举派的喀尔喀蒙古借兵。接连受到打击的格鲁派也开始向卫拉特蒙古借兵，残存的蒙古势力由此介入藏地政教事务。在轮番请外援之下的藏地政教格局也发生着相峙、打乱、整合的新一轮变局与重塑，使藏地社会面临着更加动荡多变的博弈局面，当时的普通民众很难看得透他们的未来所系。

经过明朝洪武年间的多次打击，蒙古势力已经基本退出了漠南，对明朝边境不构成直接威胁。1388年，北元后主脱古思帖木儿被阿里不哥后裔也速迭尔杀害后，去大元国号称蒙古。

历史上蒙古高原上的民族是由两个基本部分组成的，早期便分为"草原百姓"和"林中百姓"。东部为蒙古祖地，东部蒙古或中央蒙古，也称鞑靼；而主要以准噶尔盆地为中心的天山北方人群为西部蒙古，也称瓦剌。"瓦剌"的意思是"森林之民"或"邻近者"，由此称谓也可分东西蒙古种源不同。瓦剌在清朝时称卫拉特、厄鲁特，后来和蒙古本部合称蒙古族。

交代完明初北部的蒙古部族，再回头看明朝为了防范蒙古再度南下，是有多么的努力。明成祖朱棣把政治中心迁都北平，做起了天子守国门的典范。

虎狼在卧榻之侧，朱棣又岂能安眠？于是，他在北方鞑靼游牧地区建立羁縻卫所，以卡住经贸的手段绥服蒙古，并不时派遣使节去分化招抚鞑靼、瓦剌各部。

1410年，明成祖亲自北伐，先后在斡难河畔和贝尔湖东追击、击溃了鞑靼可汗本雅失里和太师阿鲁台两部。

此时的蒙古又回到岭北单一且脆弱的游牧经济模式，外有明军的攻伐，内有部族的矛盾，长年处于动荡不安的局面。直到1474年，黄金家族成吉思汗的第十五世孙孛罗忽济农巴彦蒙克诞下一子，后继可汗，称大元可汗，亦译达延汗。

当年，他才不过7岁，人称"小王子"。

这位小王子人如其名，以先祖辉煌功绩自勉，毕生致力于统一蒙古的事业，率兵征服瓦剌、解除西部威胁，打击异姓权臣、统一蒙古各部，把分散割据的大小领地归入六万户，结束了百年来异姓权臣在各个领地专政、内讧和专横跋扈称雄称霸的历史，使过去居于统治上层的太师们，由封建主的身份重新变成黄金家族台吉领主们的僚属。达延汗的分封制度形成了漠南、漠北、漠西的各个蒙古部落，成为清代在蒙古地区设立盟旗制度的基础，并一直保持到今天。也许，没有达延汗，蒙古族会在无休止的混战中彻底沉沦。

在明正德二年（1508年），蒙古草原上诞生了一对孪生姐弟。他们的祖父便是蒙古中兴之汗——达延汗，祖母是蒙古一代巾帼英雄满都海可敦。按照当时的蒙古风俗，喜宴之后，父母为姐姐取名叫"孟衮"，意为"银"，弟弟取名"阿勒坦"，意为"金"，按照明朝时期的汉语音译，被称为"俺答"。

俺答降生之时，正值祖父达延汗为统一蒙古而战之际。随着这位"金宝贝"不断长成，顺利继承了祖父分封给父亲的领地，称其为"俺答汗"。

这位大汗的前半生基本上都在忙着两件事，一件是出兵东征西讨，扩大地盘，掠夺人畜；一件是常敲大明边门，乞明封赏，以开互市。

俺答汗和蒙古诸王不同，奉行典型的务实主义。他清楚地知道如今自己和明朝的实力悬殊，也看到了也先和达延汗的先例，已经没有所谓复兴大元的野心，只满足于做个蒙古霸主，求得与大明朝开通贡市。经过多达几十次的请求和不停的发兵叩门，务实的俺答汗终于被封"顺义王"。

所谓城市，城以聚人，市以聚商。有了与明朝的良好政商关系，主掌着与大明的朝贡互市，坐享马市为主的贸易顺差红利，俺答汗精心经营着由他主导的漠南第一座城市——呼和浩特。这里，紧临大同，既就近接轨明朝，便于同明朝交往，开展贸易互联互通。也便于控制漠南蒙古，在俺答汗的报请下，明廷赐名"归化城"，以示期盼俺达汗尽忠归化之心。这座城，也自此奠定了后来成为内蒙古省会的基础。

一切，都在向着安定的方向发展下去。这位征战一生的蒙古汗王，也将在奉佛中走完人生最后一段旅程。

当时的蒙古族人，信奉萨满教。这是一种相信万物有灵和灵魂不灭的原始宗教，在巫师的教导下，"腾格里"长生天是最高的神，护佑着每一个蒙古人。在萨满教的世界观，以及蒙古人的心里，万物都是活的，世界是一体的，他们强调与自然力量的和谐相处。

然而，这一深植于中北亚草原的古老信仰将很快因为一次会晤而改变。

接受明朝封赐后，俺答汗回到蒙古草原，遇到前来蒙古地区传教的西藏格鲁派僧侣阿兴喇嘛，他们谈到了佛法，似乎并不易理解。但当阿兴喇嘛迎合俺答汗意欲称雄草原的心理，尊称他为"大汗"，并谈到忽必烈与八思巴二人的交往与功业之时，俺答汗的双眼中闪耀着光芒，忽必烈是他心目中的大英雄。

后来，俺答汗抛弃了萨满教，开始皈依藏传佛教，并向明朝请求佛经和喇嘛，明朝认为这是让俺答汗"放下屠刀，立地成佛"的好机会，便为他送去了所求之人、财、物。

在阿兴喇嘛的劝导下，俺答汗在刚夺得的青海勘址，于青海湖东南福地建仰华寺，并终在五年后赴此地，与哲蚌寺法台索南嘉措会面。

1578年夏，双方在新落成的仰华寺正式会面，以俺答汗为首的蒙古右翼大小领主及部属抛弃萨满教，皈依藏传佛教。同时，还约定改革殉葬等旧俗，制定戒律，教化属民。较之虚幻的信仰，或许这些善治德政方面才最打动俺答汗的心，他所带领的蒙古需要更有向心力的教化之力，以抵抗分散之力。二人相会，最重要的是确立索南嘉措和俺答汗的供施关系，索南嘉措赠俺答汗以"转千金法轮咱克喇瓦尔第彻辰汗"（又作"梵天大力咱克喇瓦尔第诺们汗"，意为"梵天大力转轮法王"）之号，"咱克喇瓦尔第"是"转轮王"之意，象征极有威力的君长；"彻辰汗"即元代译法之"薛禅汗"，意为"聪睿汗王"，也是忽必烈的汗号。俺答汗则授予索南嘉措"圣识一切瓦齐尔达喇达赖喇嘛"的称号，圣识一切为索南嘉措原有称号，瓦齐尔达喇为梵语执金刚之意，达赖为蒙语大海之意，喇嘛为上师。

从此，哲蚌寺的转世系统就被称为达赖喇嘛，索南嘉措就是三世达赖，而根敦朱巴和根敦嘉措分别被追认为一、二世达赖。

三世达赖索南嘉措在洞悉政治格局方面颇有慧眼。二人相会之后，他劝说俺答汗返回蒙古地方，并向明廷递表请册封和纳贡，明朝以为三世达赖深明大义，同意此请。不料，索南嘉措却因病圆寂于去内地的途中。

1582年，俺答汗去世，明廷为他赐祭七坛，并于其后按藏传佛教仪式火葬。同一年，一位蒙古汗王呱呱坠地，他和俺答汗一样，后皈依了藏传佛教，并且领兵入藏，建和硕特汗廷。这二位蒙古汗分别以自己的方式，对此后青藏高原产生了深远的影响。在归附中央政府、维护祖国统一的大局上，他们有着共同的政治智慧。

第二年，俺答汗的曾孙出生，抑或是为了深化与蒙古的结盟，格鲁派上层选立他为三世达赖的转世灵童，并于1602年奉迎入藏。这位蒙古血统的四世达赖在拉萨仅14年便圆寂。

话说此时的藏地，格鲁派的境遇并不很好。随着帕竹政权的衰落，后藏地区仁蚌家族，及其麾下叛臣辛厦家族尊奉噶玛噶举，压制格鲁派。双方都打着维护宗派发展的旗号，在卫藏之地展开势力范围的争夺。

藏巴汗政权建立后，驻扎后藏桑珠孜，继续打压格鲁派。看来，藏巴汗没有耐心拉锯，他想要玩一把大的。他说服了尊奉噶举派的漠北喀尔喀蒙古却图汗，借助蒙古骑兵，助他消灭对手。

却图汗派儿子阿尔斯兰率领一万蒙古精骑向西藏进发，援助藏巴汗，攻伐格鲁派。

见此情景，格鲁派也北上，请身处南疆的卫拉特蒙古的固始汗帮忙。

对于在西北苦寒之地艰难度日的固始汗来说，这是一次选择，也是一次机会。固始汗伪装成入藏朝圣的香客，前往拉萨侦察沿途的军政情况，在半路上遇到准备去援助藏巴汗的阿尔斯兰。一路上，固始汗说服阿尔斯兰不要敌视格鲁派，阿尔斯兰改变了态度。在他来到拉萨后，反而倒戈去攻击藏巴汗，并尝试与五世达赖联络。阿尔斯兰的行为被噶玛噶举派告到其父却图汗处，令却图汗恼怒不已，遂命部将处死阿尔斯兰。在这么短的时间内，阿尔斯兰并不仅仅为宗教信仰而改变想法，固始汗应是为他画了一幅谋求自立的大饼，使这位小王动了心。

这位背信弃义、临阵倒戈、胡乱出牌的小王子命丧于他妄图征服的高原，也给固始汗和格鲁派同盟的反扑创造了最宝贵的时间。固始汗已顺利抵达拉萨，并与五世达赖秘密会面，他很快搞清楚了卫藏的情况。1636年，固始汗带着卫拉特联军从伊犁出发，这是一次对格鲁派的帮助，也是他们自己摆脱困境的机会，他几乎带着所有的卫拉特各部首领，奔向了三千五百公里之外的拉萨。

但是，要前往拉萨，他们必须穿越青海大草原。这里，现在是却图汗的地盘。他原来是蒙古末代汗王林丹汗的台吉，那时还叫朝克图台吉。早年，为策应林丹汗，驱逐土默特部，兵进青海。不料，一心想统一蒙古草原诸部，甚至再南图中原的林丹汗，被忽然崛起的后金努尔哈赤逼退青海，却不幸在这里一病呜呼，留下却图汗据青海称汗。

却图汗还是位诗人，早年曾北狩杭爱山，并在刻留下摩崖诗，其中有一句："觅食不得的人，山林中的猛兽，虽然生身各异，杀生捕食之性却相同。远偷近盗的贼人，觊觎牲圈的豺狼，虽然外相不同，贪婪之心却相同。"

如今，这青海山中的猛兽，将遇到觅食的猎人。

大军穿越塔里木盆地，很快抵达了青海北部。站在通往拉萨门户之地的战场之前，面对三万喀尔喀蒙古兵，开弓没有回头箭的固始汗没有选择，他派出一万精兵冲向对方三万人马，虽然以少胜多，却也异常惨烈，战场血流成河，两军交战的山口由此改名大小乌兰和硕，蒙语意为"大小红山被血所染红"，这场战争也被称为"血山之战"。

青海湖北岸的这场胜利，不仅打通了固始汗前往拉萨的通道，也使他成功找到了新的战略根据地，打破了藏巴汗、却图汗和白利土司的三角联盟。青海优良的牧场，既可以妥善安置和硕特部众，又远离了卫拉特的紧张对立，成为固始汗进可攻、退可守的战略大后方。

初战告捷后，固始汗在青海休整部队，他自己则再次潜入拉萨，共同商议下一步的对策，并获达赖喇嘛赠"固始·丹增曲结"（汉语中的"国师·持教法王"，蒙语又称"固始·诺门汗"）尊号。其后，固始汗势如破竹，攻灭康区白利土司，夺回前藏全部地盘。最后，大队骑兵直奔后藏桑珠孜，生擒藏巴汗，将这位一贯反格鲁派的首领装入牛皮袋里，投入了湍急的拉萨河中。固始汗迎请五世达赖喇嘛阿旺罗桑嘉措到桑珠孜，宣布把十三万户献给五世达赖喇嘛，格鲁派与蒙古和硕特部联合建立甘丹颇章政权。为了淡化后藏曾作为全藏政教中心的影响，他拆毁汗王宫殿，把木料运回拉萨，并把原来的桑珠孜改名为喜格孜，即今日喀则。

经过6年的战争，统治西藏地方约二十四年的藏巴汗与噶玛噶举政权联盟正式结束，使格鲁派摆脱了危局。格鲁派集团在固始汗的支持下取得了巨大胜利。

所谓时势造英雄。身为黄金家族后裔的固始汗早已是卫拉特盟主，但他这个盟主也不过是徒有其表,与其他元灭后流离于北方草原的蒙古部落一样,他们经济上重新回到单一的游牧体系,政治上各部族间四处争抢地盘,缺少强有力的领袖和议事机构。

如果说蒙古各部日子难过的话,那固始汗的处境则更难上加难。彼时的固始汗就像风箱里的老鼠——两头受气,正面对着沙俄和喀尔喀蒙古的双重打击,他已被迫离开瓜果飘香的天山脚下,带着部族转至南疆塔克拉玛干沙漠,战略空间被挤压的固始汗活在夹缝之中。于是,崇德元年(1636年)皇太极称帝后,固始汗马上遣使归顺清朝。此时,可令他万万没有想到的是,格鲁派派出使者要求他的救援。这无疑是瞌睡时,有人递来了枕头。顺应格鲁派的相邀,固始汗便引兵南下,就这样在青藏高原建立了和硕特汗廷,使藏地政教处于长达七十余年的二元治理体系。

1641年,古城拉萨阳光明媚,僧俗人士堆簇街头,固始汗的军马踏上了拉萨的街头。一千年前的公元641年,也有一位从更远地方来的人走到拉萨,在她的队伍里没有军人,而是拉着觉沃佛和佛教典籍,队伍的最前头也不是趾高气昂的将军,而是一位洋溢着盈盈笑意的大唐公主,她的名号叫做"文成公主"。

在这座雪山环绕、一水中流、湿地散布的古城,远离蒙古诸部的庭前威胁,又可以尽享护教功名尊荣。固始汗不再回家,不再思念那个生他养他,也让他四处奔躲的大草原;固始汗不再畏天,他带着全族皈依格鲁派,不再仰望头顶的长生天。他把前后藏税赋奉与五世达赖,自己留下最肥美的青海和康区,为了稳固大后方,把青海分为两翼,分别派遣他的8个儿子驻牧,包括川西涉藏地区所有税赋则全部归和硕特家族支用,并在随后的时间里,不断侵吞甘宁等地。同时,他命长子达延汗守卫拉萨,在拉萨以北的达木(今当雄)驻留后世所称"当雄八旗",归自己统管,拱卫前后藏。安排完这一切后,便是论功行赏,授予自己亲信之人以贵族的身份,并分别给予官职、庄园和农奴。新的甘丹颇章政权日常事务,交给了与他友好的格鲁派第巴索南饶丹料理,而驻防军队、官员任命、大政颁布等职权,尽在坐镇藏地的固始汗。

罗桑却吉坚赞是一位德行崇高而倍受尊敬的活佛，固始汗亦对其十分尊崇，以至于拜其为师，并常居留于后藏。当然，其中原因亦有坐镇后藏，以防藏巴汗残余势力死灰复燃，拱卫新生的甘丹颇章政权之意。1645年，固始汗给自己的老师罗桑却吉坚赞赠给"班禅博克多"称号。从此后确立了班禅活佛转世系统。罗桑却吉坚赞去世后被认定为班禅四世，并又向前追认了三世。

这一年，拉萨河谷的"玛布日山"启动了一项浩大的工程，在固始汗、五世达赖的见证下，布达拉宫改扩建工程举行了隆重的奠基仪式，这是自公元6世纪松赞干布将吐蕃政权迁至拉萨之后，迎来的第一次大规模改扩建工程。这次建设主要为白宫部分，依托山势而起，以梯形分布式，拾级而上，垒筑七层。这里是达赖喇嘛的寝宫和处理政务的地方，四层设有大殿堂，东筑寂圆满大殿，是举办达赖坐床等重要仪式之地。

当时，正值明末清初，中央政府更迭，在改朝换代的混乱政局下，固始汗担负起了整顿西藏混乱局面的历史使命，为接下来清中央政府加快统一西藏奠定了基础。

进京觐见：五世达赖晋京

满族，起于诸民族夹间，在龙兴之前便有对民族工作的先天感知力，在立国之后更加深知民族工作之至关重要。早在入关之前，清朝就与西藏上层僧俗人物建立了联系。

清太祖努尔哈赤入关之前，在东北苦寒之地拒贡反明，渐图辽东建后金政权，西接蒙古、东邻朝鲜、北据沙俄。已经坐稳辽东根据地，建立满八旗的努尔哈赤，早已将目光投向了中原。但是，俗话说首尾难顾，当时的首要问题是解决好南进之前的三方军政问题。

朝鲜半岛，弹丸之地，暂且不表。俺答汗早在明万历年间就与宗喀巴再传弟子索南嘉措在青海会见，格鲁派与蒙古上层已经开始联合，几乎与此同时，喇嘛教也传入卫拉特蒙古。格鲁派依旧尊称没落的前元贵族以"汗"的称号，飘飘然的蒙古旧贵族欣然接受，迅速取代了萨迦派在蒙古地区的影响。当时，沙俄也以宗教为幌子，企图从争取宗教首领入手觊觎青藏，在漠北地区活动不断。

在这三股力量之外，青海也在尊奉格鲁派和硕特蒙古控制范围，并策应护卫着拉萨。在此情形下，努尔哈赤在战略上先放下威胁力较小的朝鲜，与蒙古上层贵族联姻，对天杀白马，对地杀黑牛，立誓同伐灭元仇敌大明朝，靠联姻尽取蒙古骑兵。

争取上层人士的同时，在根据地建七大寺，以赢获宗教界和群众人心。至此，蒙古便成清政权立帐的最粗一根柱子。

随即，努尔哈赤的儿子皇太极攻破朝鲜，统一内蒙古，联络喀尔喀，为南下攻伐断其后顾之忧。而在入主中原之后，更是由东北地方政权上位为统治全国的中央政权。

1644年，这一年是农历甲申年猴年。上蹿下跳的猴哥坐庄，这一年注定是让人眼花缭乱的一年，因为此年的中国正值大明、大顺、大西、大清政权交替。所以，按照传统的王朝纪年法，一个复杂的局面出现了，1644年是中国明朝明思宗崇祯十七年，大顺永昌元年，大西天命三年，清世祖顺治元年。

让我们简要回顾一下这改朝代、换皇帝、翻年号比翻书还快的一年。

1月，李自成在西安称帝，并于次月建立"大顺"国。

4月，大顺军挥师北京城下，明朝崇祯皇帝朱由检自缢煤山。

5月，吴三桂据山海关而袭击大顺军的消息传到北京，李自成决定化被动为主动。27日，山海关战役打响。这一役，清军在关外翘首以盼，大顺军在关内摩拳擦掌，但他们都不是战役胜负的决定方，站在关楼之上的吴三桂将在历史的关头，最终按下是大顺还是大清来取得中原统治地位的投票器。

结局大家都知道，等来了清军的吴三桂与其联手打败了勃兴于明末农民起义连续不断中的李自成。于是，6月3日，在北京城匆匆举行了称帝仪式的李自成，次日清晨便仓皇退出北京。隔日，多尔衮进入并定都北京，清朝入主中原，夺取全国政权。9月20日，顺治帝驾车由盛京出发，迁都北京。

顺治帝登基大宝的消息，很快传到了固始汗的耳中。第二年，固始汗便派儿子多尔济达赖巴图尔台吉到北京，上书顺治帝，表示对清政府的谕旨"无不奉命"。他还与五世达赖喇嘛共同遣使清朝"表贡方物"，受到清朝的赏赐。

自此之后，蒙古和硕特部汗王与西藏地方宗教首领几乎年年必遣使莅京，通贡不绝，清朝也厚给回赐。为了进一步加强同中央政权的政治联系，固始汗还上书清朝，说："达赖喇嘛功德甚大，请延至京师，令其讽诵经文，以资福佑。"同时，他和四世班禅又积极鼓动劝说五世达赖喇嘛接受清朝的邀请。

顺治九年（1652年）三月，五世达赖带领大批随从启程，当年年底便到达北京，顺治帝在北京南苑以狩猎的形式，不拘礼节地迎接会见了他，"赐坐，赐宴，待以殊礼"。另外还赏给金、银、大缎、珠宝、玉器等大量礼品。五世达赖喇嘛进呈了珊瑚、琥珀、青金石念珠、氆氇、马匹、羔皮等千件贡礼。《五世达赖喇嘛觐见顺治皇帝图》以壁画的形式将这一历史时刻描绘于布达拉宫，其图恰似坛城一般，人物主次大小有别。

五世达赖留京两个月期间，应邀两次进皇宫参加了顺治帝专门为之举行的盛大国宴，还参加了一些满族亲王、蒙古汗王举行的宴会，先后进行了一系列的佛事活动。其中为专程自大漠南北、山西五台山赶到北京的蒙古科尔沁秉图王及汉族僧侣及成百数千人讲经传授各种法戒，撰写启请、发愿、赞颂及祭祀祈愿文等等，所接受的礼金、各类礼品、法器以及社会各阶层馈赠的不可胜数。清朝在北京专门修建了黄寺，供达赖喇嘛住宿。

1653年初，在五世达赖返藏途中，顺治帝派官员赶到岱噶（今内蒙凉城），赐给五世达赖金册金印，封他为"西天大善自在佛所领天下释教普通瓦赤喇怛喇达赖喇嘛"。

自此，清中央政府正式确认了达赖喇嘛在蒙藏地区的宗教领袖地位，历辈达赖喇嘛经过中央政府的册封遂成为制度。清政府在册封五世达赖喇嘛的同时，又派大臣和五世达赖喇嘛一起入藏，给固始汗赉送以汉、满、藏三体文字写成的金册金印，封固始汗为"遵行文义敏慧顾实汗"，承认他的统治藏族地区的汗王的地位，并希望他"益矢忠诚，广宣政教，作朕屏辅，辑乃封圻"，效忠清朝，安定封疆。

顺治帝在册封固始汗时称赞道："尔厄鲁特部落顾实汗，尊德乐善，秉义行仁，惠泽克敷，被于一境，殚乃精诚，倾心恭顺，朕甚嘉焉。"

在接到顺治所赐的金印、金册后，固始汗也当即奏表致谢："皇上胜过缔造万物之如意宝，布仁慈于四海之滨；扬善抑恶，以足众生之望。蒙天恩赏赐金册、金印，封为遵行文义慧敏顾实汗，谨望阕跪接衹领，叩谢天恩。"

这意味着，清朝中央政府从政治上正式明确了清中央政府与西藏地方的隶属关系，也从法律上予达赖喇嘛和固始汗各自的地位和权力进行了认定。

　　清朝的支持对新建立的甘丹颇章政权的巩固起了重要作用。而当时的达赖喇嘛和固始汗这一对儿搭档相处融洽，共同稳定了当时政局。

　　然而，次年，明末清初卫拉特蒙古和硕特部首领、成吉思汗之弟拙赤合撒儿十九世孙固始汗在拉萨病逝。西藏政教局势的平衡也将随着他的离世而被打破。

长河落日：世俗王国的落日余晖

1642年，随着藏巴汗噶玛丹迥旺波被装入牛皮袋，丢进滚滚的拉萨河，那个曾经统领西藏24年的藏巴汗政权也随之覆水东流。

然而，不知是不是一种历史的巧合，在藏巴汗政权灭亡前二十年，另外两个世俗王国也纷纷灭亡。

1481年，受噶玛噶举派的挑唆，仁蚌巴发兵攻打前藏。1565年，辛厦巴夺位成功。1613年，彭措南杰控制阿里，封噶玛噶举为"卫藏之主"。1618年，攻入拉萨，实际控制前后藏，建立藏巴汗政权。1642年，与格鲁派达成一致后，固始汗发兵绞灭藏巴汗。其间一个多世纪的时间内，各地方势力和宗派之间相互结盟、此消彼长、纷争不断。

明朝分封地方势力和宗派首领时，分别对待，各封其号，本意是要构建政教分离的格局，却耐不住两者之间互为依持。而这一平衡，被第五任帕竹第悉扎巴坚赞和仁蚌巴先后打破。扎巴坚赞重施分封制开始，便打破了原有的政治平衡，仁蚌巴引入噶玛噶举介入帕竹政权，也是为了打破帕竹政权的权力结构，为自己家族把持帕竹政权创造条件。这些做法，把绛曲坚赞设计的治理框架完全打乱，地方势力重新划分，权力之争日渐扭曲。

在仁蚌巴架空帕竹政权，把持帕竹政权之时，帕竹政权的另一位臣下——吉雪巴家族在前藏悄悄积蓄着实力。公元16世纪初，通过与仁蚌巴之间战役的胜利，吉雪巴得到了堆龙德庆所属吉雪南北两岸地区。此时格鲁派眼看仁蚌家族与噶玛噶举结为同盟，便与在前藏蒸蒸日上的吉雪巴家族走到了一起,建立了宗教上的供施关系和政治上的隶属关系。特别是1602年,俺答汗的曾孙,第四世达赖喇嘛云丹嘉措入藏后,吉雪巴家族很快与之建立了密切的关系。到1616年,明朝派人进藏,在拉萨封云丹嘉措为"普持金刚佛",并邀请他进京朝见。云丹嘉措答应进京,但于当年年底在哲蚌寺圆寂。

失去了蒙古来的达赖喇嘛之后,吉雪巴顿感背后空落落的发凉,仿佛藏巴汗随时会从后藏而来。于是,他决定先下手为强。

1617年,为了应对藏巴汗·彭措南杰与噶玛噶举联盟,吉雪巴·索朗多杰以布宫洛格夏热观音像为礼,并在谈好出战条件之后,请来三千喀尔喀蒙古兵,虽然初战获得了小胜,但藏巴汗却趁吉雪巴与哲蚌、色拉僧兵发生内讧时,占拉萨河谷。他们不但占据了吉雪巴在拉萨河两岸的领地,还对两寺大肆破坏,不准四世达赖找转世,并列出了一张大额的索赔清单。强佐①索南饶丹佯称前往山南取罚金,摆脱监送人员,只身奔赴青海,请来土默特部蒙古固茹洪台吉兄弟,以及之前逃奔到青海避难的吉雪巴。

1621年,在一场大战一触发的时刻,彭措南杰却突患天花去世,继任的年轻小王不谙战事,兵败被困药王山,后经过停战调停,悉数退还原先所占的寺院、庄园和领地。但吉雪巴被占的领地却被还给了格鲁派,并由固始汗来决定分配。吉雪巴失去了领地,及与格鲁派合作的基础,也于此后一蹶不振。

二十年后,不甘失败的藏巴汗再请却图汗,反被固始汗以强兵压境而覆亡。至此,纷争一百余年的宗派之争落下帷幕。

1643年,五世达赖喇嘛阿旺罗桑嘉措因固始汗的要求撰写《西藏王臣记》。1698年,桑结嘉措著《格鲁派教法史——黄琉璃》。在成王败寇的记述里,藏巴汗政权被抹黑,甚至被刻意抹去。藏巴汗父子颇具才干,不仅制订法律、统一了度量衡,还发展文化事业、关注民生发

---

① 强佐:藏传佛教寺院僧职,由寺主或扎仓管事堪布委任,综合管理行政、财产、属民及对外联系等,与堪布共进退。

展，尝试建立自己的武装队伍。但是，这一短命的政权已经随着那副牛皮袋，在历史的长河里随波而去了。

由绛曲坚赞所开创的帕竹政权，以及后来臣属叛变所立的政权，也至此划上句号。绛曲坚赞创立帕竹政权，能够积极内向中央政权，深化西藏地方社会治理，并曾制定《十五法典》，虽然也有一定的时代和阶级局限性，比如，把人命分为三等九阶。但是，从社会进步的意义看，对藏地的意义犹如玉龙鸣宣，特别是其中实行流官制度、鼓励开垦荒地、明确争议仲裁等条款，对促进社会发展起到了积极的作用。其宗教政策也比较开明，不但以第悉和京俄族内继承的方式，确保朗氏家族的血脉和帕竹噶举的法脉传承，也积极扶持萨迦、宁玛和新生的格鲁派，在其生前和身后一段时间，出现了一段时间的黄金期，其政权也开创性地把植树造林、兴修水利、发展藏戏等社会事业提到一个高度。铁桥活佛、藏戏鼻祖汤东杰布等名人便出现在这一历史时期。他要求自己的后人们"每年立志种活二十万棵树木"，"放倒树木，要根据时令季节，不要连根拔起，用镰刀和锋利的工具在其破土处砍断，以确保在此处仍能生长"。这既说明经过绛曲坚赞的改革，当时的社会焕发出了一定的活力。也从一个侧面说明，当时社会政教合一的体制已经十分牢固，宗教势力和宗教人士已经广泛参与到了社会生产生活的各个领域。

但是，在帕竹政权的后期，家臣属下叛乱时出，打乱了政治秩序，造成了社会动荡。在复杂多变的环境当中，把握机会，争取进步，是作为个体或某一团体的本能，也是推动社会发展的动力之一。但，帕竹政权末期的仁蚌巴、辛厦巴、吉雪巴和藏巴汗等地方势力却是赤裸裸的权力之争，在他们中间发生的故事，多是权力大椅的轮流坐庄，以及势力范围的此消彼长，既无益于对于藏地和人民的福祉，也无益于促进社会的发展和进步。

回顾那段历史，广大人民并不是历史的主角或主体，上层政教势力集团你方唱罢我登场，乱哄哄，闹腾腾。正所谓"其勃也兴焉，其亡与忽焉"。

与上述这些靠非正常手段上位的短命政权不同，但在十六世纪上半叶，同样被历史大浪淘沙般带走的，还有阿里古格王国、吉隆贡塘王国。

这两个小王国，都是吐蕃后裔所建立，并延续600余年，历经宋、元、明、清等朝，在进入十六世纪的时间长廊之后，洒下了最后一抹余晖，也留给世人无限遐想。

关于古格的灭亡，充满了神秘的色彩，就像它传奇的开始。在古格肇始之初，曾是当时藏地最大的译经之地，却把最大热情用于了译经事业，一个个闪着人类之光的字符刻进了佛经，并没有详尽整理和记录人间的凡尘俗事。虽然笼罩在古格最后的身影之上，关于古格灭亡的故事有着诸如众多关于伊斯兰旋风、基督教传教、古格王灭佛等等炫目的标题，以及诸如国王悔婚、一夜消失、人间蒸发等戏剧化的字眼，但扒开历史的典籍，只有藏文版《拉达克王统记》中寥寥数语，其王森格南杰在位时，"派出军队前往古格，废黜了主君大王（指古格王），拿下了古格的札布让和罗隆。"

倍感神奇的是，据《黄琉璃》和《四世班禅传》记载，就在藏巴汗攻灭拉萨，并劫掠寺院的1618年，班禅大师前往古格托林寺说法。或许，是在那个格鲁派生死存亡的关键时刻，班禅大师想为其寻一可能的存身之地。

与古格的苍茫厚重不同，在今日喀则市吉隆之地，也曾有过一个小国，相传太阳之子的光芒普照此地，故名"贡塘"。

当年，沃松的儿子贝柯赞被杀后，曾留下两个落魄的王室后裔，次子吉德尼玛衮来到普兰，创立古格王朝。而其长子赤扎西孜巴贝逃后藏的上部地方，其子白德的后裔受邀前往今天的吉隆县从而开始建立了贡塘王国。

上部阿里的古格与下部阿里的贡塘，在几乎相同的时间建立，也灭亡于17世纪的中叶，前后只相差几年。阿底峡进藏，曾路过贡塘并在此传法，早年的贡塘与古格联系密切。第九代贡塘王尊巴德，由姑姑拉仁庆措抚养长大。拉仁庆措的姐姐拉吉孜玛是萨迦大德贡嘎坚赞之弟桑擦·索朗坚赞的妃子，桑擦则是著名宗教领袖八思巴的父亲。

十二代贡塘王赤德崩，曾于1307年40岁时，前往大都觐见元朝皇帝。元成宗铁穆耳谕示："尔为西藏统治者之后裔，应予封赐。"赐其为"吐温夏三地之君主，掌管阿里十三部领地之王"的名号，并赐予宝石制成的七棱印章及加盖"国政永固之宝"的金册诏书和珍贵赏赐。

1620年秋，藏巴汗彭措南杰兵困贡塘，第23代王赤索朗旺久投降，贡塘王朝就此灭亡。

贡塘王朝自公元992年建立，至灭亡时王权传续23代，历经了中原唐、宋、元、明四个朝代。628年的时间里，贡塘王朝在吉隆这个相对闭塞的狭小地域内，创造了辉煌灿烂的文化，其独具特色的佛寺、壁画、造像均带有鲜明的异域特点，尤其是"平突羌姆"跳神舞蹈，更是藏族文化中不可或缺的组成部分。

这三个政权的灭亡各有原因，如果有某种联系，便是乱世动荡中，强者们火中取栗。藏巴汗意欲建立一个以日喀则、山南、拉萨等地为主要势力范围的世俗政权；彼时的拉达克西方和西北方向已经处于穆斯林的治下，绛央南杰先被巴尔蒂穆斯林俘虏并软禁，他回来时却带着阿里·米儿将军的女儿，等有着一半穆斯林血统的森格南杰接任，他所治下的拉达克已非往昔的单纯佛国，在伊斯兰圣战精神的鼓舞下，并不满足于成为一个小国家，屠戮曾经是兄弟之邦的古格；拉萨河谷的吉雪巴也想参与这场权力的角逐，可是他并没有前两个政权的军事实力，于是便想到借助外部军事力量。吉雪巴也过于倚重来自蒙古的四世达赖，因而在他忽然圆寂后的第二年便慌了神，遗憾的是，他失败了。在和硕特汗王重新分配资源的时候，亦未按原来固有的家族领地去分配，固始汗按照简单粗暴的草原法则，建立了和硕特汗王家族、地方政权集团和夺藏有功的功臣集团利益分配框架。

不论怎么样，强权政治已经替代了吐蕃早期的盟誓制度，人们不再遵守盟约，纷纷扩大势力范围，要么直接赤膊上阵，要么就去搬来救兵。所以，在藏地的地方政权较量中，才多出一支政治军事力量。然而，就像在请兵之前五世达赖和索南饶丹打的卦象一样，"这样做，对当下是有利的，对长远是不利的"。

在他们相继离开之后，隐藏的风险才慢慢露出了头，和硕特家族内部权力更替、和硕特家族与当地贵族势力权力分配、乃至其他蒙古部族贪婪的目光，都将汇聚在这一片土地，并在这里不断混合发酵。

权力之争：固始汗身后的乱局

1655年，固始汗在拉萨去世。这位枭雄长达14年的生命余程，是在藏地度过的，这只蒙古的雄鹰，以其非凡的战略眼光、政治智慧和军事能力，早年坚决抗击和抵制沙俄的侵略，壮年周旋于卫拉特蒙古诸部，亲睦西北各族，后又举族南迁，跨过昆仑山脉，在青藏高原建立和硕特汗廷，促进了青藏高原的安定统一。固始汗去世的次年正月，顺治帝闻讣讯，下诏"念其归顺我国，克尽忠诚。常来贡献，深为可嘉"，特地遣使致祭，并赠以助丧赙物。综观固始汗一生，都能以政治家的智慧审时度势，归顺日渐龙兴的清朝中央政府，作为清政府的"屏辅"统治着整个青藏高原，实现了他通好中央王朝以自重的夙愿。

在青藏高原各政教势力纷争不断的情况下，固始汗以格鲁派护法王的身份，举族迁至青藏高原，以一支新生的力量，在特殊的历史关头介入并大大改变了青藏高原的政治、社会和宗教格局。尤其是结束了各教派纷争，使新生的格鲁派后来居上，并使达赖驻锡布达拉宫、使班禅驻锡扎什伦布寺，使主权归属于清朝，对巩固西藏地方与清朝中央政权的关系起过重大作用。为纪念他，青海省海西蒙古族藏族自治州德令哈市于2014年8月26日建成固始汗主题公园，坐落于柏树山德都蒙古文化原生态旅游区，中有号称世界最大的固始汗主题雕像。

当然，客观上我为人人，主观上人人为我，作为和硕特蒙古的大族长，固始汗亦需考虑本族安危。回不到昆仑山以北的固始汗致力于巩固在青藏高原的权威，他命索南饶丹对过去第悉藏巴的法律作了些整改，以便从法律上巩固和硕特蒙古贵族与格鲁派僧侣集团上层势力的既得利益。同时，对西藏地方政权作了局部调整，在保留自元代以来萨迦派掌握西藏地方政权时设置的13种官职基础上，又新增设了噶伦（行政官员）、代本（武职官员）等职官，健全西藏地方政权的行政机构，并新封了一批亲信作为新贵族。这一切胜利的成果，在固始汗身亡之后，都化作巨大的权力。任何权力的更替时期，都是纷争的高危时刻，随着固始汗在藏地去世之后，青藏地区便又陷入胶着状态。

似乎是冥冥中的巧合，这一年的5月，康熙帝爱新觉罗·玄烨诞生。在他长大成人后，将收拾固始汗留下的烂摊子。

此时，新生的甘丹颇章政权尚无力与蒙古汗王争锋，斗争主要来自蒙古汗王内部固始汗的儿子们。面对如此广袤的领地和巨大的权力，固始汗的儿子们纷争不息，奈何两个人出息都一般大，在久争不下的势均力敌之下，致使汗位空置长达四年之久。

这场势均力敌的对弈最终下成了"和棋"，在固始汗去世四年之后，才以达什巴图尔主持青海各部、达延汗主持西藏政务而得以解决。

经此漫长的权力真空，西藏局势也悄然发酵。这两个"官二代"缺乏他们父亲固始汗那样的战略思维、军功威望和理政才能，而虽然此时的格鲁派仍然要依靠蒙古和硕特部的保护，但背靠大树好乘凉，已经得到清朝中央政权荫佑的五世达赖喇嘛将要逐渐拿回本该属于自己的行政权力。

机会终于来了。

1658年，达延汗刚刚继任汗位，主政的诏书刚下，固始汗时期亲任的第巴索南饶丹便撒手而去。索南饶丹虽是五世达赖的"强佐"，却与固始汗有着亲近的关系，也是联蒙请兵的主要联络人，深得固始汗的信赖，日常事务多委于他。而达延汗并没有遗传他父亲豪迈雄健的气质，在接诏之时都非得拉着闭关的五世达赖一起。

1662年，95岁高龄的四世班禅罗桑曲吉坚赞去世，西藏的政教权力进一步向五世达赖集中。见此情势，五世达赖身边的人开始建议，应当任命自己信赖的人，不必把肉送交于别人之手，再等别人给分点肉丁。

于是，由五世达赖逐渐开始接收政务，并任命自己的亲信仲麦巴·赤列嘉措出任第巴。这意味着，任命第巴的权力开始从蒙古汗王转移到达赖喇嘛的手中。

四世班禅罗桑曲吉坚赞是一位修行极高、德高望重、受人爱戴的大师，他不仅是一位功德无量的宗教领袖，也是一位杰出的政治领袖，为维护祖国统一，为促进汉、满、蒙、藏各兄弟民族的友爱团结，作出了重要贡献。1603年，他受拉萨三大寺僧众的邀请，到拉萨为四世达赖云丹嘉措剃度授戒，并取法名。这是班禅和达赖第一次成为师徒关系，长者为师，幼者为徒，从此成为定例。1625年，四世班禅罗桑曲吉坚赞又应邀到拉萨，为五世达赖剃度，取法名阿旺罗桑嘉措，并授了沙弥戒。其后，又给五世达赖授了比丘戒。

虽然在觐见顺治皇帝等重大决策中，四世班禅大师都是主要建议者和决策者，但他却每每"事了拂衣去，深藏功与名"，非常谦逊，从不居功。因为这种良好的修为，在诸多僵局出现之时，他也多以"调解者"身份出现。当时控制西藏地方政权的藏巴汗，不准寻找四世达赖的转世灵童，并以武力压制格鲁派。四世班禅罗桑曲吉坚赞在极其艰难的条件下，承担起主持格鲁派教务的重任。这时，藏巴汗突然生了病，在请了许多医生均不见效之后，精通藏医的罗桑曲吉坚赞出面治愈了藏巴汗。藏巴汗向扎什伦布寺捐献一个庄园作为酬谢，但罗桑曲吉坚赞坚辞不受。

四世班禅的高寿或与他的清心寡欲不无关系。他无论到哪里都安步当车，始终保持着行脚僧的本色。当时，在教权与世俗势力的瓜葛下，也有不少不安分守己的僧人，但老活佛从来都不媚俗，募捐来的钱物用于寺院。在那个争权夺利的乱世中，他对权力兴趣不大，甘愿避居在扎什伦布寺。

班禅大师和蔼可亲、平易近人的作风，渊博的学问，低调的习性，让他在民间获得了极高的威望，也接纳了无数甘拜门下的弟子。其中，就有固始汗。固始汗不仅时常前去看望大师，还常为他驻锡的扎什伦布寺争取庄园。固始汗时不时便到日喀则串门，住在那里的时间甚至超过了拉萨，这虽然有稳固前藏巴汗根据地之意，也固然与他愿意亲近班禅大师有关，亦或是也为了平衡分化达赖的权势。直到去世前不久，固始汗还在扎什伦布寺与班禅盘桓。

1668年，达延汗去世。历史再重演，汗位又在空悬三年之后才由达赖汗继位。

和硕特汗廷，统领西藏75年，以护教之职成为青藏地区最大封建主，把噶举诸派及其护持势力挤压至不丹、拉达克等隅。但在固始汗之孙达赖汗主政时期，不丹、拉达克相继起兵，并引克什米尔加入战斗，一度占据阿里。达赖汗率兵平复，攻占拉达克王都列城。

至此，铲除了格鲁派自主发展的最后障碍。

按道理，拉达克战争的胜利，应该加强和硕特汗廷实权，但事实恰恰相反。就在达赖汗奔赴前线的时候，五世达赖喇嘛却带着满满的忧患意识，在考虑能够抗衡和硕特贵族的相关人才。为此，他充分尊重人才培养，健全干部培养链条，着眼使用抓培养，从年轻苗子抓起。时任第巴仲麦巴·赤列嘉措年幼的侄子桑结嘉措被作为第巴一职的"后备干部"被选中，8岁便被送到布达拉宫，在五世达赖的直接培养下，开始全面的经学课程、时务教育和政治实习。

"第巴"在藏语中意为头人、首领，达赖喇嘛事务系统的第巴，不仅是尊奉固始汗的指挥，施政于西藏的具体执行人，又要辅佐达赖喇嘛处理日常行政事务。在当时和硕特家族与达赖喇嘛共治的时期，第巴一职十分重要，不仅是二者权力实施的代理人，更是二者权力天平的平衡器。于是，当第三任第巴罗桑土登辞职时，关于第巴的任命问题便也成为了一场新的博弈。

五世达赖要求桑结嘉措接任第巴，和硕特的达赖汗方面并不表态。

沉默就是一种态度。面对达赖汗的沉默，五世达赖认识到，还不是跟和硕特蒙古硬杠的时候，加之桑结嘉措"转正"条件还不成熟，便使桑结嘉措就以"自己年纪太轻，阅历不够"为理由，婉拒了这一任命。

于是，推出一位缓冲人物，布达拉宫财务总管扎仓涅巴[①]罗桑金巴

---

① 涅巴：藏语音译，意为"管家"，对管理财务人员的通称，可僧可俗，地位在"强佐"之下。

出来担任。

3年后，待桑结嘉措29岁，罗桑金巴旋即辞职，桑结嘉措便在五世达赖喇嘛的提名下正式就任第巴职务。

有了上次的经验，这次的"干部考察"组织程序走得水到渠成。为此，五世达赖专门颁布了一份"考察报告"，详细地向僧俗各界介绍桑结嘉措虔敬的品质和优异的学识、干练的工作能力，要求僧众遵从他一般要听命于第巴桑结嘉措的派遣。这份文告以藏文工笔被端端正正绘写在布达拉宫正门入口处的德阳厦过厅南墙上，上面清晰端正地打上五世达赖金粉手印。

这，尽显五世达赖希望把他精心培养的桑结嘉措推上第巴职位的心情。桑结嘉措在五世达赖愿望得成的喜悦、僧俗民众的欢呼，以及和硕特汗王警惕的目光中登上了第巴这一尊荣而又敏感的职位。

由固始汗和五世达赖共同缔造的和平局面即将结束，不和的种子由此开始，并将长出带刺的藤蔓，使藏地陷入一场混乱中。

第巴之死：桑结嘉措的权路浮沉

1682年2月25日，五世达赖病逝于布达拉宫。

此时，第巴桑结嘉措才上任3年。由和硕特蒙古控制的军队正在与拉达克的战争前线，统帅这支劲旅的，正是达赖汗的弟弟甘丹才旺。

为巩固地位，稳定局势，桑结嘉措以五世达赖喇嘛临终做出了安排和与拉达克的战争正在进行为由，与少数亲信决定秘不发丧，"伪言达赖喇嘛入定，居高阁不见人，凡事传达赖之命行之"，继续以五世达赖的名义执掌西藏政务。

秘丧的工作做得相当彻底，在各个环节做了严密控制。在布达拉宫内，先选择了帕崩喀寺的喇嘛江阳扎巴，只因此人长得颇像五世达赖，让他伪装，在宝座上摆样子；同时宣布达赖要长期入定，修练密法，一切事务均由第巴代理。此外，还要秘密地保护达赖喇嘛的肉身，并进行修建灵塔的准备，更为重要的是，秘密寻找转世灵童。所有这一切，都在分头进行。

事实上，这一切安排的背后，有一个隐讳的情况，那就是桑结嘉措通往权力之峰的道路上还有一只不得不让他忌惮的"拦路虎"，那就是一直以来充当卫教护藏角色的蒙古贵族。伴随着五世达赖的离世，一轮新的权力博弈开始，藏地的蒙藏统治集团的矛盾不停发酵。为了防止自己的权力被和硕特汗王剥夺，桑结嘉措玩起了权谋，与昔日前来拉萨学经的好友、彼时准噶尔部首领噶尔丹接通了天线，希望利用准噶尔部与和硕特部的矛盾，牵制甚至驱赶和硕特势力。

但这次，桑结嘉措错误地估量了局势，他并不具备宏观战略的智谋，更没有跳出藏地看世界的宏观视野，他在权力平衡的天平上放错了砝码。政治家和执政官之间的最大差别，恐怕便是体现于视野和战略思维。

此时的噶尔丹正在和清朝较着劲儿，桑结嘉措用五世达赖的名义为噶尔丹说话，遭到康熙皇帝的申斥。桑结嘉措还违反格鲁派寻访转世灵童的惯例，一手包办五世达赖转世灵童的寻访认定，于1685年秘密地选定在门隅出生的仓央嘉措为五世达赖的转世。

无奈，噶尔丹大败于乌兰布通，他的企图没有得逞，局势的天平已然完全抬升至清朝一方。历史洪流，激浊扬清，其生生不息的滚滚浪涛之下，大浪淘沙并不仅视个人能力，更要放在历史大势中去检视。噶尔丹虽出身高贵，宗教职务显赫，人生阅历不凡，但他的失败，从根本上说，因他选择的对手是走向强盛的清王朝和决意中华一统的康熙帝，更因其行动违背了我国多民族国家走向统一与巩固的历史潮流，落于悲剧。

此年的康熙皇帝亲政21年，正值意气风发之际，他打败了噶尔丹，平定了"三藩之乱"，重新启用了施琅为福建水师提督，决定以武力收复孤悬海外的台湾。这一年，他来到清朝发源之地祭拜巡狩，迎着北国晚春略带几分寒意的江风泛舟松花江上，留下一首《松花江放船歌》：

松花江，江水清，夜来雨过春涛声，浪花叠锦绣縠明。采帆画鹢随风轻，萧韶小奏中流鸣，苍岩翠壁两岸横。浮云耀日何晶晶？

乘流直下蛟龙惊，连樯接舰屯江城。貔貅健甲皆锐精，旌旄映水翻朱缨，我来问俗非观兵。松花江，江水清，浩浩瀚瀚冲波行，云霞万里开澄泓。

显然，桑结嘉措停留在依赖蒙古骑兵的惯性思维，沉浸在再请蒙古铁骑撑腰称王的强人思维，也并没有了解这位皇帝"浩浩瀚瀚冲波行，云霞万里开澄泓"的踌躇满志。经过清王朝的励精图治，蒙古各部已经三分之一被同盟，三分之一被打垮，三分之一在顽抗。战争拼的不只是弓马，更是稳固的政权基础、战略基础和综合实力，1682年的噶尔丹，不过平定了漠西卫拉特蒙古各部，而占据西域之境，成为卫拉特蒙古的盟主。之前，噶尔丹攻杀鄂齐尔图汗后，遣使献俘及"以阵获弓矢等物来献"，康熙拒受献物。说明康熙在把握关系边界，没把他当一方领主，早晚会去收拾他。但此时的西藏地方政权却一直把蒙古部落做为铁打的靠山。康熙十七年（1678年），噶尔丹平定杜尔伯特、辉特等漠西卫拉特各部，形成比较统一政权的冬天，五世达赖还派遣使者向噶尔丹珲台吉授"丹津博硕克图汗"即"持教受命王"的称号。这时的固始汗已去逝24年，他们便开始靠一棵树，再寻找一棵更大的树。这种靠着早已落后的挂靠强人、单向依赖和投机心态，借以维持政权的行为，无异于是在与虎谋皮，必将为自己埋下苦果，为此后准噶尔兵发西藏，并肆意地独霸西藏、掠扰西藏埋下引线。

早年，噶尔丹曾在藏地出家修行，其兄僧格被车臣台吉暗杀，噶尔丹为兄复仇之后，便接手了兄长的位子，顺便一起接手了阿努可敦为哈敦嫂子，在娶嫂子之后，以此身份还俗。其后，便又设计毒杀二位亲侄。策妄阿拉布坦的弟弟被毒杀，他带着5000人逃脱。1688年冬，噶尔丹追杀逃亡的策妄阿拉布坦，反被全歼。此后，噶尔丹便一蹶不振，部下降清的降清、异部反击的反击，实力大减的噶尔丹甚至私通外国，希望沙皇能给予军事援助，帮助他组建一支火枪部队，并扬言"借俄罗斯鸟枪兵六万，将大举内犯漠南"。但眼见着噶尔丹终究是大势已去，务实的俄人也不想再接这个包袱。策妄阿拉布坦乘其出兵喀尔喀，背后捅了一刀子，"尽收噶尔丹之妻子、人民而去"。噶尔丹率余兵千余，逃往漠北，倦缩科布多，终死于此地。对此，日本蒙古史学家若松宽评价说："策妄阿喇布坦与噶尔丹的斗争，多半是由于噶尔丹的失算，以前者的胜利而告终了，但是回想起来，倘若噶尔丹不与清朝为敌，随回过头来集中精力对付占据博尔塔拉的策妄阿喇布坦，也许他创建的喇嘛教－准噶尔世界帝国的理想就有可能实现也未可知。"

然而，就是这个策妄阿喇布坦在拿回本属于他的准噶尔汗位之后，以结亲之计蒙蔽拉藏汗，并最终派兵扰藏，也杀了这个亲家。

书归正传，直到1694年，康熙帝三次亲征，击溃噶尔丹，从准噶尔人口中隐约了解到五世达赖已死，桑结嘉措匿丧的事实。于是下诏责问，并提出了严厉的警告："朕必问尔诡诈欺达赖喇嘛，班禅胡土克图，助噶尔丹之罪发云南、四川、陕西等处大兵，如破噶尔丹之例，或朕亲行讨尔，或遣诸王大臣讨尔。"意思很明白，不老实交代，就看看噶尔丹的下场，要么我亲自收拾你，或者派王公大臣揍你。

这时候，由桑结嘉措主持建造的布达拉宫红宫部分，经过四年修筑，方才全部竣工。红白二宫依山而起，叠立于玛布日山巅，如雕塑般巍峨矗立在万里碧空之下，铜瓦鎏金，飞檐外挑，窗幡飘动，庄严华美，其浑厚的气质犹如藏民族的精神物化。但此刻的桑结嘉措无法以欢喜的心情出入其中。手捧康熙皇帝恩威并济的诏示，桑结嘉措的内心早已波澜起伏。在如此这般的严辞责问、厉声警告、军威相斥下，桑结嘉措才向清朝中央政府报告五世达赖圆寂多年，其转世已经认定的事实。

直到此时，明朗的局势也让桑结嘉措彻底看清了，必须依靠清朝中央政府的支持和敕封，自己才能名正言顺地治藏。因此，他又迅速调换了态度，极力设法向清政府请求敕封，借五世达赖的名义，上奏朝廷说："臣已年迈，国事大半第巴主之，乞请皇上给印封之，以为光宠。"康熙帝经过反复考虑，最后封给桑结嘉措"法王"称号，同时赐给"掌瓦赤喇怛喇达赖喇嘛教弘宣佛法王布忒达阿白迪之印"。并在经过清朝同意后，1697年为五世达赖公开发丧，并将仓央嘉措接到浪卡子宗，由五世班禅为其剃度授戒，随后迎接到布达拉宫坐床。

弥天大谎一经披露，西藏各界一片哗然。虽然桑结嘉措也急忙救火，采取了一些临时补救措施，但被康熙认为举动"实倾险"的桑结嘉措已经不再被信任，他瞒天过海的行径也深深伤害了与和硕特汗廷本就脆弱的关系。

被钉子钉过的木板，即使拔出了钉子，破损的钉痕都在。桑结嘉措即将开始为自己的谎言埋单，其身后也不会有人愿意站出来保护他。

1701年，谨慎一生的达赖汗去世，其子拉藏汗继承了汗位。当初，在知道桑结嘉措匿丧一事之时，达赖汗已老迈，无力与其抗争，新一任汗王试图恢复汗王威信。于是，自拉藏汗上台后，桑结嘉措与他的关系很快就紧张起来。

信任的镜子一旦破裂，其上有了怀疑的裂缝，就难照出往昔的圆满。继任的拉藏汗怀疑桑结嘉措主谋毒死了他的父亲，又疑虑他是不是也正在对自己下毒手，而五世达赖丧事的公布，六世达赖的寻访坐床也都是由第巴避着汗王秘密执行，更加令这位汗王忿懑。在他的眼中，他才是雪域最大的王，而桑结嘉措，应该是他治下的臣。

于是，拉藏汗利用噶尔丹事件，煽动康熙皇帝，加深对桑结嘉措的不满，并不断打小报告，称仓央嘉措行为不端，所寻的灵童是个假达赖等等。拉萨城的大街小巷也四处纷传着拉藏汗与桑结嘉措之间的不合和各种摩擦。

双方都已扯下权力之争的面纱。

桑结嘉措也没有闲着。借不来刀，就自己干。第巴买通拉藏汗内侍，下毒未遂，复又提议捕杀拉藏汗，双方的部下也在拉萨发生了剧烈争斗。嘉木样活佛以和硕特有功于格鲁派，反对将其执杀。后经三大寺劝告，矛盾暂时得到缓和。桑结嘉措辞去第巴之职，由他的儿子卓萨继任，拉藏汗到当雄居住。

但这种妥协很难维持长久，双方再度爆发了军事冲突，仍然由三大寺代表和嘉木样活佛调停。似乎期望于从内心唤醒这两头发疯的野兽，这次的调停被安排在五世达赖灵塔前，双方达成了临时协议。拉藏汗撤回青海，桑结嘉措退往山南贡嘎宗静修，水火不容的双方暂时中止接触。

拉藏汗会轻易放弃拉萨吗？不会！桑结嘉措会轻易放弃权力吗？不会！

这真是石匠会铁匠——硬碰硬，杠上了。不过，谁又能放下已经尝过甜头的权力之果？事实上，双方都没有、也没有打算遵守协议。他们早已在权力的赌桌上押注，都在想着自己会赢，谁也没想真正离场。

1705年，桑结嘉措集结各地兵力到拉萨，与拉藏汗再次爆发了武装冲突，拉藏汗从当雄召集驻防蒙古骑兵，分三路反攻，其巾帼王妻也亲领其中一部骑兵，襄助其王夫，双方主力在今拉萨以东的澎波地方展开了遭遇战。由此来看，和硕特汗王的蒙古王公们在此际，生存和发展的危机感十分强烈，也说明双方的斗争已经很激烈。

虽然第巴招募的士兵也都很英勇，但显然不是惯战的蒙古骑兵对手。在鸡蛋碰石头般力量悬殊的军事对抗面前，走投无路的桑结嘉措选择投降。拉藏汗本意把桑结嘉措流放到贡嘎，但对其恨之入骨的蒙古贵族又岂能罢休？拉藏汗夫人派人把他拉到山上处死。

拉藏汗重返拉萨后，随即派人到朝廷，报告事变的经过，并奏称仓央嘉措是假的，其平日耽于酒色，不守清规，请予以废黜。深谙权力平衡之道的康熙皇帝认可了拉藏汗的行动，派护军统领席柱、学士舒兰为使，到西藏封拉藏汗为"翊法恭顺汗"。同时，下令"拘假达赖喇嘛"及桑结嘉措妻、子押京。

这位动用巨大人力物力，修筑完成布达拉宫红宫，并在药王山建立医学利众寺的政客，带着壮志未酬的遗憾，终成历史的匆匆过客。

挣扎在权力斗争中的桑结嘉措彻底失败了，但这也并不只是他个人的失败，权力斗争也不仅仅是两人的角斗。这说明蒙古贵族依然掌握着藏地军权，在僧众中的护教形象仍然存留。而第巴的斗争，出发点多在于权力之争，摆脱蒙古贵族，建立单一统治，既没能顺应当时时代发展的大局，也没有得到当地僧俗的全力支持。

二人的斗争说明，在和硕特蒙古入藏多年之后，最初的盟约已经变现且被支付了超额利息，本地的地方势力开始渐渐收拢权力的口袋。特别是随着当年立盟之人的相继离世，几代过后的掌门人早已看淡当年盟誓。请兵护教这一漂亮的提篮里，藏着一个个诱人的权力果实。

反观桑结嘉措，毕竟自幼接受了不同常人的教育和政治实践，执政期间也不遗余力地整理编修藏医藏药、历史、天文历算、文学等方面的资料，不失为近代西藏历史上一位干才和学者。但是，他却一手搅动了权力的漩涡并深陷其中，既看不清当时大一统的历史大势，也未从西藏僧俗真正的福祉出发，战术方面也欠缺足够的政治智慧。

桑结嘉措不止一次地用棍棒挑恤拉藏汗，既伤不了猛虎，就必然被反扑。他和他的团队还想到了引来另一只准噶尔老虎的"妙计"，但这只老虎在内忧外患中被康熙帝降伏。彼时的蒙古部落内部斗争日趋激烈，

第巴之死　桑结嘉措的权路浮沉

257

眼看和硕特汗在青藏地区纳凉，个个都是红通通的眼死死盯着，个个都想插一脚来当西藏人的"太上皇"。试想，假使准噶尔噶尔丹果真驱逐了拉藏汗，也必将把藏地引入更加无休的战火。这一点，从蒙古诸部无休止且此消彼涨的势力范围争夺就可见一二，如果从当年纷争不断的蒙古诸部角度来看，固始汗入藏是单一方面介入藏地政教事务，准噶尔汗入藏就不得不面对和硕特汗，这已不再是单一的蒙古与藏地的关系，也必然超出甘丹颇章政权的掌控范围，将为西藏带来不可预料的灾难，桑结嘉措的政治智慧实难恭维。

让我们从浩如烟海的历史典藏中翻出他当年在私通准噶尔被看穿之后，假借五世达赖之名写给康熙皇帝乞封的公文试探一二。

文中一开始，他就称"本来，上师法王、世出世间大顶饰（指五世达赖）已任我为政教主宰，并颁有盖其手印、指认我之所作与其所为无区别之严令，哪有较此更具备权威者？"千古一帝康熙当时看到此文，估计犹如望见一青涩小子吧。既然名出五世达赖之名，却上来先露出第一人称。况且，当时正愁于西北乱局的康熙皇帝定睛一看，西藏在他熟知的和硕特汗王、达赖喇嘛之外，居然又不知从哪儿冒出一位"具备权威"的"政教主宰"，未免龙须一颤吧！

在如此自信爆棚的自我介绍之后，桑结嘉措便向康熙皇帝讲起了历史，一一列举了昔年昆氏家族萨迦政权、朗氏家族帕木竹巴政权，及蔡巴、止贡等贵族皆得封获赐宝印的陈年旧事。并总结陈述说"总之，此九洲之国土自古形成争先恐后先后前往汉地求赐封册，得到策封后即成大喇嘛、大官员并准予使用红印之典制"。估计看到这儿，康熙皇帝杀心已起，此人前后矛盾，是非不分，一会儿自觉求赐封册，一会儿居然与我大清国一般自称"九洲之国"。

桑结嘉措请封之时，还给康熙帝带去一印，请求"换我玉印，给之金印"，并附上玉印的"产品说明"，标明他的玉印是固始汗取代藏巴汗后所得，后来经达赖转给第巴的。而这个玉印就是明朝分封帕竹第巴的"阐化王"印，因帕竹政权后被仁蚌巴、辛厦巴篡夺，流转至藏巴汗处，固始汗应索南饶丹相邀，发兵灭藏巴汗后得此印，并献给了五世达赖喇嘛。在此之前，康熙甚至都一直没搞明白，这位执阐化王印的"乌斯藏僧"是何方神圣。

以玉印换金印，看似降格以求，但当年五世达赖喇嘛的封印也不过只是金印。狼子野心，昭然若揭。

彼时康熙皇帝已在位33年。就在此前三年，那个被噶尔丹追杀的一世哲布尊丹巴得到了清政府的册封，朝夕出入康熙皇帝身侧，以备咨询民族宗教问题。其后一年，还有一位被康熙授予驻京掌印札萨克达喇嘛的"伊拉古克三呼图克图"，因投奔到噶尔丹的阵营，被康熙皇帝处以"磔诛"之刑。深有其意的行刑地点也特意选在西黄寺——五世达赖在北京之行的驻锡地，显然也是一个毫不留情的警告。

一捧一杀之间，可见恩威所示。对如此明显的信号，显然在刚结交噶尔丹失算后，旋即请封的桑结嘉措未能领悟。

这，都为在未来的权力争斗中，清朝静观此二者鹬蚌相争，而不出手相救早埋了缘由。早在满清龙兴之前，固始汗就能以一双慧眼早早洞悉时代大势，刚完成入藏事业便奉劝安排五世达赖晋京，但凡桑结嘉措在与清朝中央政府的交往中，早点认清大势，少点权力欲望，他的命运或许不会如此凄凉，他败给了自己的小心思，也败给了时代的大形势。

"野心家"桑结嘉措殒灭之后，作为胜利者的拉藏汗更加公开了他的集权，不但撤掉了第巴一职，更加不满足于世俗权力，还要对教务神权施加影响以图固权，终也导致了自己的覆亡。正所谓，弄权者，多被权弄；前覆者，后多履之。

三方博弈：钦差赫寿的使命

和硕特汗廷最后一位汗王拉藏汗在与当地权贵的斗争中险胜，他抓住第巴桑结嘉措败亡、六世达赖仓央嘉措失去威信的时机，示好清政府并获封之后，为稳固自己的集权基础，便想变格鲁派"保护者"为"操控者"。

在发起讨论仓央嘉措真伪之辨失败后，决意掌控一切的他不再有任何的顾忌，强力把这位倍受争议的教宗转出布达拉宫，废除名号，押送进京。愤怒的僧众袭击了护送队，并把仓央嘉措抢到哲蚌寺。

拉藏汗派兵包围了哲蚌寺，并准备以武力抢人，僧众们也不甘示弱。为避免一场更大的杀戮，23岁的仓央嘉措走出寺门，在两侧僧俗无声的抽泣和注目之下，缓缓走出已无立身之处的古城拉萨，接受继续被押送的命运，却行至青海而下落不明。

这位诗人、活佛、政治人物短暂的一生都饱受争议，身后也留下许多谜团。桑结嘉措从遥远而又偏僻的门隅之地选中了仓央嘉措，或许就是因为这里比较好保存他的秘密。在桑结嘉措的主持下在布达拉宫举行了坐床典礼，仓央嘉措便失去了为自己而痛快活一场的机会。

他在第巴桑结嘉措与拉藏汗权力斗争的裂缝间、在拉藏汗与清朝中央政府政治平衡的天平间、在天赋使命与个人命运拉扯的纠结间行走，甚至都没有选择走或是停的机会。

还未及看透世运，便先已看透了命运；还未及看透人心，便先已看透了名心；还未及看透人生，便先已看透了众生。这位年青的才子，只是在人间匆匆一瞥,便转身走向历史的深处,将无限的同情、怀念与神秘留给了后人。

无疑,仓央嘉措是一位悲剧性的历史人物。但由于在他的身上笼罩着太多太多的神秘元素,他也一直成为后世各种戏剧化解读的对象之一。著者并未在他的身上过多着以笔墨,特别是刻意渲染神秘、离奇、甚至离谱的色调以搏人眼球。反之,著者很想为这位身不由己的历史人物说几句公道话,为了诗意的渲染,人们在对仓央嘉措再加工过程中,加入了过多的臆想和戏剧化元素,特别是冠以了诸多情人、情歌、情事等字眼,这当中既有着些许不够严谨的一面,也难免对历史人物有不经意的轻慢。在佛教文学中是不排斥诗歌的,不论是印、藏等地区,还是中原地区禅宗的偈子,都是以诗歌独有的文采、想象、韵律、音节、哲理等表达方式来传达某种意象,如若说东山顶上初升的满月是赞颂度母的庄严圆满,你若要理解为形容一个女子的美好,再进一步理解为是一个初恋的女子,也算是一种理解吧,毕竟是各花入各眼。但,请略懂仓央嘉措本心本性本相。

事实上,不论仓央嘉措是否青年才褪去俗衣,当他身穿僧衣的时候开始,他便明白自己的命运所在,并师从班禅大师和桑结嘉措处,认真学习了佛学及医学、历算等知识。只是,他的身后,有着清朝中央政府、第巴桑结嘉措、和硕特汗王拉藏汗和藏地僧俗百姓不同的期许,他无法演出自己,在生前和身后,都只能被塑造,并继续被塑造。这,或许就是属于仓央嘉措的命运吧。

书归正传,刚沉浸在唯我独尊喜悦中的拉藏汗来不及怀念,面对艰辛得来的胜利成果,他不允许再出现权力真空。在达赖的法座前,他指证了"假的",就得选出"真的"。为此,他很快选立阿旺益西嘉措为六世达赖。他的意图很明显,他希望在重新掌控西藏军事力量、世俗政务之后,一并掌控西藏的宗教事务,成为名副其实的西藏之王。

真正的威信建立在人心上,而不是简单的人事安排上。

拉藏汗认为达到了他的目的。连年不断的反复折腾,加上如此草率的行事,势必激起西藏各界的反感。此时,与他对立的不再是桑结嘉措,而是无数个路人甲、乙、丙、丁。为了对付拉藏汗,他们借从仓央嘉措"洁白的仙鹤,请把双翅借给我。不会远走高飞,到理塘转转就回"的诗句,立即在理塘找到了新的转世灵童,并将他认定为七世达赖。

拉藏汗得知后,觉察事态有变,立即派人去理塘,企图再进行清理。可拉藏汗的独断,不止引起了西藏僧俗各界不满,也引起了青海蒙古诸部的不满,政治成见和宗教热忱使和硕特根据地青海蒙古各台吉和西藏僧俗站在了一边。于是,他们把灵童保护起来,并向清政府恳请册封。

真是人生无常,大肠包小肠。千算万算,少此一算。这使得走着极端冒险钢丝的拉藏汗始料不及,也将使青藏地区局势再次处于动荡不安之中。

然而,最令康熙皇帝头疼的还是西北准噶尔。

清朝在东北地区崛起之后,为了对抗明朝,开始联络漠北和漠南蒙古,并且逐步控制了这些部落。但漠西蒙古距离太远,忙碌的清朝鞭长莫及。在清朝入关之后,又忙于对付南明残余势力、吴三桂叛乱等问题,根本没有精力管控西北地区。但就在清朝无暇西顾的时候,准噶尔部开始了疯狂的扩张。准噶尔首先统一了漠西蒙古的各个部落,然后开始大举向东进攻漠北和漠南蒙古。在准噶尔部的鼎盛时期,已经占领了距离清朝首都只有七百里的乌兰布通,对于草原骑兵军团来说,这个距离仅仅需要几天的时间。

这,是清朝全国统一之路上的一块大石头,清廷希望青藏地区能够有一个安定的局势,以便集中精力加快平定准噶尔、统一新疆的功业。

1709年,青海蒙古众首领向康熙皇帝上奏,声称在理塘找到六世达赖喇嘛仓央嘉措的转世灵童,请求康熙皇帝批准承认理塘灵童为七世达赖喇嘛。此时的康熙不得不考虑一个问题,由于藏地请兵蒙古部族,借其军力以达自己目的,却也造成漠西、青海等蒙古诸部以政教两事深度介入西藏事务。如今,西北有准噶尔蒙古汗王虎视眈眈,藏地有和硕特蒙古汗王恃强好斗,青海有和硕特蒙古亲族自有主张,纵使一般人有三头六臂,也很难调伏这三只猛虎。

康熙皇帝在定下征服准噶尔的大计之后,考虑到"青海众台吉等与拉藏不睦，西藏事务不便令拉藏独理，应遣官一员前往西藏，协同拉藏办理事务"。于是，1709 年，康熙选择了管理西藏事务的侍郎赫寿赴藏。赫寿的使命是协调拉藏汗与西藏僧俗上层，以及青海固始汗子孙的关系，并以钦差大臣的身份处理西藏事务，行使管理西藏的权责。

当时的蒙古地区也已深受藏传佛教的影响，各部落首领每年都要前来拉萨熬茶做布施，蒙古诸部已经打着"护教"的旗帜，纷纷抢立教宗，以图扩大势力。于是，1713 年，康熙皇帝封五世班禅罗桑益西为"班禅额尔德尼"，把班禅一系在藏传佛教界的地位抬升到仅次于达赖系统的第二活佛，并赐诏书、金印。同时，在漠北册封哲布尊丹巴呼图克图，并把哲布尊丹巴内迁，远离近俄的是非之地。此后，雍正皇帝再册封章嘉活佛，令四大活佛同享黄色车帐服色。如此一来，既可以分散其中某一系活佛的地域影响力，也使得蒙古部落抢走一个也难以号令天下，几大体系分别主要在各自区域转世，也消减了其在不同区域间的同盟力。

后来的事实证明，准噶尔妄想先出一手，利用藏地来牵制康熙帝，却反被康熙果断借助藏地之乱将其收服，并顺手把和硕特势力彻底赶出了青藏。

而此时的噶尔丹在准噶尔兵败、被驱至科布多区域之后，其侄儿策旺阿拉布坦占据准噶尔故地，其野心也随着牧场的扩张而膨胀，与清廷的矛盾日益尖锐化。为了巩固地位，抵抗清廷势力，他也想控制西藏，挟教宗以令蒙藏。这都是之前西藏地方势力屡屡向蒙古请兵的"后遗症"。

而此时青藏地区动荡多变的局势，让这头四处猎杀的狼嗅到了机会，策旺阿拉布坦很快便将目光锁定了拉藏汗。从拉藏汗的曾祖父固始汗以来，地处天山之地的准噶尔蒙古与青藏地区和硕特蒙古势力范围之间一直和睦相处，礼节往返，香客不断。双方贵族之间，互有通婚，拉藏汗对准噶尔毫无戒心。

为了麻痹拉藏汗，策旺阿拉布坦打出了女儿这张牌。对危险毫无察觉的拉藏汗让儿子带着白银厚礼向准噶尔出发。但是，别有用心的策妄阿拉布坦却借口喜欢女婿，不舍让其回家为由，一留就是数年。

作为深谋远虑的康熙帝察觉到策旺阿拉布坦的此行目地，同时也不无担忧地通过赫寿劝告拉藏汗，准噶尔秉性猜疑，行事没什么底线，如果事出不测，你我之间相隔万里，远水也救不了近火。

后来的历史揭晓了答案，赫寿的使命完成了一半，他没能成功说服拉藏汗对策旺阿拉布坦的警觉，但是也没想到策旺阿拉布坦直接对拉藏汗下了狠手。

康熙五十五年（1716年），狡猾的准噶尔派出两支军队，一支进军西藏，一支前往青海，试图从塔尔寺抢出转世灵童。设想，如果能抢到灵童，准噶尔几乎兵不血刃，即可得到西藏。可不知道策旺阿拉布坦在想到这个计划之后，为什么才派出三百人这么弱小的军队。结局可想而知，这三百人的小队很快在青海被歼灭。可另一支由阿里潜入西藏的军队却长趋直入。最终，双方在藏北草原的旷野进行厮杀。此时的策旺阿拉布坦已经获悉抢夺灵童一路人马覆灭。但是，他再次使用诡诈之术，随即在高原散布谣言，说他们并非是夺权拉藏汗，是为了西藏百姓而来，正在把塔尔寺灵童送返西藏。

这个谎言的作用很大，它瓦解了拉藏汗招募的藏军。于是，大将策凌带着准噶尔人马顺顺当当来到了拉萨，并包围了布达拉宫。在攻取布达拉宫的搏斗中，拉藏汗死在了准噶尔的刀下。和硕特汗廷就这样土崩瓦解。无论是手中的刀枪、还是护法的外衣，都已失去作用，和硕特蒙古贵族已经无法在布达拉宫发号施令。

等待西藏百姓的命运又将如何？

驱准保藏：康熙皇帝的定锤之音

1670年，雄据西北天山的准噶尔部首领僧格被杀，正在藏地修习佛法的噶尔丹赶回天山，为兄报仇，还俗称汗。翻越了天山南麓，占据叶尔羌河畔。此时，一心恢复大蒙古国的噶尔丹向漠北喀尔喀发动了闪电战，使措手不及的漠北同胞溃逃的队伍拉长了一条山谷。之后，噶尔丹在与清军交锋时，获得首战之胜。大名传至京师，闹的人心惶惶，街上商铺全关，米价都涨了两三倍。

在这样的情况下，康熙皇帝金丝软甲一穿，枣红大马一跨，御驾亲征来了。

康熙皇帝两次亲征之时，被噶尔丹骚扰不堪的漠北喀尔喀，还有他的亲侄子策旺阿拉布坦纷纷背后捅刀，穷途末路的噶尔丹只能带着数十骑北逃而去。

随后，清朝开始在内蒙古的中部驻扎军队，防止准噶尔部卷土重来。但噶尔丹刚逃跑的准噶尔，被策旺阿拉布坦补了缺。对于此时准噶尔部来说，确实已经无力向东扩大自己的势力，但他比叔叔噶尔丹能屈能伸，他态度恭顺地跟大清朝结上了对儿。但此时的策旺阿拉布坦可不会闲着，他不是只会头撞东墙不回头的主，东边干不动，就往西北哈萨克汗国进攻，还派人给西藏的拉藏汗提亲。好一个三头六臂会捡软柿子捏的哪吒！

公元1716年，康熙爷已亲政55年，打下了从漠北蒙古直至东南沿海的大片江山，漠南和漠北蒙古旧部都已被编入大清的盟旗。此时的策旺阿拉布坦也联合西边的土尔扈特，占据了天山南北和哈萨克汗国。就

265

在这一年冬,他派出大将策凌敦多布,趁着青藏地区动荡的时局,兵出天山,潜入阿里,巧取拉萨。

这时,距他假意臣服大清,盯着青藏这块肥肉,已经过去了20年。对于西藏人民来说,真是前脚走了虎豹,后脚又来了豺狼。

这支军队行动十分诡秘。从时间上看,策妄阿拉布坦把发兵的时间选在了高原气候恶劣的冬季十一月。从行军线路上看,他们选择了一条路途险绝、崎岖难进、人迹罕至的道路。此外,他利用当地人对拉藏汗积压的不满情绪,与当地僧俗首领密议处置拉藏汗的办法,还早早买通沿路官兵,为了更好地掩人耳目,宣称护送实际上被质押多年的拉藏汗的儿子丹衷夫妇归乡省亲。

第二年七月,这支军队突然出现在藏北地区,抵达今天的拉萨东大门达木,即当雄草原。

此时的拉藏汗,还热热闹闹地在草原上给次子办婚宴。已经丧失了最佳时机的拉藏汗毫无防备,仓促召募兵勇,开赴前线迎敌。在准噶尔军队凌厉的攻势下,很快挺进并包围了拉萨。做足了功课的准噶尔人居然已经在拉萨城有了内应,拉藏汗松散的防守倾刻瓦解,准噶尔人纷涌上了布达拉宫。

准噶尔占领布达拉宫后,饿狼急索食,立即露出了贪婪的一面,令城中百姓苦不堪言。大策凌敦多布下令抢劫三天,放纵兵勇侮辱痛打,甚至凶残地屠杀城内军民,肆无忌惮地抢掠财物,圣地布达拉宫遭到严重破坏,甚至连五世达赖的经堂、寝室、灵塔等也遭到亵渎,拉萨城到处呈现一片凄凉景象。随后,闪击日喀则,邀请五世班禅主持大局,当大师得知大策凌的恶行后,他在自传中说:"用杀害无罪的拉藏汗的剑杀死我,以使我的血同我所热爱的、所哀悼的拉藏汗及百姓的血流在一起。"

准噶尔部军队占领了西藏之后,还准备进一步染指四川省,西南地区告急。对于准噶尔部隐藏很深的入侵,康熙皇帝起初不以为然,认为,若是内部攻讦,可以居中调停,但是很快传来拉藏汗战死的消息。康熙皇帝坐不住了,紧急调兵遣将反击准噶尔入侵。但是因为准备仓促,对敌情和西藏气候地形等估计不足，导致主力被诱歼，反击很快失败，西藏局势更加混乱。

彼时的准噶尔军实力也实在不容小觑，他们不仅有常年的实战经验、机动的骑兵主力，还从欧洲学会了火器的战场应用，打败了俄国人，灭掉了哈萨克。但此时，康熙帝已经稳定中原，统一西藏的条件已经成熟。在议政过程中，有人提出"惟行看守"的意见。在满朝大臣皆言西藏险远，不宜进兵的声音中，康熙帝再次提出了不同的意见，他说"西藏屏蔽青海、滇、蜀，苟准夷盗据，将边无宁日；且贼能冲雪缒险而至，况我军？"康熙力排众议，誓必拿下西藏。

康熙皇帝的决心是：不要作壁上观，不要羁縻统治，要驱逐准噶尔，要去派官驻军，一统河山，行使主权。于是，"驱准保藏"的谕旨便再度从紫禁城乾清门雷霆而下。康熙五十九年（1720年），康熙下旨："今大兵得藏边外，诸番悉心归化，三藏阿里之地，俱入版图。"随之，第二次进军的战旗、军甲、刀枪出库。

汲取第一次失败的教训，康熙皇帝做了多手准备，确保万无一失。

西藏时属僧俗共治，且经过多年的动荡，加之准噶尔三年的侵扰，僧俗之心早如惊弓之鸟。从长远计，驱准先驱其志，保藏先保民心。于是，康熙派敕使，持慰问信慰问达赖、班禅，并将班禅从日喀则请到拉萨。进入拉萨后，平逆将军延信带领满汉将领大臣，召集所有喇嘛、藏人，召开一次团结的大会，为七世达赖举行了坐床典礼。随后，又在各寺布施。经过准噶尔入侵，西藏地区生灵涂炭，这些举措可谓是雪中送炭，一下子就让西藏上下对清朝空前认可，进军的道路上也是夹道欢迎义军入藏。

此时，已经年迈的康熙皇帝已经无力御驾亲征，便派遣自己的十四皇子胤禵率领大军西征，四川巡抚年羹尧提拔为四川总督，协助胤禵。同时，命令坐镇四川的名将岳钟琪由川边入藏，对准噶尔形成合围之势。

岳钟琪有勇有谋，他深知进军西藏不能光靠刀枪火炮，而是以理塘、巴塘和昌都等地为战略挺进节点，边打边抚，步步为营，西征康区，给清军入藏扫清了障碍。清军经过一年的准备，入藏的时机已经完全成熟。

1720年4月，康熙皇帝让胤禵移驻木鲁乌苏（尕尔曲），亲自督军备勤，管理军务粮饷；授都统延信为平逆将军，带领青海路军；都统噶尔弼为定西将军，率军出打箭炉。两路大军南北夹击。为了防止策妄阿拉布坦向西藏增兵，康熙皇帝又派遣振武将军傅尔丹、靖逆将军富宁安等从漠北出兵翻越阿尔泰山袭击准噶尔汗国本部，以牵制准噶尔的主力部队。8月22日，噶尔弼军已经渡过了拉萨河，直驱拉萨。第二天，拉萨攻陷。噶尔弼召集拉萨大小喇嘛，宣布清朝的政策，截断大策凌敦多布的运粮道路，逮捕了101名支持准噶尔的喇嘛，使得清军稳固地控制了拉萨。

清军南路大军攻占拉萨，使得大策凌敦多布进退无据，只能带领残余的部队逃回了伊犁，其军队能够生还的仅仅只有500人，可谓损失惨重。

这里不得不提当时西藏的民族英雄颇罗鼐，在准噶尔大军入侵西藏时，他和阿里总管康济鼐一起出兵抵抗，但是最终寡不敌众遭到失败，被大策凌敦多布关押。后来，他被保释出狱，继续和康济鼐等人联络，策划起事。

清军第二次进兵西藏时，颇罗鼐和康济鼐在阿里起兵响应，和准噶尔军在阿里、后藏大战，牵制了大策凌敦多布的部分兵力，同时也防止了准噶尔本部的支援。

清军占领西藏之后，对西藏的管辖体制进行了改革。清朝宣布废除了和硕特汗廷和第巴制度，设噶伦共同管理西藏政务，赐有功之臣为郡王等封号。噶伦及郡王直接由清朝中央领导，第一届噶伦就是由响应清朝的颇罗鼐、康济鼐、隆布鼐等组成。同时，清朝派出理藩院郎中鄂赖为内阁学士兼礼部侍郎，赴任西藏。

由青海和硕特部蒙古汗王掌管西藏军政大权的时代至此结束。但，与清军谈条件，做着汗王美梦，并策应清军入藏的罗卜藏丹津会甘心吗？

汗王末路：和硕特汗廷覆亡

清军入藏，不同于征战其他地区，有两个问题必须解决。一是被青海和硕特贵族保护在塔尔寺灵童的问题；二是在青海的和硕特蒙古部众问题。

针对第二个问题，也就是青海众台吉及其军队问题就比较复杂了。因为，他们保护着、或控制着七世达赖格桑嘉措，清军若能争取他们的支持，进军拉萨的路上，等待他们的将不是战争，而是热烈的欢迎。更何况青海蒙古诸部借助青海及周边地区肥美的草原，地处战略要枢，兵马个个肥壮，绝对不好招惹。

康熙便与其势力最强的亲王，固始汗之孙罗卜藏丹津商议，取藏之日，一切不变，将继续立你为汗。于是，喜出望外的和硕特贵族率军集结，从北路与清军会合，期待着清廷替他们驱逐新疆准噶尔蒙古部，在青藏地区重建和硕特汗势力。

为什么他们如此兴奋？因为在固始汗去世后，他的和硕特汗廷事实上已经有名无实、虚有其表，青海罗卜藏丹津深知清军兵勇，与他们同盟，必定取西藏，准噶尔势力必将退出拉萨，和硕特汗廷将再掌实权，而他本人将为汗王。

可是，清军兵至西藏，将西藏纳入统一治理，由清朝派遣官员和西藏贵族噶伦联合掌政。不但如此，为了分割青海和硕特蒙古贵族势力，还把青海分为左右两翼，并册封了他的兄弟察罕丹津为亲王，与其共领青海右翼。给他的赏赐仅为二百两、缎五匹。

此时的罗卜藏丹津气得牙痒痒，计划已久的王图霸业，不是这区区

269

五匹锦缎。终于在康熙爷驾崩、雍正帝即位之年，罗卜藏丹津举起了叛旗。

回到青海后，他就联系策妄阿拉布坦，相约一起起兵叛扰清朝。但刚被打得一头包的策妄阿拉布坦怎么敢再露头，打架虽不行，拱火却在行，策妄阿拉布坦说，兄弟你上，我在后头支持你。

趁着此前一年康熙皇帝去世，镇守西宁的皇十四子允禵回京奔丧。罗卜藏丹津乘机召集青海和硕特蒙古各台吉在察罕托罗海会盟，自称"达赖浑台吉"，并强迫各台吉去掉清朝封号，改称固始汗时的蒙古旧号。不肯反清叛乱的左翼郡王额尔德尼额尔克托克托鼐和右翼亲王察罕丹津等，许多部落纷纷收起帐蓬避走藏北。

当时，甘青地区格鲁派已成其势。出身蒙古贵族的青海塔尔寺大喇嘛察罕诺们汗和佑宁寺部分喇嘛也加入了叛乱队伍，一时聚众多达20万人，乌泱泱涌向了西宁城。而这一举动，却成为清廷荡平和硕特蒙古汗族根据地青海的最好理由。

四爷雍正打起仗来比他爹还狠。先令岳中琪守住四川这一藏地东接中土的门户，便放出猛虎年羹尧，集结川陕官兵，围剿罗卜藏丹津。一听虎将年羹尧来了，这仗还没得及开打，罗卜藏丹津麾下首领便有一半降了清。余下的叛军大部分是青海西宁塔尔寺大喇嘛察罕诺门汗的信徒，本是一帮鱼龙混杂的乌合之众，也没有经过什么正规军事训练，在清军猛攻面前，一战就土崩瓦解，各寺庙据点也被攻破，察罕诺门汗大喇嘛投降，结果被年羹尧下令处死。

清军先声夺人，罗卜藏丹津这时感到了恐惧，暗悔当初莽撞，连忙请求罢兵。雍正帝谕令年羹尧，坚决武力平叛，不许叛逆请和。

罗卜藏丹津在一场突袭中男扮女装，逃奔准噶尔汗国的策妄阿喇布坦，后在乾隆平定准噶尔后投降清朝。

这一场既逆当时国家统一的历史潮流，又违背青海民众渴望和平生活愿望的叛乱，仅仅用七八个月便被彻底平定。

为了安定青海，清朝政府采纳了年羹尧、岳钟琪等文武官员商议呈报的《青海善后事宜十三条》和《禁约青海十二事》，对青海地区的政治、经济、宗教等进行了全面整顿，废除甘肃凉州、四川松潘、云南中甸等多处和硕特汗廷征贡属地。

1725年，雍正帝已经临朝3年。清廷改革青海行政管理制度，裁西宁卫改置西宁府，设西宁办事大臣，总理青海一切事务。划分青海蒙古二十九旗，由中央政府直接管辖，特别是仿照蒙古札萨克制度统编青海蒙古部落，部族归属附近府县管辖，而不再隶属蒙古部落，青藏高原以全国统一的体制改革，归于中央政权治下。

至此，曾经占据青藏地区的蒙古和硕特部退出历史舞台。

和硕特汗廷是明末清初中原战乱，此时中央政权对青藏地区还鞭长莫及的特殊时期所立。而罗卜藏丹津所要维护的，是和硕特蒙古汗部族的利益，与统一大势实属逆流，更何况末期和硕特蒙古贵族已经不再是藏族百姓的保护者。不难设想，以当年西藏的生产力水平而言，供养一个偌大的蒙古贵族集团，也是西藏百姓身上的一个沉重负担。

不但是西藏，青海地区藏族百姓也不断被驱赶至北境苦地，和硕特贵族还在甘肃、陕西等周边地区强取许多地方，按蒙古贵贱之治夺取贡资，以致于百姓只知有蒙古，而不知有清朝官员。清朝在夺取青海之后，迅速建立了新秩序。

康雍二帝顺应历史大势和西藏民意，不仅仅着眼于维护一个贵族家族的利益，而是一方面派驻官员治理，同时也依托当地贵族治理，把治藏方略一步步加以深化，快速稳定了政教大局。而且，快速荡平西藏以北诸地，彻底断了多年来蒙古遗族在新疆、青海、西藏等地区的混乱利益征伐，创立了中国新一轮大一统格局。

1720年，七世达赖格桑嘉措也终于在布达拉宫举行了坐床典礼。经过多年乱局，雪域高原终得安宁，民众心愿遂成，他们以七世达赖格桑嘉措之名，在大昭寺讲经场南面建立格桑达尔钦胜利幢。

而大昭寺广场西南的胜利幢恰恰是因当年与五世达赖有如日月相映的固始汗入藏护教并创和硕特汗廷所建。这两个胜利幢在大昭寺转角不过百余步。当百年后的你，走过八廓街转角，与这两处胜利幢擦肩而过，可知这相隔百余步的转角两边，就是历史标注在宇宙时空中关于和硕特汗廷在西藏、青海及周边附贡地区的起点和终点？

汗王末路　和硕特汗廷覆亡

恩威并济：康熙皇帝的"长城"

北京城往东北方向230公里处，为华北与蒙古草原交界，这里气候清爽，既有满目的河山，又有开阔的草坝；有连绵的山峦，也有幽静的峡谷；有著名的南山积雪，还有棒槌、罗汉峰耸立在远处，犹如一幅多彩的画卷。

这里，便是清际修建的承德避暑山庄。

1703年，已经继位42年的康熙皇帝在北巡和参加"木兰秋狝"时，在喀喇河屯（今滦河镇）修建了行宫，康熙比较喜欢这里，经常住在行宫。有一次，康熙走访附近的老农，得知有一个蒙古牧场，附近既无人家，也无坟场，草木茂盛，泉水质好，喝了很少生病。

康熙皇帝亲自骑马前往老农说的地方考察，发现果然是一个好地方。此处森林茂密、气温凉爽、小河弯弯、景色诱人。并且，此地在北京与东北清王朝发祥地之间，还可俯视关内，外控蒙古各部。于是，老人家大手一挥，一处皇家园林工程便开始启动。

经过了5年时间，园林基本建成，并在其东北处建喇嘛庙。每年夏天，康熙就会移驾到这里来，并会晤蒙古、西藏等各地王公贵族和宗教领袖，商讨国事、联络感情、赐封布施。

兴建这么一座宫苑，康熙皇帝只是为了纳凉吗？并不是。

康熙二十二年（1683年），经过八年较量，康熙皇帝终于平定了三藩之乱，但他并没有陶醉在胜利之中，而是马不停蹄，忙于巡视京畿和北方边防，出古北口，渡滦河，经热河，直抵塞北。他仍在为国家统一大业、疆域巩固稳定而忙碌操劳。当巡行途中，登临古北口时，康熙皇帝赋诗一首：

断山踰古北，石壁开峻远。
形胜固难凭，在德不在险。

全诗之意在后两句，什么意思？就是坚固的边防不在形胜的长城，而在于以德政得民心的心中长城。要想江山永固，长治久安，主要靠政治修明，居安思危，泽被百姓，普施德政，城关之固是不足凭恃的。康熙帝明察乎此，足见其雄才大略。

经过多年的战乱，清朝渐由乱向治，人口亦达一亿。作为第二位入关的清朝皇帝，康熙开始把视野更多地转向了边疆民族治理工作，特别是对西藏工作，更是他思虑颇深的。

在清圣祖实录《平定西藏碑文》中，记有"除逆抚顺，绥众兴教。"八个大字，便是康熙治藏大略的凝炼。也亦可精炼为四个字："恩威并济。"

当时的西藏可谓乱局，把西藏百姓拖于水火。先有固始汗后代与当地贵族争权夺利；再有五世达赖之殁，第巴桑结嘉措隐匿妄行；准噶尔祸藏，策妄阿喇布坦妄生事端，损毁五世达赖喇嘛灵塔，毁坏寺庙，抢掠拉萨；一时间，蒙古王公和当地执政各藏私心，把转世灵童寻访作为揽权的手段，严重破坏藏传佛教仪规和秩序。总之，上层阶级的胡作非为，给当地局势和民众带来了极大的混乱、破坏和不安。康熙帝于乱中亲定大略，快速安定了政教大局。

早在入关之前，皇太极就曾颁下谕旨："不分服色红黄，随处谘访，以宏佛教，以护国祚。"1644年，清军入关，定鼎北京，五世达赖阿旺罗桑嘉措于1652年亲率使团晋见皇帝，并被清朝中央政府敕封为"西天大善自在佛所领天下释教普通瓦赤喇怛喇达赖喇嘛"（意为通晓一切佛学知识、智慧如海的高僧），确立了清朝中央政府册封达赖喇嘛的制度。为了防止集权，实现政教分离，还册封固始汗为"遵行文义敏慧固始汗"，把西藏地方行政交予了他。

康熙皇帝也继承并发扬了先祖礼佛佑国的政策，他自己也说："佛教诱善去恶，有裨治世化民，故历代尊崇，流传灵异，厥绩甚著。"特别是从当时的国情出发，他亲自主持实施了一批有利于宗教与治国、安民、绥边、固疆的政策。

康熙三十年（1619年），清廷主持多伦会盟，康熙封哲布尊丹巴呼图克图为大喇嘛，授权他全权主管喀尔喀宗教事务。哲布尊丹巴不但成为康熙处理民族宗教问题的顾问和助手，还在噶尔丹叛乱时，率七旗喀尔喀人归降朝廷。后来，在康熙驾崩之年，他也随之圆寂，刚登极的雍正皇帝为他在布隆汗山南麓建庆宁寺供龛座，以示"嘉惠诸藩之德意"。

康熙亲政52年时，还册封了班禅呼图克图为班禅额尔德尼，并在盛京、青海、甘肃等地创建了诸多寺院，以方便相关地方僧俗群众礼佛。

爱出者爱返，福往者福来。康熙对待佛教、高僧大德，以及对待广大藏族百姓宗教信仰的尊重和护持，得到了真正爱国爱教、护国利民僧俗人士的真诚拥戴。章嘉呼图克图便在康熙出兵平定准噶尔之乱时，联络青海蒙古众台吉，劝谕他们崇奉天朝,邀请他们赴京朝觐。结果是"各台吉均能服从，咸悦内附"。也正因为如此，在平定准噶尔侵扰西藏之乱时，他的军事行动得到了西藏僧俗的广泛支持，特别是康济鼐、颇罗鼐、阿尔布巴等原属拉藏汗官员的支持和配合。

如果不是康熙帝雄才大略，准噶尔将拥有更强的羽翼生叛，也将顺利与第巴桑结嘉措达成勾连。当时的沙皇俄国对西藏也是觊觎已久，并在中俄边境蠢蠢欲动。在实施有力的军事、外交和民生政策的同时，是康熙帝在漠北妥当的宗教政策，融合了当地僧俗群众的心。

但是，康熙帝也清醒地认识到，如果不对宗教事务加以正确的引导和管理，也将产生严重后果。早年，清中央政府对待藏传佛教主要是笼育为主，而且较为集中在上层高僧阶层的往来事宜。随着藏地初定，鉴于之前混乱的政教局面，对宗教事务进行规范整顿，不仅是清中央政府治藏理政的现实需要，也是确保宗教事务有序发展的内在需要。因此，康熙皇帝在平乱之后，重新组织行政治理机构，赐封和任命噶伦的同时，也制定了一系列宗教管理和限制措施。比如，严禁诈称呼图克图转世，即限制呼图克图的增加；在京喇嘛奉使赴藏，擅带该地喇嘛来京者，必须先行奏请，获准后方可来京，否则治罪；严格颁定喇嘛的服色，规定喇嘛的等级，如喇嘛、格隆等许服金黄、鹅黄、大红色等，班第者许服红色。违者罚牲或受鞭笞；凡修庙有碍民房地产者，着永行禁止；等等。

同时，康熙皇帝还实行度牒制度，加强对喇嘛的管理。度牒，度僧牒省称，也叫戒牒、黄牒，是古时僧尼受戒的文字凭证。据《事物纪原》记载："度牒自南北朝有之。"这一官方制度虽始于南北朝，但统一称为度牒则始于唐代，由礼部祠部司掌管发放，成为控制佛教寺院僧尼数量而设的一种制度。唐时，度牒是尚书祠部所出，故用"绫素锦素细轴"制作而成，大致与朝廷的诏令文告相类似。牒上详载僧尼道士的籍贯、俗名、年龄、所属寺院、传戒师等十师署名以及官署。

对于任意妄为，行为不法的喇嘛，更是严惩不怠，坚决制止以任何借口危害百姓。比如，康熙五十年，便有鄂尔多斯等地喇嘛欺诈民众、侵占民产，康熙帝即命缉拿到京城，在审理查明原委后，清还所占民众资财，并把不法喇嘛贬为江南驻防八旗的奴隶。当时，为详细了解第巴桑结嘉措隐匿五世达赖喇嘛圆寂一事，康熙曾派喇嘛专使前去调查了解，不想此人居然与第巴桑结嘉措私相授受，收纳金银财宝，一起欺瞒朝廷。这起窝案被康熙查明后，一众人也被没收财产，有的扣留京师、有的严加管束、有的交付盛京"任栖一庙"。

如此一来，纲纪申张、赏罚分明、管理有序的新宗教管理制度很快得以实施并收到了良好的效果。既争取和培养了一批爱国爱教的僧人，也查处和惩治了一批祸国殃民的僧人，规范了宗教秩序，减轻了民众负担。

"一座避暑山庄，半部浩渺清史。"承德避暑山庄便是康熙巩固边疆、怀柔各族、善理宗教的见证，康熙在此指挥了对准噶尔噶尔丹的乌兰布通之战，也在此处理了对沙俄的一系列棘手问题。乾隆在这里接见并宴赏过厄鲁特蒙古杜尔伯特台吉三车凌、土尔扈特台吉渥巴锡，以及西藏政教首领六世班禅等重要人物，在笼络蒙古、西藏及新疆地区的少数民族上层，维护民族团结和国家统一方面发挥了其重要的作用。之后，乾隆还在此接见过以特使马戛尔尼为首的第一个英国访华使团。

康熙皇帝以13岁继位，入关不久的清廷百废待兴，他除权臣、固皇权，平三藩、收台湾，抗沙俄、定边疆。同时，重农兴商、鼓励垦荒、兴修水利、发展经济，使明末清初因为战乱而凋敝的经济民生得以逐步恢复，启创了"康乾盛世"。特别是加强对蒙藏地区统一和有效治理，使他得以一代雄主的盛名彪炳史册。

1717年，康熙已亲政56年。这一年的元旦之日，关内各省和关外满蒙的测量工作完成，并绘制了28幅木版的《皇舆全览图》，但方才绘制到金沙江上游，康熙命他们用心把西藏地方也雕画其中。到1719年，西藏图也相继制作完成。此时，图已多达八排四十一幅。次年，康熙皇帝宣布《皇舆全览图》绘制完成，他轻抚着全图，仿佛回溯着亲政近60年来的艰苦卓绝。

这是一处多么壮美的江山图，刻画着平原的富庶、大漠的广阔、大河的绵长、雪山的挺拔……也刻画着多民族和谐共荣的美好景象。在这幅图的西南边陲，世界第三极——珠穆朗玛的名字也标注其间，这或应是最早关于珠穆朗玛在中国地图之上的标注。

一世忠勇：颇罗鼐

祖国统一、边疆稳定与民族团结的局面多么值得珍惜。在大一统的历史长河中，既有涌动的暗流漩涡，更有激昂的大浪洪潮，而其大势所趋，必是光明前途，是一个在祖国怀抱中稳定、繁荣、和谐的西藏，这条长河汇聚了多少赤子英才，又淘汰和淹没了多少逆流小人。

在这一伟大进程中，也不乏许多藏族同胞，颇罗鼐就是其中优秀代表之一。

康熙年间，准噶尔军进入拉萨推翻拉藏汗，康熙皇帝定下平准保藏之策，颇罗鼐便积极响应，配合拉藏汗的女婿、阿里总管康济鼐出兵策应进藏清军，击退入侵的准噶尔军。

准噶尔军出新疆，先入阿里，获悉驻守阿里的康济鼐率领阿里地区军民英勇抗击准噶尔军，颇罗鼐及时送去千副马掌和请战书函。在后来的战斗中，颇罗鼐总是身先士卒，甚至都是与旗手一起呐喊着冲向敌阵，就连脚上负伤也咬着牙挺立马背。

颇罗鼐还极具口才，每于战前都要进行鼓舞士气的演讲。后人为其立传记道："今圣文殊菩萨化身真命天子大皇帝，调动了浩浩荡荡的大军。前来剿灭万恶的准噶尔部，我们怎么不听从圣旨？"在他演讲中提到的中央就是清廷。听从圣旨，就是坚决服从清中央政府统一指挥，步调一致，同仇敌忾。

当年，准噶尔军攻入拉萨城，抢掠布宫，杀拉藏汗后，也把这位前锋将军颇罗鼐关进了监牢，高强度的鞭打和审问下，他始终表现得坚强

277

无畏，准噶尔人更是威胁他说出前领导拉藏汗的罪行，都遭到义正严辞的回绝。面对折磨不弯眉折腰，主上遭难仍忠心耿耿，颇罗鼐果真堂堂正正好男儿。

不但对于上级如此，对待下级也是如此。颇罗鼐虽身居将位，能待兵如兄弟一般，不分贵贱，吃喝同享。即使是对待新兵，颇罗鼐也不居功自傲、不鄙视别人、不以上倨下，时常亲自教练。

1720年，清军入藏，彻底打败并驱逐了荼毒西藏数年的准噶尔军。

清朝政府驱逐准噶尔在西藏的统治后，决心加强在西藏的治理，废除了第巴总管政务的制度，设置了四噶伦来共同治理西藏事务。这是吐蕃之后八百余年，设置的第一个有地方代表性的俗官组成的政府机构。

大乱得平，论功行赏。经过组织考察，颇罗鼐以其德才兼备的优秀品质得任四噶伦、即总理西藏政务官员之一，官职为孜本，主要分管审计、财政工作。

在那个政治制度还不健全的时代，贵族参与政治较深，其间的争斗是常事。四噶伦中，首席噶伦康济鼐和颇罗鼐来自后藏地区，隆布鼐和阿尔布巴来自前藏和工布地区。在诸多人权、财权、事权过程中，难免有诸多难以平衡的地方，班子成员之间开始分小圈子。阿尔布巴更是以贵族地位的显赫而看不起后藏贵族，终于在1727年，阿尔布巴杀害了首席噶伦康济鼐，并残忍地把康府抄家灭口。

事发之前，眼明心亮的颇罗鼐就看出了阿尔布巴的歪心思，既劝诫过阿尔布巴以和为贵，也曾劝康济鼐多加小心防范。但身居"一把手"的康济鼐因傲生慢，反而指责颇罗鼐胆小怕事，致使政敌阿尔布巴轻易得手。而此时的颇罗鼐因为告假回到后藏自己庄园，幸免于难。又亦或，阿尔布巴正是趁其不在而对孤立无援的康济鼐痛下狠手。

平静的局势无端生变，雍正帝随即作出响应。但未等处理乱子的官兵到来，颇罗鼐便及时启动应急预案，随即发动后藏、阿里兵员，双方交战于昂仁、江孜等地界。有一次战斗中，眼看队伍被打散，颇罗鼐吆喝二十几个亲信，夺过侍从手中长矛，跨马便猛冲向敌阵。主将如此英勇善战，阿尔布巴岂能不败？

战事很快向不利于阿尔布巴的方向转变，战线也被颇罗鼐推向了前藏，节节败退的阿尔布巴龟缩进了布达拉宫，想凭达赖喇嘛作为挡箭牌，阻止后藏军队的进攻。布达拉宫是西藏宝库，达赖喇嘛又深居其中，一旦强攻，必失人心。再三思量之后，颇罗鼐先经由三大寺将达赖喇嘛及其父亲转移到哲蚌寺，然后围而不攻，并在谈判之后，软禁了谋权作乱的阿尔布巴一众。

政治成熟的颇罗鼐对乱贼拘而不杀，他深信那些"胡作非为，背道而驰的人，必然要处死"，坐等中央政府官军到来，再予秉公论断，而不擅作主张。

由此看来，颇罗鼐不只有勇有谋，聪慧而多计谋，还善于战事，他胸谋全局，把握战略制胜节奏。讨逆之初，他在自己兵力不济，不能速胜的情况下，率兵退守，保存实力，静候战机。在经战略性退缩，化客场为主场后，趁对方纵兵轻进、麻痹松懈、防务空虚之时，找准突破口，扭转了战局。当阿尔布巴看到胜负难料之时，便马上变脸请求班禅出面调停。颇罗鼐看透此人和谈是假，避其锋芒、争取时间、侍机反扑是真，便拒绝调停，积极争取清朝中央的支持，并及时向班禅的侍从作出合理的解释说明："主宰我身家性命的是东方大皇帝。"

如此敢于负责，且在危急关头勇于挺身而出，有担当；如此干练有为，且在复杂局势面前处置得当，懂全局；如此指挥得当，且在得胜后不擅自处置匪首，知进退。这，绝对是经过复杂斗争考验的，政治素质和业务能力都过硬的人才呀。

噶伦内乱后，清廷随即任命颇罗鼐协助驻藏大臣总理政务，并封其为贝子。接到任命书，开完任免会，权、责、利一致且明确之后的颇罗鼐，更是激发出了极高的工作积极性。在他执政期间，与驻藏大臣紧密配合，善于团结班子各成员，设常备军、练兵设卡、整修驿站、发展贸易、合理摊派差役赋税，调和各教派间关系。同时，大力发展文化事业，在拉萨主持雕印藏文大藏经甘珠尔、丹珠尔。使得治下的西藏"政教蕃盛，人物庶富，百姓安乐"，多次受到清政府嘉奖。

颇罗鼐虽出身高贵，对劳动人们寄予了深切的同情，敢于为民作主。

由于战争，后藏的庶民百姓和商人，是支持地方政府的关税的。但确实存在不均的现象，贫苦人家负债甚重，还要承担富户转嫁到他们头上的差税，富有人家又税少差轻，为了保护贫苦的百姓，让富豪之家多支兵差、多出赋税，颇罗鼐命令以定制的形式将以上措施加以执行。这样，有力地制止了那些投机取巧者的恶习，保护了善良百姓的利益。

一个能成就大事业的人，一定会有宏大胸怀气度，而其衡量标准之一就是是否能容人、容事、容言。当时，有一诗韵才华出众的年轻人叫策仁旺杰。但很遗憾的是，在阿尔布巴挑起的卫藏战争中，他是阿尔布巴一方的人，不但参加了战斗，还是指挥卫区四军右翼的军官。当颇罗鼐取得了胜利后，他很怕颇罗鼐迁怒责罚。可颇罗鼐既往不咎、用其所长，后来还推荐他担任了重要职位。人生苦短，得遇一知己，足亦。策仁旺杰能遇到这样的明主，实在是太过幸运。于是，他以敬仰之情写下了藏族文学史上的名著《颇罗鼐传》，使得后人可知其忠、嘉其勇、识其才、辨其谋。

鉴于其德才与功绩，雍正九年授封他为"贝勒"，赐银印一颗。印文用满、汉、藏三种文字书写。同时降诏书一道，曰："西藏事务，妥为掌管。凡汉、藏、蒙古人等无论贵贱，如违尔法令，可依法惩处。尔后，惩办其他任何贵族，均应向朕禀明处置之原由。"乾隆皇帝即位后，同样因是他办事"俱极得体"，信赖有加。乾隆四年（1740年），晋封颇罗鼐为郡王。

真正看清一个人，需要用历史的、辩证的、全面的、发展的眼光加以考察。颇罗鼐在内忧外患之际，在关键历史时刻，在复杂斗争实践当中，都坚定站在了国家和民族大义一边，作出了造福当代及后世的历史贡献，以其高才大略、让人心生敬仰，在历史的大浪淘沙中愈发闪耀其光华。

不肖子孙：珠尔默特那木扎勒

俗话说，虎父无犬子。可俗话也有跑偏的时候，本章承接上篇，上篇虎父笃定无疑，本章犬子也是无疑。

颇罗鼐共生育二子，长子珠尔默特策布登，继承了他的阿里管辖区；次子珠尔默特那木扎勒，继承了他的郡王爵位、统管西藏政务；其侄儿多仁·班智达，曾参与平定珠尔默特那木扎勒之乱，受到清朝重用，曾在噶厦政府噶伦中排名第一位。

珠尔默特那木札勒继承了父亲尊贵的王爵，却没有继承父亲如美玉一般的品质。

在承袭爵位之前，他曾被任台吉，管理藏北39族和当雄草原的骑兵。有统兵权在手，日渐骄纵起来。

好日子一长，就稳不住了，仗着出身名门，又承爵位在身，便开始飘飘然起来，不仅不把驻藏大臣放在眼里，还安排人监视，阻绝邮传军书。连对达赖喇嘛也多有疑忌，日常倨傲无礼，时常找茬刁难。平日里情性乖张，脾气火暴，骄纵蛮横，对部下呼来喝去，使属下积怨很深。他的父亲善于识人、用人、容人，待他顺利接班走马上任后，偏要残害其父所用的旧人。这位傲慢的二公子，眼里还盯着哥哥在阿里的辖地，并明目张胆要求驻藏大臣将霍尔噶锡等地番众交给他管辖，这些无理的要求被拒绝后，他又派亲信私下勾结准噶尔部，求他们发兵到阿里给自己撑腰。

如此这般作为，上头岂能不知？在他犯事前一年，"举报信"就雪花儿般飞到了朝廷，乾隆皇帝眼明心亮，说道："朕观珠尔墨特那木扎勒为人，不似乃父，起由凡庶，受恩知感。其外虽属恭谨，究未必能安静奉法。"

于是，一方面调整干部队伍结构，一方面派人去做思想工作，期望他能效法父亲颇罗鼐，浪子回头，改过从善。但这位贵公子不但没有丝毫悔改之意，还和亲哥为争名夺利火拼起来，珠尔默特那木扎勒诬告他在阿里时候侵夺商人货物，还准备发兵拉萨等，说得是有模有样，闹得是沸沸扬扬。他哥哥曾在雍正五年平定阿尔布巴之乱中，与父亲分南北两路包围拉萨，后被论功封为头等台吉，其后晋封辅国公，乾隆十一年赐镇国公，常年驻守阿里。后来因为身体不好，常居拉萨，一心念佛。就这样，亲弟弟也不放过。使得乾隆敕谕珠尔默特那木扎勒说，"尔父颇罗鼐在时，诚心为国。故朕叠次加恩。由台吉封至郡王，深加信用。又准其所请，将王爵令尔袭封，办理藏地事务。今尔兄弟间自生猜嫌，尔兄发兵征取果弼奈等，朕已降旨诘问其起兵之由。尔可即派土伯特贤员、随同纪山处派出传旨之章京前往。尔兄如即遵朕谕来藏、朕遣大臣将尔兄弟不睦情由，分剖明白、务令永远和睦。"同时，反复劝诫说，今天的荣誉，多在父亲的旧功，如果因为兄弟稍有不和，便借机滋生事端，就会把你父亲一辈子忠诚奋勉才换来的荣耀都给毁了。并从四川调任纪山亲自登门传达谕令。

嚣张跋扈的珠尔墨特那木扎勒直至一个月后才见纪山。看到一把年纪的纪副都统，叔叔也是喊了，这安也是请了，随口应声好的，但还是该干啥干啥，跟谁都搞不到一起。活脱一个，接受批评，就是不改。

珠尔墨特那木札勒与准噶尔台吉勾结叛清，派兵士袭占阿里，杀了哥哥策布登。随后，已经做了起事准备的珠尔墨特那木扎勒一句话封锁了通信系统。得此消息的拉布敦、傅清诱杀珠尔墨特那木札勒。但却被罗卜藏札什的千余乱军包围并一把火焚烧了驻藏大臣官署，拉布敦在乱刀中丧命，而身受重伤的傅清最终以自杀殉职。此贼把官署之中文武官员尽杀之后，把粮仓、钱库翻了个底儿朝天，第二天便带着财货潜逃。

在珠尔墨特那木扎勒继任郡王之时，获得了驻扎藏北蒙古骑兵的统辖权，这无疑也壮大了他目无一切的肥胆。此后，乾隆帝将蒙古骑兵改驻藏大臣统属，并将八旗按清制改制，分别授八部主官佐领，并设副官以相互牵制。

叛乱被很快平定。但是，此时端坐紫禁城的乾隆皇帝脑海里浮现出一个问题：如何建立一个新的有效行政体制和治理体系？

御前会议上，他对军机大臣说："西藏经此番举动，正措置转关一大机会，若办理得当，则可保永远宁谧，如其稍有渗漏，则数十年后，又滋事端。朕前传谕班第，以西藏事必当众建而分其势，目今乘此兵威，易于办理。惟在相度机势，计虑久远，方为万全。"看得出，乾隆已经痛定思痛，以此为机，筹谋长远安定之策，不再一味惯着。

乾隆皇帝认真总结了之前的经验教训，认为"若仍照从前颇罗鼐故事，议设藏王，是去一珠尔墨特那木扎勒，又立一珠尔墨特那木扎勒矣"。朝廷加恩过重反容易滋生傲慢，致使其权势过大，一言以蔽上下，于是便废除了封授郡王的制度，并多置噶伦，分其势、散其权。的确，颇罗鼐实属良才，但事关政治大事，人的变数太大，不确定性太大，不能寄予人治，而应寄予制度。

乾隆皇帝还体念驻藏大臣离京遥远，而许多事情又需要就近妥协办理，只有直接管理重要政务，才能上下响应灵敏有效。绝不能再出现"珠尔墨特那木扎勒一言而塘汛断绝，班第达一言而塘汛复通，信息往来，全由藏王之言是听，而驻藏大臣毫无把握"的情况。于是，明确规定由驻藏大臣和达赖喇嘛共理藏政，地方官员的任免按组织程序报批二人，有关塘汛、兵防、行政等要权，尽归驻藏大臣。同时，为了防止叛乱，清廷决定在西藏驻兵千人，且在西藏的咽喉打箭炉，也派驻重兵把守呼应。

在这样的指导思想下，此前入藏平叛的四川总督策楞等，议定《西藏善后章程》，并在经过乾隆皇帝批准后，于1751年以中央政府命令的形式颁行施行全藏，这也是清朝第一次以法律形式明确驻藏大臣的职权。从此，由汗王、郡王、贝子等世俗贵族执政的制度消失于西藏历史舞台，相应的世袭制也被取消，防止了家族势力的膨胀，建立了在驻藏大臣和达赖喇嘛共同理政下的噶厦、译仓日常事务处理等政治活动规程。此举，真正完成了对西藏管理体制的系统变革，从体制和制度层面巩固了在西藏的统治，也使西藏与中央政权之间形成可管理有序、密不可分的隶属关系。

六年后，七世达赖圆寂，清中央政府又及时赏第穆呼图克图诺门汗之号，如达赖喇嘛在时一般，一体掌办喇嘛事务，并与驻藏大臣商办。由此开始，在达赖喇嘛圆寂后，转世灵童未及十八岁法定亲政年龄之前，均由清中央政府选派的摄政代行其职权。

先期，驻藏大臣多以兼职的身份入藏，并且在任期上也没有明确的规定，随着治藏任务越来越规范有序，后又明确驻藏大臣作为西藏专职的地方最高行政长官，专职专人、不再兼职，使驻藏大臣真正克服临时走穴思想，做西藏人、说西藏话、办西藏事。到此时，驻藏大臣已由最初的监督为主到共理藏事、临时选派到专人专办。

一代国师：章嘉·若必多吉

五台山菩萨顶的前院东侧立着一块碑，上刻清高宗乾隆所书《至灵鹫峰文殊寺即事成句》，开头便是"开塔曾闻演法华，梵经宣教率章嘉。"碑文所刻的"章嘉"，就是乾隆朝章嘉国师，青海省互助土族自治县佑宁寺的第三世章嘉活佛若必多吉。

历史研究绕不开历史人物的追访，而章嘉国师若必多吉是研究清代民族统战和宗教工作的重要人物之一。除藏地两大活佛体系之外，明万历年间，喀尔喀蒙古迎请"觉囊派"高僧多罗那他入漠北奉名"哲布尊丹巴"，其二世由喀尔喀三大部族之一的土谢图王妃所生，后在固始汗的扶植下入藏学习，改奉格鲁派。

在哲布尊丹巴与达赖世系的影响下，与清廷相交的漠南蒙古藏传佛教发展迅速。为平衡这一微妙的天平，清廷再把章嘉活佛纳入"四大呼图克图"，其中最大成就者便是三世章嘉·若必多吉。

这都是后话。

当年，青海罗卜藏丹津叛乱，雍正帝震怒，派年羹尧、岳钟琪平叛，当岳钟琪率领三千清军来到今青海省海东市互助土族自治县佑宁寺，这场战斗异常激烈，是平定罗卜藏丹津叛乱中最激烈的战役，用年羹尧的话说："自三藩平定以来未有如此大战者。"

这一年，章嘉·若必多吉年方7岁。

大战开始前，年幼的章嘉活佛便被转至大通河上游的密林里匿藏。

雍正帝因曾向二世章嘉请学佛法，顾念旧情，下令寻找。年幼的章嘉活佛被接出密林，妥善安置于西宁，得以悉心的照料，并于次年被清军大将岳钟琪接至京师。雍正帝命其与年幼的皇四子爱新觉罗·弘历（即后来的清高宗乾隆）伴读。这一年，弘历14岁，章嘉·若必多吉8岁。在章嘉·若必多吉的课程表里，还被排上了必要的藏文和藏传佛教，专职老师是当时在北京的佑宁寺二世土观却吉嘉措。

在与弘历等皇子同窗的日子里，他们饱读经典，相互考问应答，还学会了汉、蒙古、满等民族的语文，行、住、坐、卧等礼仪。而这一读，就是多年。

章嘉活佛转世系统是清代甘青地区著名的大活佛，因为二世章嘉活佛阿旺洛桑却丹曾被清圣祖封为"灌顶普惠广慈大国师"，主持内蒙古地区喇嘛事务，具有较高的宗教地位。看着三世章嘉·若必多吉也能快速成长，雍正皇帝还准许若必多吉按前世所受封赏乘坐黄帐马车、坐九龙褥，以致当若必多吉的马车出入皇宫东华门时，都人士女纷纷争取手帕铺途，以轮毂压过，即为有福。后来，雍正皇帝还从国库专门划拨库银10万两，在多伦诺尔建善因寺，赐给若必多吉居住，并为善因寺撰写了碑文。1734年，清世宗又照清圣祖册封前世章嘉活佛之例正式封若必多吉为"灌顶普惠广慈大国师"，并赐金册金印等。这一切，既是对前世章嘉活佛的怀念，也是对章嘉·若必多吉的认可，但也寄予了雍正皇帝对做好青藏地区民族、宗教、统战工作的寄望和安排。

果然，重大任务就来了。在刚被册封为大国师当年8月，17岁的章嘉·若必多吉便奉命护送七世达赖从西宁返回拉萨。

终于来到朝思暮想的拉萨，章嘉·若必多吉在与拉萨僧俗的交往交流中开阔了见闻、增益了修行、树立了威信。次年10月，又专程前往日喀则从五世班禅受沙弥戒和比丘戒。恰于此时，教抚他的雍正帝驾崩，章嘉活佛匆忙返京，见到幼时伴读已久的弘历，此时已继任帝位，开始了两人长达五十年的皇帝与国师之行仪，成为乾隆帝的助手和高参。

对章嘉活佛信任有加的乾隆立即给他送了一份见面礼。下令将掌管京城喇嘛事务的大印交给了章嘉·若必多吉，后来又赐用金龙黄伞。乾隆十六年时，又赐"振兴黄教大慈大国师之印"。要知道，不只是乾隆年间，在有清一朝获封的佛教僧人虽然也有不少，但只有章嘉活佛才被封为大国师，可见乾隆对其信任和优待。

乾隆皇帝对章嘉活佛的礼遇并不是一时兴起，尤为难得的是贯穿了两人交往的全过程。某年，二人同上五台山举行祈愿法会，乾隆皇帝让章嘉活佛与他同坐一个座垫上，当章嘉活佛和身旁众人都诚惶诚恐之时，70岁的乾隆皇帝满是深情地对64岁的章嘉活佛说："与呼图克图坐在一个座垫上，朕便觉得安乐。"想必，此时皆已进入人生暮年的二人，应该想起当年同窗学礼的少年时光吧。

乾隆年间，不但以繁盛的文治武功，在开拓边疆、平定边疆、治理边疆作出了巨大的功绩，也从多个方面完善了对西藏的治理。这，与他充分尊重边疆人民意愿和利益，重视并善于做好边疆工作密不可分，从他与章嘉·若必多吉的交往就可见一斑。

投之以桃，报之以李。面对乾隆帝的报之以国士之礼，章嘉·若必多吉也必将成为他做好民族宗教和统战工作的最佳队友。

当时，越来越多的藏族僧俗已经时常往来于北京，且有许多高僧和贵族、官员常居北京，藏传佛教在祖国内地的传播也日渐加深。为了方便他们的宗教信仰，二人商议，应当在京城之内建立一处正规的藏传佛教寺院。于是，乾隆九年，在章嘉·若必多吉主持下，雍正帝即位前住过的雍王府便被改建，称雍和宫。改建完成后，包括从蒙、藏及汉地集中的年轻学僧500人和全部宗教事务都交予了章嘉·若必多吉掌管。

宫改寺工程完成之后，章嘉·若必多吉又接着参与了乾隆皇帝在北京、热河等地兴建藏传佛教寺院的工作。特别是快到乾隆皇帝母亲孝圣皇太后八十大寿之时，蒙古各部王公纷纷要求到热河祝寿，"小布达拉"菩陀宗乘寺得以落成。为方便六世班禅来热河朝见驻锡，又仿效日喀则扎什伦布寺修建了须弥福寿寺。

此外，随着普乐寺、宝相寺等寺庙的一一落成，清朝治藏治疆的工作也逐步加深。而这些在章嘉·若必多吉主持下建成的寺院，不仅成为西藏、蒙古、新疆等族首领前来朝见、瞻礼、居留之处，更是清朝中央与各民族地方僧俗睦族友好、联络感情、增进团结的地方。

与此同时，乾隆皇帝还亲自参加校审工作，命章嘉·若必多吉开展了藏文大藏经《甘珠尔》等诸多经书的汉、满、藏、蒙文通译工作。每译完一函，章嘉·若必多吉都在认真校核后，逐卷呈乾隆皇帝审阅。国事繁忙的乾隆皇帝对文字工作也是尤其重视，每每拿着朱笔亲自审阅，更正存疑及不妥之处，还要作译后记。就这样，二位搭档干了十余年，才做完了翻译和清理典校工作。

由此可见，二人着实是在充分尊重各族人民信仰这一基本感情的基础上，尽心尽力地为维护和加强祖国统一、巩固和深化边疆治理、和睦和促进民族关系而毫不懈怠。

乾隆对章嘉·若必多吉的倚用，也不仅在于宗教事务方面。作为一个有着深厚佛学功底，与各族首领建立了良好关系，同时又时常出入朝廷的高僧，章嘉·若必多吉因其特殊的身份和阅历，友傍僧俗两界，通晓内外之情，无论是日常的民族工作事务，还是在边疆动荡的危急关头，都是可以倚重的肱股之臣。虽然在"康乾盛世"顶峰的乾隆年间，边疆治理日渐严整，民族关系和谐有度，但也总有那么一些刺头蹦跶。乾隆十五年（1750年）十月，西藏就发生了珠尔墨特那木扎勒之乱。

震怒的乾隆帝派四川总督策楞、提督岳钟琪、统领官兵前赴西藏。并命令他们在斟酌办理，理定事后，设置总督，领兵驻扎，并从上到下设置官署衙门，把藏事统交清朝官员处理。

一听这话，章嘉·若必多吉扑通一声长跪君前，犯颜直谏，为乾隆分析社情民意，提醒皇帝注意西藏的民族和宗教特点，千万不可从一个极端走向另一个极端。在章嘉·若必多吉的劝阻下，乾隆收回成命，令达赖喇嘛和驻藏大臣共同掌管西藏事务。

七年后，七世达赖喇嘛在拉萨圆寂，乾隆皇帝又派章嘉·若必多吉入藏主持认定其转世事宜。当时，宗教界对转世灵童争执不下，章嘉·若必多吉便请六世班禅指认后藏的坚白嘉措为第八世达赖喇嘛。为确保西藏政教事务顺利开展，乾隆为这位年幼的达赖喇嘛任命了一位摄政，由第穆活佛阿旺坚白德勒嘉措在其成年之前掌办政教事务。但是，直到多年后，仍有僧人认为前藏所出一个孩童才是真正的七世达赖喇嘛转世灵童，并把他接到格仓静修寺，在僧俗当中造成了相当的混乱。愤怒的乾隆下令将领头的僧人和所谓灵童押送北京治罪。在事关活佛转世这一藏传佛教重大问题的处理上，恐再引发乱子。章嘉·若必多吉又凛然站了出来，他不但详细分析了以压制和杀戮的办法解决此类问题，可能种下长期争端的严重后果，还提出了一个妥善的解决方案，最终把这个灵童送到后藏扎什伦布寺，作了班禅大师的侍从。用章嘉·若必多吉的话说，这样"不但对眼前有利，事情也会如泉水自干，对达赖喇嘛的事业也不会带来危害"。于是，一场风波便被圆满化解。

此前，在平定准噶尔阿睦尔撒纳叛乱时，乾隆赐死了蒙古喀尔喀部的达尔汉亲王，而亲王的弟弟正是二世哲布尊丹巴。于是，喀尔喀人心浮动，不乏反清之言辞。而恰恰此时札萨克图汗部兴乱。如此星星烟火闪烁于草原，若不及时压住，难免风生火起。章嘉·若必多吉再度临危受命，亲自手书一封，星夜送往草原，成功规劝安抚了二世哲布尊丹巴。以一封书信而抵兵千万，这可是为乾隆省了多少心事呀！

后来，体恤章嘉·若必多吉辛劳的乾隆帝使其再任五台山首领。

时间转眼来到1786年3月，乾隆皇帝再上五台山，看望这位曾经的老同学、老伙伴、老战友，章嘉·若必多吉拖着颤颤巍巍的病体亲自率众喇嘛，为乾隆皇帝诵经迎驾。于是，便有了开头之时，皇帝亲自书写并刻碑以记的碑文。

可能是知道时日不多，此生再难见到如此亲密合作的乾隆皇帝。临走时，章嘉·若必多吉又不顾病体，坚持亲自送行。就在一月后，这位为乾隆一朝边疆治理和民族宗教工作奉献了毕生心血的老者走完了人生最后一段路程。

听到这一消息，乾隆皇帝无疑是十分悲恸的，以七千两黄金为之造塔，并建大石塔于镇海寺，以为纪念。

绥远靖边：福康安远征廓尔喀

经过康熙、雍正两位雄主的治理，清朝国库日渐充实、统御版图愈来愈大，西藏更是成为中国领土不可或缺的一部分，并在中央政府的有效治理下逐步走向正轨。

喜马拉雅山南麓，有一面积仅十余万平方公里的小国，分布有数十个小部族，其中有一部族名廓尔喀，他们擅长使用一种叫廓尔喀弯刀的武器。18世纪后期，廓尔喀人在其酋长博纳喇赤的领导下强盛起来，趁沙阿王朝内乱，侵夺各部族，建立了王国。当时，处于巅峰时期的廓尔喀王朝领土面积相当于现在三个尼泊尔，占地东西长2000里，南北宽500里，并与不丹联合，夹击锡金王国，在喜马拉雅山麓之南甚为活跃。

乾隆年间，廓尔喀国王是博纳喇赤的孙子喇特纳巴都尔，当时年幼，由其叔父巴哈都尔·沙阿摄政，奉行向外扩张势力的方针。雄心勃勃的廓尔喀对此并不满足，因为尼泊尔境内主要以高山为主，这些在如今看来丰富的生态、旅游、矿藏资源，在早期农耕文明时代，并没有多少经济价值。为了王国的利益，国王一直在等待机会。

1788年6月，喜玛拉雅山谷积雪消融，巴哈都尔·沙阿派其属下苏尔巴尔达布等人带兵抢掠西藏与尼泊尔之间的卓木朗部落后，向北侵占了聂拉木、吉隆，并围攻宗喀。

驻藏大臣雅满泰率驻藏绿营兵及驻当雄草原的和硕特蒙古骑兵奔赴扎什伦布寺，并与仲巴呼图克图部署防御。乾隆也从四川紧急调兵赴藏，并派通晓藏语的理藩院侍郎巴忠为钦差大臣，入藏接管驻藏大臣关防印信。

得知乾隆将派大军来藏的廓尔喀，乞请谈判，旋即退兵。

1791年6月，尼泊尔国王再次派兵入侵西藏，再次侵入聂拉木和吉隆，长趋直入进攻后藏要地日喀则，并包围和抢掠了扎什伦布寺。数百名清军坚守日喀则宗堡，廓尔喀军久攻不下，又惧怕从拉萨调兵，在抢掠半月之后退出扎什伦布，留下千余军兵据守聂拉木、吉隆等边地。

为彻底斩断廓尔喀的投机心理和袭扰行径，厘清两国边界，永固西南边陲，乾隆皇帝下决心反击廓尔喀。在展开反击行动之前，他下令革去保泰、雅满泰的驻藏大臣的职务，免去鄂辉的四川总督和成德的成都将军的职务。任命吏部尚书孙士毅为摄四川总督，和琳、舒濂、奎林为驻藏大臣，奎林兼成都将军。当年，因为冬天即将大雪封山，尼泊尔不可能再次出兵，乾隆决定大举出兵，等到明年冰雪融化后，彻底击败廓尔喀士兵，以绝后患。于是，调两广总督福康安进京商议军务。富察·福康安是乾隆朝著名的将领、一等忠勇公富察·傅恒的儿子。福康安自幼熟读兵书，弓马娴熟，以知兵著称于世，在去平定廓尔喀之乱前，参与平定了大小金川之乱。

皇亲国戚、根正苗红、了知藏地、战功赫赫、用兵如神……乾隆派遣此人前去西藏平乱，其重视程度可见一斑。

兵马未动，粮草先行。特别是对于征伐距离如此遥远的中尼边境，粮草等战备物资准备，以及当地沿途的支持，显得格外重要。福康安接到任务后，先抵青海西宁，采办战备物资，从陕甘总督勒保绿营兵抽调1500匹战马，从青海蒙古王公大臣采购3000匹战马。各地僧俗各界积极支援大军入藏反击廓尔喀，孙士毅调用西藏粮台存粮三千石、达赖喇嘛奉上现粮四千石，还发银从西藏民间购买。西藏人民向清军出售粮食近七万石，还有肉食牛羊一万八千头（只）。西藏的僧俗首领也积极支持清军行动，将西藏地方所存大小火炮三十余门、火药铅弹三万余斤全部交给清军使用，各寺院堪布、喇嘛、贵族官员等奉出各自牛马等支援军运，就连甘青一带王公也纷纷献马出粮，支援清军从青海一路入藏绥远靖边。看到各族人民同仇敌忾，乾隆皇帝除了对僧俗首领予以嘉奖，还下令对他们捐献之物"酌给价值"。

1792年春，福康安大军赶到了拉萨。五十天疾行5000公里，走完了平日须走一百二三十日的路程。仅用一个月时间，从定日奔赴边境，全歼留驻在聂拉木、吉隆的廓尔喀军千余人。是年岁中，清军已收复全部失地。

为了痛击廓尔喀，灭其嚣张的气焰。收复失地的福康安并没有调转马头，而是又率汉、满、藏、索伦各族战士组成的六千清军翻越喜马拉雅山，直奔廓尔喀阳布（即今加德满都），并在热索桥等地的战斗中歼敌四千余人。

在反攻进行之前，乾隆皇帝曾经多次叮嘱福康安，一定要等到索伦兵到达后才能组织对廓尔喀军队的全面反攻。乾隆皇帝口中的这支神兵主要是由索伦部落组成的军队，索伦在满语中的意思是"先锋""射手"，索伦部族其实是由生活在黑龙江的嫩江流域的鄂温克、达斡尔和鄂伦春等民族组成的混合体。

真理永远在大炮的射程之内。面对神兵天降，廓尔喀国王早已逃往邻近英属印度的边境地区。摄政王巴哈都尔·沙阿向英属印度当局求援，当时英国的马嘎尔尼使团正在访华，并渴望从清王朝获得更大利益，便断然拒绝了廓尔喀的求援要求。走投无路的廓尔喀于是向福康安乞降，并承诺归还所抢掠的扎什伦布寺全部财物，送还并废止西藏噶伦所立的每年交给廓尔喀三百锭白银的赎地款的文约。在这样的基础上，乾隆皇帝下令接受廓尔喀的乞降，命福康安向廓尔喀王传旨："赦其前罪，准令纳表进贡悔罪投诚。"

随后，清军撤回西藏境内。8月，廓尔喀国王遣其专使携带认罪表文，并备乐工、驯象五头（其中两头分赐达赖喇嘛和班禅大师）、孔雀、象牙、犀牛角、金银珠宝等贡品，到北京投诚进贡。乾隆纳贡，并封喇特纳巴都尔为廓尔喀国王，封其王叔摄政为公爵。

曾经被廓尔喀人吞并的锡金也趁此复国，与廓尔喀一同成为清朝的藩属，制衡廓尔喀。

八月底，战争胜利后，清军撤兵回到吉隆。九月份，福康安就接到了乾隆皇帝的谕旨，就当前和下一步工作进行了具体安排。"热索桥以南福康安攻占廓境诸地本应定为后藏与廓边界，但念廓尔喀悔罪投诚，仍行赏还。热索桥以内的吉隆、聂拉木、宗嘎本属藏地，前此被廓尔喀侵占，现经收复。故藏廓边界定在吉隆、聂拉木以外，廓尔喀人不得尺寸擅越。如有私行逾越者，一经拿获，即行正法。廓尔喀遇有遣使进贡献表等事，当先行禀明藏边守官，听候知照方准入境。应照此明白晓谕，并定立鄂博章程，庶可永断葛藤，肃治边界"。

于是，打胜仗的福康安并没有马上离开，为保疆界再无藤缠混乱的情况，重新勘探西藏与尼泊尔的边界，并一一用石头堆起界桩，设立"鄂博"。同时，驻藏大臣按四季二人轮流亲自前往吉隆、聂拉木等边地稽查。第二年，边界清查确认工作完成后，清廷批准了这次划界。正月时分，福康安的工作汇报快马加鞭呈到了乾隆皇帝的御案前。

福康安主持，派穆克登阿与西藏第巴赴边开展的这次定界工作，是有清中央政府参加的中尼之间首次定界。在设定完12处界桩之后，双方还在会谈的基础上制定了边境管理办法，规定尼泊尔"商人每年准其来藏三次"，事先须"报请驻藏大臣衙门发给印照"，各地官员需"查验印照"。

廓尔喀表示将"永远遵奉"。廓尔喀国王拉特纳巴都尔还给班禅来信，说："从此以后两家依旧和好，永远不敢滋事。"

为了纪念这次的胜利，清王朝刻立了《御制平定西藏碑》，以满、汉、蒙、藏四体文字镌刻，详细记述了清政府此次平定廓尔喀人入侵的经过。平定廓尔喀后，乾隆皇帝也完成了自己一生的征战，作《十全记》以纪其事："十功者，平准噶尔为二，定回部为一，扫金川为二，靖台湾为一，降缅甸、安南各一，即今二次受廓尔喀降，合为十。"

廓尔喀战争后，为完善西藏行政体制，乾隆帝指示福康安等人，"将来撤兵后，必当妥立章程，以期永远遵循"。八世达赖强白嘉措也表示："我蒙大皇帝……将藏中诸事立定规条，使僧俗永沾利益，共乐升平，感颂恩慈，难名钦服。惟有督率噶布伦、堪布喇嘛等，谨遵善后各条，事事实力奉行，一切事务悉由驻藏大臣指示办理，藏地大有裨益，黄教更可振兴。"双方共同订立了包括以"金瓶掣签"认定达赖喇嘛、班禅喇嘛与各大呼图克图的转世灵童等多项内容的治理西藏章程。1793年，将章程部分条款汇编成《新订西藏章程二十九条》(又称《钦定藏内善后章程二十九条》)，并翻译成藏文，颁行全藏。章程对西藏的宗教事务、外事、军事、行政和司法做出了详细的规定。

随后，福康安等将章程送达赖喇嘛和济咙呼图克图，并行文强调："务须依章程条款，立即晓谕各噶伦、代本、宗豁，咸使周知，永远遵行。如仍有照旧违抗者，定予严惩不贷。"驻藏大臣衙门也将章程翻写藏文，刊刻出示，全藏各处张挂，晓谕穷乡僻壤。

《钦定藏内善后章程二十九条》主要围绕确立西藏地方的主要制度，提高驻藏大臣权利和地位，特别是加强掌管外事职权，达赖喇嘛、班禅额尔德尼转世认定办法改革等明定条款，明确规定了中央政府拥有管辖西藏地方的政治、宗教、军事、行政、外事、司法等各方面的最高权力，并以法律形式予以固定。

《钦定藏内善后章程二十九条》第一条便规定："达赖喇嘛和班禅额尔德尼为黄教教主……嗣后认定转世灵童，先邀集四大护法神初选灵异幼童若干名，而后将灵童名字、出生年月日书于签牌，置于金瓶之内，由具大德之活佛讽经祈祷七日后，再由各呼图克图暨驻藏大臣于大昭寺释迦佛尊前共同掣签认定……"之所以进行此项改革，是乾隆为避免"或受贿恣意舞弊""或偏庇亲戚妄指""或达赖喇嘛班禅额尔德尼暗中授意，令其指认"。在乾隆皇帝看来，大活佛转世中出现的不慎和舞弊现象，已经造成严重后果，引发内部财产权位纠纷，甚至不顾大局，招引外族为患。他断言道："如此谋利舞弊，则不但不能振兴黄教，而反致于坏其教。"接到皇帝关于必须实行金瓶掣签的诏书后不久，八世达赖颁布全藏《水牛年公文》。从此，开始实施金瓶掣签法，达赖喇嘛、班禅额尔德尼及各大呼图克图之呼毕勒罕，须经请示清朝中央政府掣签挑选和批准。

清宫《活计档》详细记载了用于金瓶掣签的"金奔巴瓶"制作过程。金瓶于乾隆五十七年(1792年)七月初一日，由清宫造办处制作，九月初二日完成一只,选特派专人送去拉萨。驻藏大臣和达赖喇嘛等藏地僧俗各界人士热烈迎供。福康安等奏报乾隆皇帝的奏折中反映了达赖喇嘛欢欣感颂道:"呼毕勒罕转世,递衍禅宗,关系郑重,今蒙大皇帝振兴黄教,惟恐吹忠等降神作法指认未真,致有流弊,特颁金本巴瓶,钦差御前侍卫等赍送,卫护佛门,实已无微不至,我实感戴难名,嗣后惟有钦遵圣训,指认呼毕勒罕时虔诚诵经,于大众前秉公拈定,庶使化身真确,宣扬正法,远近信心,阖藏僧俗顶戴天恩,无不感激。"

这一金瓶被送至西藏后,清朝又于乾隆五十七年(1792年)十月二十六日再制一金瓶,供于雍和宫,用以掣定蒙古各部寻访的大呼图克图转世幼童,以此断掉蒙藏上层借活佛转世等缘由,以宗教身份私相进行政治联络的渠道,规范了宗教秩序,安定了政教大局。

自此,藏地政教安定,边界秩序晏然,廓尔喀也认清摆正了自己的位置。为休养生息,予民以宽和,八世达赖喇嘛向驻藏大臣说,西藏百姓"系大皇帝之百姓","意欲推广大皇帝普惠百姓之皇仁,将所属唐古忒百姓本年应纳粮石,及旧欠各项钱粮,概行豁免,以期恭祝大皇帝圣寿无疆"。班禅额尔德尼也采取了同样的豁免措施。驻藏大臣也在清中央政府的支持下,查明民情,减租免役,革除弊端,并制定《抚恤西藏贫民百姓章程十条》。松筠、和宁等驻藏大臣分片包干,进行宣讲,落实政策。同时,实地巡边,查阅边防,慰问边地,下令停征一些苛捐杂税,招抚离散百姓,维修坍塌房屋,救济贫苦百姓。通过一系列抚恤活动,重新招回安置因廓尔喀侵扰而离散的百姓一千一百余户。此外,清中央政府又捐助前藏百姓白银三万两,后藏百姓白银一万两;豁免西藏辖属三十九族民户应交纳一年贡马银,使西藏百姓休养生息,逐渐恢复和发展生产生活。

窥视西藏：英帝国对西藏的觊觎

大航海与地理大发现，使欧洲于地球一隅而成世界枢纽，英国更是通过海洋把贸易、殖民、侵略的触手伸向各地。

地处亚洲内陆，喜马拉雅的西藏，与位于欧洲西陲的英国，原无任何关联，却随着英国殖民扩张的脚步，在历史的转角陡然相遇。

1608年，英国东印度公司的船只抵达印度西海岸，英帝国满附吸盘的章鱼触手已经绕过好望角，从遥远的大西洋伸到了印度洋，伸向了亚洲。而随着印度的快速陷落，英国殖民者在喜马拉雅南麓悠闲地喝着下午茶时，也把贪婪的目光投向了北麓的中国领土——西藏。

1757年，孟加拉成为英属印度的一个省，这里南向孟加拉湾，北临不丹，穿过峡谷，绵延不绝的雪山之后便是世间传说的秘境雪域；再向北走，那个神秘的圣城拉萨就屹立在雅鲁藏布江北部。

为了制造冲突，挑起入藏事由，六年后，接任孟加拉总督的沃伦·黑斯廷斯派军介入西藏藩属不丹与孟加拉土邦库赤·贝哈尔的冲突。六世班禅派遣使来到印度，希望黑斯廷斯居中调停。黑斯廷斯认为这是进入西藏的绝佳机会。于是，任命所谓与西藏人打过交道的"西藏通"乔治·波格尔为特使，英国医生亚历山大·汉密尔顿为其助手，前往西藏。

黑斯廷斯对出使主要目的特别指示是："开辟从不丹到拉萨以及西藏最远方的商业联系。"争取前往拉萨，与西藏建立"联系"；搜集与西藏有关的政治、经济、物产、风物等方面的情报；携带英国货物清单，试探英国商品在西藏销售的可能性，并在沿途收集牦牛、核桃、人参等英国人感兴趣的货物样本，搜集中国内地、西伯利亚、克什米尔等地的情报。

1774年5月，波格尔一行离开加尔各答，很快便到达不丹，见到了六世班禅的特使。然而，特使给了波格尔一封信，告知他：西藏是大清领土，禁止任何外国人进入，这也是大清皇帝的意思。不甘心吃闭门羹的波格尔找到了不丹德布王游说班禅，但德布王并不买帐。便以考虑对不丹重新使用武力为要挟，来到了日喀则。

走了整整6个月，波格尔一行来到日喀则，并见了六世班禅。尽管波格尔用尽机巧，甚至学着藏族穿藏袍，但六世班禅始终没有允诺与英国通商。5个月后，波格尔离开了西藏。临行前，六世班禅特意请他转交一封致黑斯廷斯的信，再次郑重声明：西藏处于中国皇帝的绝对统治之下。

看到信后的黑斯廷斯不会放弃。1783年春，黑斯廷斯又以祝贺七世班禅坐床的名义，派其堂弟、东印度公司的武官塞缪尔·忒涅等人，根据几年前波格尔书中所记的路线，边走边用测绘仪器绘出了他所经过的入藏路线。后来，他出版了一本记述此次行程的书《出使西藏与不丹记》，其中写道：英国同中国建立关系的一个坚实基础，就是先同西藏建立关系，因为唯有通过西藏，才能到达北京。

忒涅测绘的脚步同样未能走到拉萨。高原炙烈的阳光下，忽然出现这样一位白人，是不难被辨认出来的，忒涅也被扫地出门。

阳光大道走不通，便实行奇技淫巧。东印度公司驻广州商馆的曼宁医生便向印度总督毛遂自荐，1811年，曼宁来到不丹与西藏的边界。然而，他并不急着通关，而是提着手提箱钻进了茂密的原始森林。不一会儿，一个身穿中国长衫，下巴有着假胡子的"中国绅士"走了出来，他拿着贿银，通过了关卡。

12月的拉萨街头，已经不见那位身着中式长衫的绅士，难道他又被追回，打道回府；还是不耐高反，半路而亡？

这时，八廓街的转角，忽然走来一位身穿藏袍、脑门锃亮的僧人，显然，他比八廓街转经的人们高出了一个头，一身藏袍穿在身上也显得那么的别扭。他声称自己是一个虔诚佛子，自幼对拉萨充满了向往，从遥远的印度前来朝佛。

又过了一段时日，拉萨街头又多了一位高度近视，戴上一顶礼帽和一副老花镜的老中医，操起了自己的老本行，并以行医治病为幌子，广泛搜集情报。后来领兵入侵西藏的荣赫鹏便对曼宁的情报工作大加赞许。

很快，清政府驻藏大臣衙门和西藏地方官员便发现，这位"老中医"白天问诊，夜间总是用六分仪夜观天象。什么行头都掩盖不了曼宁特殊的身份了，便被驻藏清军驱逐出境。

英属印度和中国西藏之间隔着巍峨的喜马拉雅山，也隔着一个尼泊尔王国。

在从印度通往西藏的路上，冬天喜马拉雅山大雪封山，只有夏季才有几个贸易通道，但是积雪融化、道路泥泞、高山密林，让道路通行十分艰难。1802年，英国代表出使尼泊尔，当他碰到全长18公里的峡谷时，反复绕了二十二次才得以通过，这让英国人望山生畏吧。所以，他们想了一个折中办法，将加德满都作为入藏贸易的中转站，建立了一条"孟加拉——加德满都——中国西藏"的贸易通道。

于是，英国的3万军队开进了尼泊尔。

彼时的尼泊尔，正在廓尔喀王的带领下，和远到的英国殖民者抢食，一口一口蚕食着西方腐朽的莫卧儿帝国。双方首先在尼泊尔南部的特莱平原相遇，开始了长达两年的"英尼战争"。最后，这个农业小国败给了工业帝国，尼泊尔丧失了最肥沃的7万平方公里的平原地带，一个冉冉升起的"廓尔喀帝国"就此陨落，他们再次被阻隔在加德满都谷地。

为了迫使尼泊尔不会阻挡他们继续向北入侵的计划，英国在战后的《萨高利和约》中提出："尼泊尔承诺除非在英国政府的授权下，不得服从于欧洲国民，或任何欧洲和美洲的国家。"

此后，英印测绘局皇家工程协会的蒙哥马利上尉干脆在印度台拉登设立了一所特殊学校，作为培养潜入西藏的间谍基地。他们不再使用难以掩饰的鹰勾鼻，而是从世代生活在喜马拉雅南麓不丹等地，使用藏文、信仰佛教的菩提亚人中招收了130多人，他们的课程是精密测绘仪器的使用，托钵僧、朝觐者或商人的化妆。

"菩提亚人"，这个很小众的族群，和西藏有着密切的关系。据传，他们是松赞干布于公元643年，援助尼泊尔国王纳伦德拉的骑兵后裔，后来滞留生活在喜马拉雅南麓的西孟加拉邦、尼泊尔、锡金、大吉岭地区都有分布。"塔芒"是藏语"骑兵"的意思，他们以"塔芒人"为族名。因为他们的祖先来自西藏，菩提亚人也是南亚人对于藏族或与藏族有关的族群的统称。他们大都说藏语，信仰藏传佛教。

经过两年的日夜操练，首批来自喜马拉雅山南麓的学生学会了使用六分仪和罗盘，观察水的沸点估测海拔高度，甚至连走路的步伐都要按照一步一米的习惯来养成，以便以脚步测量距离。无微不至的英方为他们准备了入藏的行李，这些行李都经过夹层设计，衣物有暗兜，方便藏仪器。

1864年，这些"朝圣者"跟随商队，一步一步朝拉萨走去，他们白天虔诚地手摇转经筒，待到星星一颗颗冒出来，当其他人还流连于篝火，他们便钻进四下无人的帐篷，熟练地拧开转经筒，取出里面的一卷纸。他们抽出的一卷防水油纸上并没有一个字的经文，而是一串串数据。

收拾完行李，他们又和商队上路了。只是，他们与其他僧人一样，不停地反复拨弄着手中的念珠。只是，这些"朝圣者"的念珠比较特别，不是108粒，而是100粒。这保证了他们不论是上山、下坡，还是在平地行走，只要保持步长不变，一边走一边数念珠，都可以精确地测算出他们走过的距离。

两年后的年初，蒙哥马利培养的第一个"朝圣者"纳恩·辛格走到了布达拉宫脚下。在这里，他仍然要在白天记录20次太阳定位数据，夜间要记录16组恒星位置数据。通过记录水的沸点，测定拉萨的海拔为11699英尺（约3566米）。经过3个月的信息采集，辛格在前来接应商队的掩护下踏上了归程。

从喜马拉雅山脉的印中边境，到布达拉宫脚下的2200公里，他不但在前人的基础上，为英国后来侵入拉萨踏勘了一条完整、详细、准确的路线图，详尽到每处山口的位置、坐标、海拔等。在他来的路上，有一段被劫匪盯上，他不得不骑马逃奔，在回去的路上，他又用一步一米的神奇走位补充完善了那一段的数据。就这样，他用走一步，拨弄一颗念珠的方式，所标注的拉萨位置，与后来经过精密仪器标注的位置相关竟然不超过半个纬度。

就这样，人类第一次以如此不可思议的方式，把那个传说中遥远东方、雪山之下的圣洁秘境标注成为了一个数字，定位在了这个星球之上，并被英国狂热分子盯上。

世界再无隐秘之地。

蒙哥马利终于得到了他的猎物，他兴奋地给英国皇家地理学会写信，推荐辛格为会员，但被无情地拒绝，只是给他授予一枚奖章，并打发了一点物质奖励，其在穷困潦倒中度过了后半生。

森巴战争：另一场"鸦片战争"

2020年6月，一个张开双臂，阻挡来犯之敌的雄姿感动了许多国人。面对气势汹汹的来敌，他从容淡定地喊着："这里是中国境内，你们已经越界，马上退回去。"在祖国的最前沿，他身负重伤还不忘自己的使命，鲜血染红了战衣，也丝毫没有退步，一直在斗争之中，直到已昏迷了才被抬下去。他，就是卫国戍边英雄团长祁发宝。

边境无小事。西藏地处祖国西南边境，这里历来是国家安全的重要屏障，也是西方某些敌对势力眼红之地。

位于喜马拉雅山间的中国西藏与大西洋北缘的英帝国，远隔山海，并无瓜葛，但随着英国殖民扩张的边界不断扩大，两地在历史的转角骤然相遇，特别是自从英尼战争胜利之后，英国人实际控制的殖民地区域开始与中国西藏接连，在把坚船利炮布列于东南沿海的同时，他们也企图从西部陆界撕开一条口子。特别是19世纪40年代，英属东印度公司势力扩展到印度西北，扶助山区一个名叫道格拉王室的小邦取得对克什米尔的统治，并置之于自己的监护之下。于是英国的侵略矛头伸入到拉达克和喜马拉雅山的西段。

1841年，在英国发动第一次鸦片战争之际，英帝国也把侵略的触手伸向了西藏。

在帝国的东印度公司暗中支持下，从印度锡克族的属部之一道格拉族统治者那里武装了一支军队，悄悄开拔到了阿里西部，把战火烧到普兰，几近于阿里全境。

因西藏把这一部族称之为"森巴",历史也记作"森巴战争"。

据《拉达克王统记》载,道格拉军在进军前,曾考虑将新疆的叶尔羌和西藏的阿里同时作为目标。后考虑到叶尔羌道路遥远,中间隔着荒漠,危险性大。而阿里则较近,于是选中阿里。

1841年5月,东线的鸦片战争打得正酣,英军猛攻沿海重镇广州城。以佐拉瓦尔·辛格为总司令的森巴军队谎称入藏朝拜冈仁波齐神山,这一拜便是7000余人,他们不带香火,而是暗藏军刀,兵分三路,潜入阿里。

一到阿里境内,一路烧杀抢掠,一个个寺庙、村庄被毁。

清政府指示驻藏大臣孟保和海朴"进兵攻剿,痛加惩创",将侵入我国西藏的外国势力赶出去。

在驻藏大臣孟保和海朴的督促下,共派出3000余藏军,向阿里奔驰而去。在班禅额尔德尼等西藏上层人士的动员下,拉萨的群众也积极行动,不畏艰险,赶在大雪封山之前,将粮饷运到前线,孟保也从武库中取出劈山炮2门交付藏军。

两军于玛旁雍措附近交战。

高原的冬天异常寒冷,大雪封山,森巴军队后援断绝,粮草已经不能维持需要。佐拉瓦尔·辛格以为藏人不可能在冬天救援阿里,但他万万没有想到藏军趁大雪在玛旁雍错南岸突袭森巴军。

藏军在玛旁雍错的南岸与入侵者奋战三天。侵略军总司令佐拉瓦尔·辛格被藏军火绳枪击中腿部落马,几名藏军士兵围住了这个魔头,但他仍提着战刀砍杀不屈服,被藏军士兵蚌米玛用长矛刺透胸膛,随后被砍下首级。

此战杀敌240名(包括敌酋佐拉瓦尔·辛格),俘虏700多人。夺获大炮两台,取得重大胜利。其余敌军狼狈逃窜。

此后,在清朝驻藏大臣和西藏地方军民的坚决抗击下,几战几捷,于1842年2月肃清残敌,收复了阿里失地,巩固了边疆稳定,解除了西顾之忧。其后40年内,英军没有自印度、锡金、不丹、尼泊尔直接入侵西藏。这与西藏人民英勇反击森巴入侵战争的胜利有着直接的关系。

见阿里前线形势再度吃紧,西藏噶伦久美策旺班觉率领援军翻山越岭，昼夜兼程赶来增援。然而，高强度的行军加上之前的连续作战和操劳，让他的身体已经到了极限，就在行军的马背上，他"因忧劳过度，以致呕血，立时身故"。久美策旺班觉为保卫国家领土、抵御外辱而献出了生命，他和关天培、陈化成一样，都是永远值得纪念的中华民族的民族英雄！

　　森巴战争与鸦片战争几乎同时爆发，一西一东，共同打响了中国军民抵抗外来侵略的战争。

森巴战争　另一场"鸦片战争"

一体多用：佛教入藏本土化进程中的多重面孔

回溯西藏，绕不开佛教自身本土化的进程，及其作为独特的文化形态，对西藏在社会进程、风俗习惯、民族心理、思维方法等多方面带来的影响。

历史是一个进程，我们都生活在历史绵续的延长线上，这条线曾串连起了诸多的发展要素，使人类告别了蒙昧无知，逐步走上了神话神学、哲学和科学的时代。同样，在对历史充分尊重的基础，以历史的眼光来看待佛教演进，而不是以佛教史观来说明历史，跳出先入为主的视角，才是正确的历史观。

纵观佛教传播的东向汉传佛教、北传的藏传佛教，及南传佛教，走过了不同的传播路径，也衍生出不同的形态，包括在进入西藏的过程中，也发挥了不同的历史作用。

第一重身份：文明的使者

松赞干布子承父业，极大促进吐蕃统一，并主导了吐蕃的空间整合、中心转移、对外交流，使吐蕃在前续赞普基业的基础上，实现了一个破茧成蝶的华丽蜕变。当王国的疆域已经突破腹心的雅砻河谷和拉萨河谷，吐蕃的山河便与大唐、西域、天竺等盛大文明之地相接。如果说，之前民间文明交流是沿河而上的探源,松赞干部则是开启了顺河而下的追索。

当这只破茧而出的蝶振翅而飞的时候,它所依生的枝丫已不能满足维生,吐蕃王室面临的使命与之前大不相同,它不再只是需要苯教来维系一方,从这只蝴蝶已经看到的广阔世界来看,植根本土、王辛同治、权力已深的苯教,从其理论体系、运行模式和权力固守等方面来看,都渐趋保守。而且,这种王辛同治的权力结构,类似封建王朝的中书、门下、尚书三省制,王令出于中书决策机构,须经苯师这一审议机构,方达尚书这一执行机构。加之,在苯教的观念中,赞普和勋贵都是天神兄弟,这种观念并不是凭空产生的,它符合当时的部落联盟特征。随着松赞干布祖孙三人的强力开拓,雅砻悉补野王族已然鹤立鸡群,自然会要求一个新的身份认定,这种身份认定无疑是需要更加强调尊卑等级秩序的。更何况,或许正是出于这种苯教观念下王贵同阶的联盟思想,一些权威具足的贵族在赞普袭位等问题上反复使乱,加之苯教因循既久的保守气质,随时紧勒着松赞干布座下马缰,这都不利于新整合的吐蕃政治安定,也不符合新形势下的吐蕃政治需求。

文明传递像一条自由流淌的河,在历史宽广的河床中漫流浸润。佛教和更早的印度教、耆那教徒都把冈仁波齐奉为神山,他们成为除了苯教徒以外,源源不断前往朝圣的香客,自然早已将佛教的信息带上了高原。据载,早在拉托托日年赞时期,"城堡雍布拉康宫顶自天降下《诸佛菩萨名称经》、肘高金塔一尊、《宝箧经》《佛说大乘庄严宝王经心要六字真言经》、枳巴末尼雕碗、牟陀罗印等。"同时,空中有神喻曰:"五世之后将领悟其意。"拉托托日年赞虽不知其中之义,仍供奉于宫中宝库,并起名为"年波桑哇"(玄秘神物之意)。据说此王也因此得以益寿延年,被认为是普贤菩萨的化身。敦煌藏文文书记载"是从天飘落的一卷经文"。

这一故事当然有后续加工和神话的成份,但说明当时已有印僧前往吐蕃,带来一些圣物,译出部分佛经。并非拉托托日年赞未解其意,而是被其后四代赞普束之高阁,也未对当时吐蕃臣民的思想观念、行为模式和苯教权威产生任何的影响。佛教史家和神话传说从后向前看,容易将既成之果倒转为必然之因,借以强化自身观点的天命正确性,五世之

一体多用　佛教入藏本土化进程中的多重面孔

后出世的赞普为松赞干布，在他深接四方的征战过程中，佛教已经在世间广为流传，这一文化之雾从四方笼来，难免不被松赞干布所注意。

松赞干部在实现疆域统一的过程中，一半是雄杰的心，一半是求知的心，十分重视从周边民族吸取先进文化。松赞干部环视四周，四围皆有佛教流传，他的目光无法回避得开这一文化形态的吸引。于是，赞普的视野从苯教的影响中获得解放，他开始建立起一个更为宏大的世界观，渴望改变吐蕃政治、社会、文化形态的赞普开始与周边民族深入交流，在创立文字、制定官制、发展百工等变革之外，开启了对吐蕃具有深远历史意义的一件大事——引进佛教。

松赞干布的主要做法是"两路联姻"。先与尼泊尔联姻，取国王盎输伐摩（亦称"光胄王"）的女儿布里库提，后称"赤尊公主"，携来释迦牟尼八岁等身像等；后与大唐联姻，迎娶文成公主，携来释迦牟尼十二岁等身像，以及百工、良种和多类典籍等。由此一来，也接通了大唐与天竺联系的又一国际通道。

公主入藏后，为供奉圣像，各建大昭寺和小昭寺。松赞干布也在拉萨四周建四边寺，之外再建十二座小寺，并由大王后等仿效佛陀修行法，择山野田苑建立若干修定道场。除此之外，组织汉、藏、尼等人开始翻译《观音六字明》《宝云经》《吉祥天女法》等佛学典籍；依佛教十善戒，规定杀人者抵偿、斗殴者惩罚、欺妄者割舌等法典，并规定十六条人道伦理法，第一条就是"敬信三宝"。

有趣的是，我们熟知的唐僧西天取经故事，在历史上的玄奘西天取经是在贞观元年（627年），回到长安的时间是贞观十九年（645年），这一时间段，也恰是松赞干布执政期间，不知松赞干布派出的觉士，是否听闻有一位大唐高僧，也曾和他们一样，为文明的衔种而来。玄奘西行，除了宗教交流成果之外，还在回国后著书《大唐西域记》，是研究中亚、南亚地区古代史、宗教史和中外关系史的重要文献。正是经由这本著作，后世考古工作者才在古老的印度大地上按图索骥，发掘出了鹿野苑、菩提伽耶、兰毗尼等众多佛教圣迹，甚至现今印度国家的象征——阿育王柱的石柱头，也是依此史料详实的记述发掘而出，印度国旗的图案和国徽便依此而作。似乎，那个时代与我们今时无异，不同文明之间的交流、对话和借鉴从未停歇，这种交流对话不但跨越了地理的边界，也似乎在冥冥之中跨越了时间的边界，这便是文化的伟力。

此时的佛教入藏，更多是作为一种文化载体而来，虽然建立了一些导善除恶约律，但鲜有藏族僧尼出家，发挥的作用极其有限。

第二重身份：王政的护盾

当一代雄主松赞干布逝世，吐蕃向外开拓的实力已盛，实权依然把持在苯教贵族重臣手中，吐蕃君臣的主要精力仍在开疆拓土上。噶尔东赞等先后征服后藏和象雄余部、白兰部、吐谷浑等，这是一位务实的军政官，他所关心的并不是佛教，而是学习唐朝政治制度，主要精力都在设立官职、划定田界、改革税制等世俗政务方面，比如，创立了"茹"这一吐蕃历史上最早的行政区划，又设置"奎本"为这些军政合一地区的行政长官。佛教除了日常香火，似乎并无多人问津。

在公元6～7世纪间，中亚突厥等族还尊称唐太宗李世民为"天可汗"，向唐朝称臣纳贡，并以接受唐朝封号为荣，与西藏阿里毗邻的西域诸部祆教、佛教、印度教等多元并立。公元704年，屈底波担任大食国，即阿拉伯倭马亚帝国长官和将军，便开始了他长达十年疯狂的圣战，大批中亚于阗僧侣会合并向吐蕃避难，赤德祖赞和金城公主为其修建七座寺庙，收留供养他们，为发挥其所长，组织他们从事佛经和天文、历算、医药等书章的翻译工作。与他们一同参与这项文化工作的，还有赞普专门到中原迎请的高僧。

佛教又开始在赞普的治下活跃起来。直到赤德祖赞晚年，仍派随同金城公主入藏的汉僧后裔，禅师桑希等四人前往中原取回《金光明经》和一些小乘律典、医学书籍。于是，趁赤德祖赞逝世，其子赤松德赞年幼，信奉苯教的大臣便将桑希、巴·赛囊等人贬到芒域（今日喀则吉隆）边地，并发布了禁佛命令。

此时的苯教大臣已成架空王权之势，成年后的赤松德赞将开始进行反击。他把连年的天灾、饥荒、瘟疫等归罪于权臣灭佛所致,坑埋了仲巴结、流放了达扎禄贡,废除禁佛之令,恢复译经工作。

被贬到芒域的巴·赛囊并没闲着,他利用难得的闲时和就近的方便,前往天竺大菩提寺和那烂陀寺朝圣,并在尼泊尔见到了佛学大师寂护。在巴·赛囊的举荐下,寂护入藏,创桑耶寺,巴·赛囊也成为其最早剃度的"七觉士"之一。这便是历史发展进程中绕不开的偶然与必然之命题,因这突然的贬抑,有了偶然的相遇,带来巍然的成就。

寂护是当时印度瑜伽中观派的创始人,他的教理带有浓厚而又艰涩的经院派味道,对于深厚的理论学说还未起步的吐蕃来说,既难以被当时的大众所接受,也不符合王室的现实需求。加上当时苯教徒的反对,寂护无奈离开了吐蕃,并推荐了莲花生入藏。莲花生充分认识到苯教的社会和群众基础,并没有急于崇佛抑苯,而是努力融合二者,苯教的神灵穿上佛教的外衣,不断吸收融合到佛教诸神中,藏传佛教开始走出一条不同与其他传承路线的本土化特征。

而随着佛苯之争的结果宣布,以及桑耶寺这座拥有独立财产寺院的建成,藏族人出家的僧伽制度从此形成。桑耶大寺的建成使佛教在吐蕃的进一步传播有了一定的组织基础、社会基础和理论基础。

其后继任的赤德松赞和赤祖德赞,更是以此为基础,培植自己政治势力,使佛教上升为国教。赤德松赞命令长子臧玛出家,赞普子孙都要以善知识为师,规定新任王妃、大臣都须为立誓之人。大规模的译经开始与统一体例、规则、译语的藏文规范化改革同步开展。"七户养一僧"的制度颁布,寺属庄园制度确立,崇佛仪轨开始设立,僧官和僧相地位仅在赞普、王妃和小邦王子之下。"七户养一僧"制,并不是一个僧人到这七户去化缘,而是七户将供养折算为财物,定时定量地送到相应的寺院,这不仅仅是一个信仰体系,更是一种经济和税赋制度,"王政治理+寺院经济+信仰体系+意识形态"模式在吐蕃得以确立。这意味着,佛教在此际所发挥的功能,已不仅仅是松赞干布时期比较模糊的道德约束,它已开始全面渗透吐蕃上层和底层的社会生活,并以一种新的方式将两者建立起了体系化联系,而维系这一联系的场所和阵地就是大大小小的寺院。

直至吐蕃的后裔们在阿里开启藏传佛教后弘期的上路弘法,也是把佛教的政治化功能发挥到了极致,通过佛教引入,提升了统治力。当然,他们汲取了先王们的教训,创造了族内传承体系,古格王朝的这一构架,被萨迦派抄了作业,并逐步被续传开来。以至于元朝在划分十三万户之时,居然有一半都是以教派为核心所划定。值得注意的是,当时元朝划分十三万户,并不只是凭空的创造,首先是对现状的认定,是基于对各地方势力认可基础上的权力平衡,也最真实地反映了当时西藏社会发展的状况,不论是其区划范围、民户数量,还是划分依据、当权主体等等,都向我们传递了属于那个时代的秘密。

总的来看,这一时期,佛教发挥了辅翼作用,借助佛教组织能力、理论体系和等序仪轨,王室有了一支可完全掌控的新生政治力量,并通过建立与群众的广泛联系和供养关系,有了广泛社会动员能力,以及新的意识形态体系。于是,吐蕃的政治社会体系不断被重塑,已不再是苯教主导下的早期模样。

第三重身份:古典的追忆

经过长久的佛苯之争,以及由此引发的吐蕃的覆亡,佛教沉寂了一个半世纪之久,当吐蕃的王孙建立阿里王系之时,他们与赞普外戚的阿里贵族一起,都陷入了对吐蕃古典政治的追忆,共同迎接佛教的回归,重塑吐蕃的政治体系。

此时的佛教和苯教都已失去吐蕃王权这棵大树的依凭,当他们再次以复兴者的姿态进入藏地之时,古格的国王一开始就将佛教作为新的政治建构辅翼,带动藏地民众一同唤起对吐蕃那个古典时代的追忆,这是他们天然的政治优势,也是他们巨大的政治资本。他们同样开始修建寺院、设置译经场所、引进南方高僧、发布兴佛诏令、恢复盟誓制度、命令王子出家、制订僧俗律法……使其牢固于阿里的同时,也使佛教的种子如同微风吹拂的蒲公英,飘向了吐蕃各地。

古格以开放的姿态对待了这一进程,并乐于在四方来朝中享受这一荣耀。所以,他们包容不惜重金请来的阿底峡前往卫藏、也欢迎卫藏各地的僧俗前来阿里学习,形成了一个基地和大后方,这以"火龙年大法会"达到了高峰,并为佛教的新一轮多点全面爆发带来了极大的示范效应。或许,从这时起,阿里这一作为卫藏以西偏僻之地,才第一次真正以共同精神基础融入卫藏。

于是,萨迦、帕竹等派各领其精要,建立了政教合一的体制。与流淌着赞普之血的古格王系不同,他们没有那种先天政治优势,故而牢守着自己的一方天地,他们所建立的政教合一体制,更加鲜明地依凭于某一教派,他们在俗权和教权中都掌握着绝对的话语权,并在血统和法统中都保持着绝对的族内纯净。不论是萨迦派的父子、兄弟、叔侄传承,还是帕竹绛曲坚赞明确规定的不许与外族通婚的政令。同时,他们发布的政令也都宣称是由吐蕃英明之政化导而来,绛曲坚赞的"十三善法"源出松赞干布的"十善法",等等。举出赞普的贤政和佛教的善旗,呼唤一个美好时代,属民自然身心归附。

不同之处在于,古格王朝的佛教从一开始就在王朝的系统构架之下,掌握资源调配的他们没有危机感,而以政治社会构建要素之一开始,把佛教纳入复兴吐蕃的伟大梦想。所以,在古格始终没有出现以地域为名的教派,而卫藏之地则纷纷依其固有家族基业,创立或拉拢相关教派,建立自己的政教势力。这一点,与汉传佛教也有明显的不同。汉传佛教进入中国的东汉明帝时期,封建制度已经根深蒂固,儒家学说已被奉为独尊,籍助与两晋玄学的交锋,及大量典籍译成的成果,佛教渐与老庄之说融鉴,也不容易直接涉足皇室。佛教汉传过程中的分宗别派,是以理论体系作为首要标识,比如"唯识宗、三论宗、天台宗、华严宗、禅宗、净土宗、律宗和密宗",其中天台宗虽以浙江天台山为名,但亦因以《妙法莲华经》为根本的理论基础,又被称为"法华宗"。

除了古格王国治理之下,苯教仍然在受贬抑之外,佛苯开始在一个更为宽松自由的土壤滋生,苯教开始逐渐化归民间,并吸收佛学形成改头换面的苯教。于是,被吐蕃之后长时间王系纷争、军阀混战、底层暴动所割裂时期的藏地开始在新一轮的佛教文化引领下不断融合，藏民族共同的心理底色不断沉淀，新的思想共识和思维形式在形成。

有得必有失，伴随着外来文化的引入，在这样一个宗教话语权越来越重的过程中，佛教在涂抹藏传化颜料的同时，藏地固有的传统逐渐被掩盖了。如果以公元986年"嘎白惹大会"，古格王朝发布兴佛诏令为始；以1076年"火龙年大法会"为标志，佛教已在古格及前后藏地方有了普遍影响力。此间持续九十年的弘法，再次涂抹了苯教文化之光，藏地文化表达被系统化解读和重塑，使百千年的苯教文化几无言说之地。

早期人类对文化的创造过程是一个漫长的演进过程。而获得这一灵感的对象必然是赖以生存的自然，是源自对自然的代代观察、追问、敬畏和互动方式，早期苯教文化就代表了藏族先民的启蒙，虽然它也被赋予了某种神秘色彩，但其背后依然映射熠熠文明之光。比如，藏族先民对遍布西藏大地神山的封认，大都是源于江河之源，冰雪覆盖的雪山之地，是他们在对时空系统的观察中，认为宇宙生命体系的源头探索。当然，他们并不知道天外亦有天，他们看到的世界是不变的，人有生死代际，草有一岁枯荣，花有春发秋谢，可天还是天、山还是山、水还是水，这好比不断成熟的人回望前岁，总会觉得之前的自己幼稚可笑，人类早期的这种幼稚却是极有意义的。早期人类对世界存疑，除了外在的自然之外，必然由自然而回归自身的有机生命体，白天会亮、夜晚会黑，夏天会热、冬天会冷，他们发明了对季节的记录、对病痛的缓解、对情绪的表达，这便是历算、藏医、仪式的诞生。这当中，既有转山、煨桑等事天之内容，亦有医务、祭祀等事人之内容，伴随着生产生活经验的积累，在土生土长的地方缓慢生发，都是文明形态最原始真实的反映。当有一天，某一种外来文明系统忽然降临，这种原有文明秩序必将被打破。

人类文明发展进程中，每一个族群的图腾都代表着这一个民族的早期记忆和精神追忆。然而，随着佛教的引入，曾经被认为山神家畜的野牦牛让位给了大鹏金翅鸟，那些始创于藏民族的转山绕湖被套上了佛教的形式，无数守护藏民族原始信仰的山神化为了佛教护法神，佛教在形成藏传佛教的本土化过程之中，很大程度上重塑了藏族人民的原生创造，人们渐渐习惯了新的认知,却也迷失于这种新的认知。从这一层面来看,苯教并没有亡于吐蕃时期的佛苯之争,却不断消散于藏传佛教后弘期的演化中。

特别是对于主导这一进程的王室后裔、地方政权和世家大族来说,这一时期的佛教发挥了古典的追忆、政权的建构、社会的重塑等作用。

第四重身份:交流的纽带

1239 年,蒙古台吉多达那波在藏地放下屠刀的那一刻,他并没有立地成佛,而是立地迎佛请僧。事实上,他迎请的并不仅仅是佛僧,而是统一怀柔的联系纽带。

此时的佛教,已经在藏地生根开花,影响深达社会各阶层。面对这一既定的事实,阔端的想法是山不过来,我就往山的那一边走去。他充分尊重了藏地的历史现实、社会情况和民族心理,采取了统而不伐、和而不争、谈而不打的正确策略。阔端与萨迦班智达的历史性会谈,开启了西藏纳入中央政府有效治理的时代。

蒙哥汗、忽必烈和八思巴等人进一步深化了这一进程。我们充分肯定统一、安定、有序的历史大规律、主旋律和正能量,但仍然感到值得庆幸的是,彼时出现了如此多高瞻远瞩的政治家和利国利民的高僧大德。历史的筛子筛掉了那些畏缩逃避和固步自封的土渣,也留下了这些胸怀大义和敢于担当的金块。有元一代,西藏地方政教首领能够服从并支持元朝中央政府有关行政设置、官吏委任、户籍清查、税赋核缴、驿站支应等具体的执政措施,发挥了积极作用。

明清两代,注重发挥宗教首领在中央政府和地方政权之间的沟通联系作用,以及宗教在社会管理等领域的向善利导作用。元末明初建立并发展的帕竹政权,也能够积极主动归附中央,同心内化于两朝中央政府。明清两际,在充分发挥宗教向善济民作用的同时,也清醒地看到了宗教的时代局限性,对元朝的宗教政策进行了调整,通过对僧俗分别敕封、实行金瓶掣签、宣法执法平等等制度,既因俗而治、又严加管理,明确王权大于教权，僧人也不持有特权。

理性看待，毋庸回避，任何宗教形态的形成、发展和演化过程，都难以脱离特定的政治经济背景。看待宗教问题，不应只言宗教，而不顾其他。恰恰相反，宗教问题只有放在更大的社会系统之中，才能更加准确地明晰其地位与工作方法。同样，我们看待历史人物及其作为，也应当自觉跳出一人一事的局限，而将其置于历史的时空维度打量。唯此，才能更加准确区分其私德与大节、大业、大功之别，尽最大可能跳出个人的干扰，更加准确地评判其历史作为。依照这样的历史观，当我们回顾历史时，秉持"护国利民"之念，那些思大有为的政治家、军事家和佛学家，为中华民族交往、交流、交融作出了历史贡献，也为后来之人提供了有益的启示。譬如，萨迦班智达的抉择、八思巴的作为、宗泐的远行，等等。

这一时期，佛教及其首领，主要承担了中央政府与地方政权之间的联系纽带和积极促进作用，为中华民族的团结统一作出了积极的历史贡献。

第五重身份：权势的附庸

纵观这一时期，伴随教派林立的起寺过程，也是封建农奴制垒土之时。

随着吐蕃政权的崩溃，除少数王裔统治较为稳定的地区，原有的奴隶的依附关系自发解除，没有了"牧羊人"的他们无需再承担贡赋，贴在土地上的封印得以解除，自由解放的自耕农散布各地，虽然王室和军阀依旧在争权逐利，但底层人民有了难得的喘息之机，这无异于一轮休养生息，农牧经济渐渐得以恢复。由于农业经济的相对集约化、固定化和规律化，一批新的村镇开始逐渐壮大。

生产发展和人口增长、特别是人口集中化程度，是满足社会发育的基础条件，阶级分化开始孕育出一支新型社会力量，他们将以一种特殊的方式登上历史舞台，封建庄园主经济模式开始形成，政教合一的初始形态开始塑造。

各教派创立之初,或由吐蕃王室后裔和贵族势力一方在主导;或由某些高僧创立,后来被实力派接盘。而这一政教合一的过程,也并非一派和气,未免也有些狰狞。

12世纪末,达隆噶举创始人达隆巴·扎西贝就是以"调解争端"为由,把达尔域和绒两地收入囊中。其后,该派又以订立契约的方式,把卫藏南部一些自由民变为属民,这一操作使得松散的信奉和供养关系被固化,为其服役的属民由82户猛增至5000人众;朗氏家族也是借以调解达隆塘巴和止贡巴纠纷,扎巴迥乃才获得止贡巴承让丹萨梯寺寺主之位,并自此由朗氏家族世相袭承;主巴噶举派和蔡巴噶举派在创始过程中,强索明取,恣意勒索,甚至不惜以械斗等方式获取重利;萨迦派在获得萨迦寺建寺土地之后,逐渐使周边土地和属民归其统辖,至13世纪初,昆氏家族已在后藏拥有10大庄园,并在藏北拥有多个牧场;创建夏鲁寺和夏鲁派的杰氏,本为阿里象雄王裔,世代称臣吐蕃王廷,虽然效仿古格王,把俗事交予兄弟,投身于佛法修行,却始终以寺主身份摄持家族事务,并通过与萨迦派联姻巩固其势力,终获世袭夏鲁万户长职位,并以与萨迦派联姻之便,常私得大皇帝的赏赐,修缮夏鲁寺和家族支用。以至于元朝金字使者阿衮和弥林于1268年清查户口时,夏鲁万户竟是属众最多的一个万户。

割据时期的封建农奴主出入庄重的寺门与高大的家门之间,以控制寺院为手段,不断扩大积累资产,纷纷披着宗教的外衣,与僧侣集团合二为一。这种制度在萨迦政权时,由于"米德""拉德"的确认和划分,而成为法律层面、全域范围和阶级划分的定型。从此,自由民又变成了寺院、贵族和农奴主的农奴。

随着政教合一制度的逐渐稳固,寺院经济基础日渐庞大,僧侣阶层介入社会渐深,面对权力的诱惑,静修已越发困难。萨迦政权末期,四大拉章权力分化,随着利益分配不均,自身矛盾在不断积重难返的同时,也难以介入社会公平正义的裁判。当帕竹噶举和止贡噶举领地发生纠纷之时,萨迦教派想到的是与止贡派站在一起,削弱不断崛起的帕竹噶举势力，以托管为名，取其争议地。同时，推荐自己教派的候选人，加入对方教派继承教职，向对方教派高层掺沙子。当一计不成，便联合攻伐，或诱捕教宗，迫其交封印。这一切，也都活生生发生在历史之中。

进入帕竹政权中后期，政教治理进一步失序，若干宗派与地方势力相互同盟勾连，上演了一幕幕父子反目、主臣相杀、臣子互拼的局面。为了争夺势力范围，甚至不惜采取毒杀、请兵等极端行径。宗教日渐沦为权力的附庸、工具，甚至是帮凶。

甘丹颇章政权建立伊始，在固始汗铁骑兵威的震慑之下，世俗政权消亡，三大领主并列，宗派已经站在了资源配置的前台，新政权做的第一件事就是把最好的庄园分封给三大寺，以及相关属寺小寺，固化政教合一制度。

反观中原王朝，虽有崇佛之时，乃至设立帝师，但始终没有出现政教合一的王朝。究其原因，佛教于东汉渐入中土之时，以儒家为尊的大一统思想已形成二百余年，一整套明确行之有效的治理体系业已成熟，且有老、庄等诸家思想，先与佛教进行碰撞，给它来上几番整合。后经"三武一宗"灭佛，佛教也自觉建立了一套寺院和僧团规式，形成于唐代的《百丈清规》开篇就直白地说"丛林以无事为兴盛"。

同根共命：铸牢中华民族共同体意识的历史意义

从17世纪中叶至18世纪中叶，在康、雍、乾三位雄主的宏图大略之下，奠定了今天中国版图的大致模样，特别是加强了对边疆地区的治理。中国和中国化，是一个历史进程。大一统的过程，是基于人文地理、政治治理、文化融合的演进过程，这是时间的答案，也是历史的必然。中国民主革命的伟大先驱孙中山曾说："世界潮流，浩浩荡荡，顺之则昌，逆之则亡。"中国，是"四大文明古国"之中唯一仅存于世、传承有序、其脉未断之国，古埃及和古巴比伦文明早已消失于人类历史长河，其民族主体不知踪，现居于其地的族群，早已不是原先创造古老文明的主体民族。古印度是指公元前187年灭亡的孔雀王朝之前，其后便陷入了长期分裂，并被伊斯兰等多轮换血。中华民族则以其多元一体的向心力、包容力和凝聚力，创造了光辉灿烂的多元文化，且共生互动于中国这一母体，以其独特的文化面貌，屹立于世界民族之林。

当我们的故事即将告一段落之际，我们回顾故事中重要的一条主线，是中国中央政府与西藏地方之间的关系及其实践过程。而我国各族人民对"大一统国家认同"的过渡，也在历经千年沉淀后，最终在清朝一锤定音。作为中国最后一个封建王朝，清朝在元明两朝基础上，奠定了中国版图的基本格局。正如乾隆《会典》中记载的那样："国初蒙古北部喀尔喀三汗同时纳贡，厥后朔漠荡平，庇我宇下，与漠南诸部落等。承平以来，怀柔益远，北逾瀚海，西绝羌荒，青海厄鲁特（卫拉特）、西藏、准噶尔之地咸入版图。其封爵、会盟、屯防、游牧诸政，事厥有专司。"此时的中国，已不仅是地理层面的疆域一统，也是治理层面的体制一系，更是文化层面的多元一体。

伴随着雍正把"华夷之辩"摆到台面上来辩，困扰多年的思想牢笼渐被松缚。雍正帝亲自担纲正方一辩，他开诚布公地向各族臣民表达了对"尧舜以来"文化传统的认同，缓解了"夷狄"统治者与中原臣民的文化隔阂。接下来，他站回自己的出身，称满洲是"夷狄"无可讳言，但"夷"不过是"方域"概念，是"中性词汇"，"满汉名色，犹直省之各有籍贯，非中外之分别"。既然如此，除却民族、籍贯之分，各种身份应该共融何处呢？雍正帝作出归结："我朝肇基东海之滨，统一诸国，君临天下，所承之统，尧舜以来中外一家之统也；所用之人，大小文武，中外一家之人也；所行之政，礼乐征伐，中外一家之政也。"

在中华民族多彩的文化花园，藏民族也绽放了鲜艳的一朵，以其独具魅力的绘画、雕塑、音乐、文学、藏医、天文历算等等，让人们感悟着这片土地的无边魅力，以及这里人们的无限美好。当我们回溯历史，西藏地方与伟大祖国的交融，不仅是文化层面的，更是地理的、血脉的、历史的。当中国作别了混沌的"天下观"，西藏便作为统一多民族中国密不可分的一部分；当中国作别了传统的"华夷观"，西藏便作为中华民族历代都紧紧拥抱的一部分。

伟人毛泽东曾遗世三首十六字令，写山之高雄奇峻：

山，快马加鞭未下鞍。惊回首，离天三尺三。
山，倒海翻江卷巨澜。奔腾急，万马战犹酣。
山，刺破青天锷未残。天欲堕，赖以拄其间。

青藏高原多山，雪域之地，既是雪的故乡，也是山的故乡。一条条绵延的山脉、一座座雄屹的奇峰，被赋予了神话和传说。大山聚生了河之源流，也养育了藏民族，既是现实所依，也是精神所系。可以说，藏民族是以山为家、以山为伴、以山为尊，冈仁波齐等许多神山都被认为是圣人下凡、教法诞生、神灵居住之地，面对一座座高耸入云、雪峰嵯峨，仙气缭绕的主峰，生活在青藏大地上的人们生发出神秘感和敬畏感。再经由民间传说、原始苯教、雍仲苯教和佛教的涵化，以永恒之姿，受世人敬仰。

在与山为伍的藏族人民心目当中，山是如神般的存在，它是水的源头，它是神的居所，《敦煌本吐蕃历史文书》有载，在雅砻悉补野部落发源的雅拉香波山本身就是一尊年神：

前年早与去年，岗底斯雪山脚下，
麋鹿野马在游荡，游荡到香波山前。
如今再来观赏，在香波山"年神"跟前，
麋鹿、野马不要狂妄，
麋鹿、野马如果狂妄，岗底斯雪会把你吞没。

在地球之上，并没有一座绝对孤立的山峰，它的根基都与整个世界相连。同样，被喜马拉雅山、昆仑山、祁连山等高耸的山脉所包围的青藏高原，也并不会因其特殊的地理而与世界隔绝。在早期漫长的发展过程中，就通过长江、黄河等大江大河与中原腹地紧密相联，宽阔的河谷把高原的冰川、雪山、雨雪带到了辽远的内陆，这是河流所经之地，也是汉藏等多民族交往、交流、交融的通道；同时，西北开阔的草原、川西悠远的山谷、东部辽阔的平原都成为早期人类文明和民族迁徙的广阔空间；北部的阿里高原与更北的西域无异于金玉之地，西部和南部的山口更是打开了通往世界的通道。

中华民族命运共同体不断融铸的进程，也是一个不断接触、混杂、联接、融合的过程。历史的选择从不会拘泥于一人、一时、一事，它就像姑娘的发辫，不断交织中而辫就。从某种意义上，战争也是由封闭分隔走向开放融合的媒介，除了人类漫长发展过程中，不断自流迁徙的行脚过程，交战和联姻是冷兵器时代通行惯常的政策，也是打破文明相交线性规律的最直接手段。排除战争的正义或非正义性界定,马克思指出:"暴力是每一个孕育着新社会的旧社会的助产婆。"况且,早期的交战,更多是小规模、持续性、拉锯化的夺关之战,这一特性在唐蕃之战中更为明显,交战之后属民的归附方向可以商量着来,属民在某种程度上的地域流动性也较大,对人民实际生产生活带来的打击并不是毁灭性的。这好比我们熟悉的三国演义,曹操经常在开打前命令兵士不得马踏禾苗,打之前也常派大将象征性比划一下分胜负。

松赞干布父子创业,使得吐蕃走出腹地,真正打通了吐蕃通往西北的外向通道,这也是禄东赞多年经营吐谷浑的深意。走出苏毗和吐谷浑,吐蕃这一蜷缩于河谷的小邦才真正意义上面向世界,广泛与不同的外来文明接触、选择、吸纳、融合。历史发展过程中,若少了这一环,便是空中楼阁。这是我们看待历史应持有的发展思维。

近段时间,在一些互联网社交平台上,欣喜地关注到有越来越多的人喜爱并探讨藏文化,但也看到有不少的同学争执于某些过于具体的点。比如,青稞是不是从中原引入的?这很容易陷入程式化认知。事实上,青稞不是由中原输入,小麦也不是原产中原,这两个农作物都是由西亚"两河流域"传来。千万年前的这一新月地带,并不是像如今的黄沙遍地,在早期人类只能不断驯化物种,却无法过分干预改造自然之时,这里恰当的自然环境,便孕育了诸多农作物。回到刚才的问题,就像前一个问题不能为两地联系证非一样,后一个问题也不能说明中原就不是中原了。在人类漫长的迁徙和交流过程中,早期人类、物种和文明成果的交流都是跨区域的,大族群和民族观念的形成是近千年来,随着族群聚集和人口增长逐渐形成的,某一要素在社会面的广为流传,并不能支构起一个民族的概念。历史学是一个交叉学科,需要我们综合地理学、人类学、考古学、社会学等多门学科和知识加以研判。这是我们看待历史应持有的全面思维。

历史并不是一成不变的,它有着内在的大规律,也有非线性的偶然性;它有着量变的阶段性发展,也有着质变的跳跃性跨越;它有人民主体的大历史驱动,也有英雄人物的关键性作用。比如,古格王朝与本地世家，既有合作发展的共赢基础，也有难以调和的内在矛盾，这促使早期王族借兴佛来培植自己的政治势力，但是却依旧阻挡不了本地势力集团的再次崛起。在这一博弈过程中，佛教的政治工具作用显露无疑。这是我们看待历史应持有的辩证思维。

具备发展思维、全面思维和辩证思维，我们才得以全面、客观、真实地审视历史，掌握穿越时空的钥匙，探寻历史现场的秘密。

在青藏高原由北向东扇形敞开的地域空间、西高东低的地理走势、以及数条大江大河的贯通之下，汉、藏、羌、彝等兄弟民族共同演绎，并仍在继续谱写着一曲曲动人的历史乐章。日复一日的交往、交流、交融，不断沉淀凝结了显而易见的物质文明成果，也结出了属于各民族共有的文化硕果。在青藏高原与内陆山水相连、犬牙交错、山路盘转之地，更加是多民族交接的重要地带。清末光绪年间，英国以烟台议约"准其入藏探路"为借口，在占据大吉岭后，企图蚕食西藏。江西贡生黄懋被朝廷从四品顶戴越级提拔到二品顶戴，命他前往三藏五印之地，察看情形，当他翻山越岭，由四川到南亚，途中看到山脉并行，横阻迤南，隔江断路，便给这一带的山脉取名"横断山"。位于滇西北、青藏高原南延的横断山脉纵谷地区，长江上游的金沙江、湄公河上游的澜沧江、以及怒江等在此平行南流。三江并行奔流170多公里，穿越担当力卡山、高黎贡山、怒山和云岭等崇山峻岭之间，形成世间罕见的"江水并流而不交汇"的奇特自然地理景观。三江并流地处东亚、南亚和青藏高原三大地理区域的交汇处，既形成了多样的生物物种，也发生了深广的民族交融。从古至今，这里都是汉地物资入藏的中转站和加工场，无数的银匠在这里把经由中原运来的银器进行精细加工，再驮上马背，运进了西藏。每天早上，掀开酥油茶碗上精美的银盖，喝上一口香醇浓厚的酥油茶，便是拉萨百姓最美好的清晨，这只木碗可能来自城郊的手工匠人，银碗是云南人敲锻而成，酥油来自藏北羌塘草原，煮茶的盐巴出产昌都的盐井，砖茶则来自四川雅安的茶山。

进入十六世纪，青藏高原越来越与世界发生着难以割裂的互动。阿里古格、吉隆贡塘和曲松拉加里，这三个吐蕃赞普后裔所建立的世俗王系相继灭亡，纷争不息的西藏地方势力与宗派之争告一段落，西藏再次纳入清中央政府统一治理体系。自18世纪以来，清朝中央政府借助新的地理测绘技术，于1718年第一次完成对包括西藏在内的清朝治下中国领土的全面勘定。康熙年间绘制的《皇朝一统舆地全图》首次向世界展示了清朝的疆域，边界清晰，标识明确，图中标注的内陆省份在视觉上不再与边疆地区隔绝开来，已然是一个多元一体的大一统国度。

历史可以被解读，但它却没有剧本。历史的奇妙之处，正是在于它摇荡于必然性与或然性之间。在历史的转弯之处，又隐藏了多少偶然。随着历史长河不断向前流淌，西藏在中国乃至世界地理格局中，已经不再是遥不可及的香巴拉，而是成为无可替代的战略要地。

在这一更大的体系之中，西藏地方的命运也越来越同祖国母亲牵系于一起，不论是元末明初，还是明末清初，中央政权强大，西藏就越繁荣稳定；中央政权更迭，西藏也就随之动荡。这一历史规律告诉我们，我们既要站在全局的高度看待西藏问题，更加深刻把握西藏在边疆、政治、生态等全局工作中的特殊战略地位和重要性。正是基于这样的社会历史环境，同呼吸、共命运的中华民族共同体应当牢筑。

西藏并不神秘，或者并不只有神秘，它有着独特的过去、现在和未来，需要世界对其做出客观、理性、积极的认知，而这一认知需要从历史的、全面的、辩证的角度。这也是我之所以探寻并述说一段过去的原因之一。最初，只想以元、明、清三段作为故事的主体，却在探寻中冒出越来越多个问号。譬如，为什么三朝都高度重视藏地宗教工作，具体方式的相同与不同之处又是什么，他们这么做的深远历史背景又是什么？又如，吐蕃之后漫长的一段时期，西藏社会又是如何发展的，王朝倾覆的西藏社会都经历了什么，善良纯朴的西藏人民又经历了什么？于是，便将回眸的目光投向了更为深远的历史深处。

我们看到、听到、知道的历史或许只是冰山一角，不知其始，难解其终，不论是从时间的长度，亦或是从空间的广度，正是带着这些疑问，在写完后半部分之后，才又追溯至前半部分。追溯的目的，是想知其然，亦知其所以然。好在，时间是相续性的，当我们顺藤摸瓜地向根源处寻索时，便从时间的相续中找到了这一果实。基于史实，且为时间相续之上的史实，我们才能更加坚定理解和落实好习近平总书记关于"要深入践行守望相助理念，深化民族团结进步教育，铸牢中华民族共同体意识，促进和民族像石榴籽一样紧紧抱在一起，共同守卫祖国边疆、共同创造美好生活"的殷殷嘱托。

获益于现代科学技术，我们可以让遗迹开口，并勾勒出文明演进的谱系。5000年前，黄河流域的农业人群在中国北方传播农耕、汉藏语言和相关技术，在遗传上成为了藏族和汉族的共同祖先人群之一。汉语、藏语、羌语、缅甸语等400多种东亚语言被认为拥有共同的祖先语言，合称为汉藏语系。2021年2月22日，西安交通大学张虎勤教授带领的生物信息人类学团队，与厦门大学王传超教授及哈佛医学院DavidReich教授展开深度合作，联合全球43家单位、85名共同作者在《自然》（Nature）期刊在线发表文章《基因组学解析东亚人群形成历史》，研究人员利用古DNA数据检验了东亚地区农业和语言共扩散理论，证实了汉藏同源等结论。

研究认为，青藏高原自4～3万年前就被现代人占领，但直到公元前1600年左右，随着农业的出现，才有证据表明永久占领。百濮民族有一支进入了青藏高原边缘北上，形成了古羌族，古羌族后来又发展到了甘肃、青海、陕西一带，被称为西戎、北狄、义渠等，其中一支进入了青藏高原内部，和原来的矮黑人融合形成了藏族；另外一支进入了渭河流域，成为了华夏族的祖先。由于华夏族在渭河流域发明了农业，人口迅速增加，不断发展壮大，并发展到了黄河下游，秦汉时期又大规模进入了长江流域发展成为了汉族。遗传学、考古学证实的该地区农业扩张时间，也得到了Y染色体证据的支持，即汉藏民族之间的一个共享单倍型群（Oα-F5）起源于公元前3800年左右的男性祖先，黄种人的Y染色体为O，滇缅地区是黄种人的分化地区，留在东南亚和进入中国东南地区的为沿海支，进入云南深入内陆地区的为内陆支。Y染色体分别是O1和O2，中外科学家通过遗传Y染色体的测定，大约6000至1万年前（新石器中期），藏缅语系的祖先从黄河中上游向南迁移，其中一部分进入云南、西藏南部及东南亚、南亚地区，成为现在当地汉藏语系人群的祖先，而其中另一部分在与中亚人群混合后，则成为现代藏族人的祖先。在艰苦而漫长的迁徙岁月里，因生息繁衍的地理环境不同，才出现语言、体貌和风俗上的差异，形成农业民族和游牧民族的分水岭。藏族祖先在今青藏高原、甘肃、陕西、宁夏、新疆这一广袤地域上，与当地部族和东迁的中亚人群混合，经过数千年的杂居、渗透融合后，才繁衍出今之藏族人群。

对于一座山来说，千百年的寿数都不算老，但珠穆朗玛峰还在成长，她以百年七厘米的高度，不停触摸着蓝天的高度。西藏，这片古老而又年轻的高原，这片神秘而又现代的地方，正在以其特有的姿态，走向更广更远的未来！

跋

"众里寻他千百度。蓦然回首，那人却在灯火阑珊处。"

不见"回眸"二字，却写尽回眸之缱绻无限之意味的，恐怕就是辛弃疾《青玉案·元夕》一词当中的此句了。

此刻，让我们共同回眸前文，回眸曾经穿越的千年，以及穿插其中的每一位人物。

每一个人都会回眸以往，也都会憧憬未来。当我们回眸以往之时，以往也都会拂尘而现。历史是由一个个鲜活的人、一件件精彩的事组成的。历史既在过去，也在不断续写，它仍在不断地向我们告别，并不断地消逝于悠悠长空。每当我们想起他们，并在回眸一望之际，我们便捕捉到他们的形象、故事和教示，体味他们的人生，感悟他们的智慧，揣摩他们的抉择，激励着我们前进的道路。这恰如阳明先生所说的"你未看此花时，此花与汝同归于寂；你来看此花时，则此花颜色一时明白起来，便知此花不在你的心外"。

你，看到了哪朵花儿？或，遇见了哪朵花儿？

无论是偶然的一瞬，哪朵花儿在你心中绽放开来，它都不是孤单的一朵，它都牵系于一枝藤蔓，它都植根于深广之地。而这串接花儿的枝蔓，就像思想与文化之脉，虽沉默地隐伏于大地，却为花儿输送着养分。在漫长的历史演进之中，沧海可变桑田、大河可以改道、城堡可化尘灰，如果没有思想与文化之脉，我们难以考量历史的接续，历史将会成为一块块散碎的砖石。

我们回顾历史的过程，不仅应是散碎的捡视。每一个部分，都对其整体负有意义；如不见整体，便难以全然把握部分。正如胡适所说："整理就是从乱七八糟里面寻出一个条理脉络来；从无头无脑里面寻出一个前因后果来；从胡说谬解里面寻出一个真意义来；从武断迷信里面寻出一个真价值来。"回顾整理历史的过程，就像串连珠链的过程，不应信手拈来，而要按图索骥，更需要述学、明变、求因。

停笔之际，说再多都略嫌多余。以文会友，亦是一段有缘相伴，且想问问读者，当您掩卷之际，回眸之时，片刻之间，都知晓、体悟并得到了什么？

其实，"历史"二字，已经很好地说明了一切。在甲骨文中，"历"字解为一双脚穿行于山林田野之间，它作经过、经历之解；"史"字的字形演变不大，其上部分像一个捕捉猎物的网，一捺则代表一只右手握于柄间，是对捕猎成果的搜集、清点、记录之意。

这段穿越历史之旅，就像穿越了一座山林，从开始的见其一面，至其中的气象万千，到后来的了然于胸，一路行来的路径、脉胳和规律便化为你的思忆，当再向前踏足前方深山之际，曾涉足的这座山将予你指引。

历史是一幅画，历史是一座山，历史是一条河……在历史的长河里，有奔流而下的浩荡，也有急弯险滩的回旋。每当回首千年的历史，尤其让人眼前一亮的，是那些为国为民的智者、勇者、仁者。正是他们在每一个历史关头的抉择和担当，在千古历史之镜中照出了他们的肝胆，在无数历史之困中经受了时代的考验，引领着我们民族和国家的奔腾之势，饶过一个又一个险滩、冲出一片又一片山谷，为我们融铸了一个多元一体中华民族共同体。

"感此壮古人，千秋若对面。"